# 誰のために
# 法は生まれた

Koba Akira
木庭　顕

朝日出版社

誰のために法は生まれた　目次

東京の郊外、丘陵《きゅうりょう》地帯にあるトアル学校、なにやら三十人ばかりの中高生が集まって映画を観るようです。

「これからを切り拓くための特別授業」というビラに誘われたかに見えますが、まあ、そこは中高生もさるもの、自己啓発セミナー並みの怪しさだと知りつつ、好奇心が働いて少々覗きに来たのだと思います。

ふれこみでは、少々ヤキの回った老教授が、映画を観たり戯曲を読んだりのあとに、中高生と問答をするということのようです。法学入門ではないということですが、最近はあの手この手で法学入門の授業をすることも増えていますから、その一種なのかもしれませんね。

それにしても連休だというのに、ご苦労様です。それに台風接近とかで、雲行きは大変にあやしい。初回からこれですから、どうなることやら、全五回、はたして持ちますか。老教授の姿はまだ見当たりませんが、あ、映画の上映が始まるようですね。では、また後ほど。


え、そのビラ見たいですって？　しょうがないなあ、貼り付けておきましょう。

〈これからを切り拓くための特別授業〉

みなさんは、法律とか人権とかデモクラシーとか、なんのためにあるのだと思いますか？　これらの内容を省察し、厳密にその実現の条件を探る、高度な知的営為が積み重ねられてきましたが、人々はいったい何を問題と感じ、何に立ち向かっていったのでしょうか。

この授業では、まずその問題のことを知ってもらい、驚いてもらいます。それはある切実な、切迫した問題です。

でも、他の人の切実な苦痛に共感できなければ問題を理解することができません。共感するためには豊かな想像力が必要です。この授業は若い人のこの想像力を解き放ちます。これを解決しないと明るくならない、というそういう問題をファンタスティクな仕方で解決するその精神を、想像力の帆によって目一杯はらんで頂くのがこの授業ですから、この授業も明るくなります。

授業の進め方は、映画を見たり、芝居の台本を読んだり、判例を読んだりしてもらい、それらについて私が皆さんにきいていきます。正解なんか想定されていませんから、安心してください。それから、皆さんの顔と名前をできるだけ覚えて、一人ひとりの考えを尊重してきいていきます。そしてなにより、奇想天外な質問をして皆で笑えるようにします。

よし、楽しむぞ、笑うぞ、と思うならば、ぜひぜひ参加してみてください。いや、そのへんの下らない笑いの押し付けにうんざりな君、もうちっとお腹の底から笑って、しかもこれまでの人間社会が到達した最高の文化に触れたければ、どうしてもこの授業に参加するしかありません。

落ちこぼれ法学教師・木庭 顕

第一回

# 法はどちらの側にある？——『近松物語』

映画を観終わった生徒たちはお弁当の時間です。映画は、相当に深刻な内容のもので、皆、食い入るように集中して観ていましたが、それだけにお腹が減ったのでしょう、楽しそうに食欲を発揮しています。外の嵐はお構いなしです。ちなみに、彼らが観た映画の内容は以下のようなものでした。あらすじを掲げておきます。

おっと、早くも老教授が現れましたね。待ちきれない風にもう前に立っています。生徒たちも、お弁当の残りを片付けてお茶を飲んでスタンバイの様子です。

あ、挨拶もなしに、生徒たちに向かって何やらききはじめました。

## 近松物語

**溝口健二監督映画（一九五四年）**

**原作＝近松門左衛門『大経師昔暦』**

あらすじ

十七世紀末、江戸時代初期終わり頃の京都が舞台。大経師《だいきょうじ》は暦《こよみ》の独占販売権を持つ者の称号であり、進藤英太郎が演ずる大経師以春《いしゅん》の店は大層羽振りがよく活気に満ちている。しかし以春の妻、若い女主人おさん（香川京子）の元には密《ひそ》かに実家、岐阜屋《ぎふや》の兄が訪ねてくる。老舗《しにせ》の岐阜屋であるが、おさんの父亡き後傾き、貸した金が焦《こ》げ付き、家も質に入れて借金し、しかもその利子が払えなければ刑にさえ処される。そこでおさんに金五貫目《かんめ》を無心する。ほぼ同時に、おさんの母（浪花《なにわ》千栄子）もまた大経師の店を訪ね、以春に融通《ゆうずう》を頼んでくれないかと懇願《こんがん》する。おさんは、嫁入りのときも、その後も、以春に金銭の給付を仰《あお》いだので、肩身が狭く、苦境に立つ。

他方、大経師の家の若い奉公人、茂兵衛《もへえ》（長谷川一夫）は腕の立つ経師《きょうじ》職人、主人に忠実であり、風邪を押して徹夜で仕事をする。店で働く若い女中のお玉《たま》（南田洋子）は茂兵衛を慕《した》っており、看護をする。しかし以春はお玉に身の回りの世話をさせ、夜な夜な寝間に通うなど、身寄りのないお玉に言い寄り、家を持たせるなどと言う。逃れるためにお玉はとっさに茂兵衛と結婚の約束をしていると言ってしまい、以春の嫉妬心に火を付ける。

折から店の前を引き回しの一行が通り、不吉な予感が漂《ただよ》う。武家の奉公人が主人の妻と姦通《かんつう》したという廉《かど》で、その男女二人が磔《はりつけ》の刑に処されるのである。

おさんは以春に一応実家への融通を頼むが、剣もほろろに断られる。窮《きゅう》したおさんは、茂兵衛に五貫目の融通を頼む。そしてそこから物語は急展開する。茂兵衛はちょうど江戸からの為替《かわせ》の受け取りのため印判《いんばん》を主人から預かったところであった。五貫目は彼にとって大きな額ではない。しかし印判で手形を偽造しているところを番頭の助右衛門《すけえもん》（小沢栄太郎）に見つかってしまう。助右衛門は、黙っていてやるかわりに分け前を寄越せと取引を持ちかける。潔癖な茂兵衛はこれを拒否、主人のところへ行って進んで自白する。カメラは、美しい線が立体的に交《まじ》わる大経師の店の内部の建築美を堪能するように奥行きをたっぷり見せながら回っていたが、ここから人物たちの激しい動きをとらえ、場面もテンポよく切り替わる。

以春は激怒し、茂兵衛を折檻《せっかん》するばかりか、番所へ突き出すという。けしかける助右衛門。しかしわけ、つまり共犯者をきかれる茂兵衛は決してそれを言うことはできない。自分のためと直感するおさんは間髪を入れず割って入り取りなそうとするが、決して自分が頼んだと言えない。ところがそこへさらにそれより鋭くお玉が身を投げ出し、身元引受人たる岡崎の叔父の借金が理由で自分が茂兵衛に頼んだ、と言う。茂兵衛とお玉の深い関係を想定した以春は一層怒りを募《つの》らせ、茂兵衛を家の中の牢《ろう》に閉じ込め、外出する。

おさんはお玉のところを訪ね礼を言うが、夫の力づくの懸想《けそう》を知り愕然《がくぜん》とする。以春が茂兵衛を葬り、お玉の罪状を質《しち》にとってお玉を餌食《えじき》にするのは目に見えている。カメラは追い詰められた二人の女の絶望を後ろ向きの姿で見事にとらえる。おさんは、お玉の替わりに寝間に入り、忍《しの》んで来た以春を現場でつかまえていさめ、引き換えに茂兵衛とお玉の許しを乞う、という作戦を思いつく。

うまく牢を抜けた茂兵衛は、お玉のところへ行き一言礼を言って出奔《しゅっぽん》するつもりである。しかしそこにいたのはなんとおさんである。他方、茂兵衛の脱走に気づいた助右衛門は、主人留守ゆえにその報告を女主人おさんに上げようとして訪ね、おさんの寝室にしかしお玉を発見する。ならば一体お玉の寝間はどうなっているというので急行する助右衛門。がらりと障子《しょうじ》を開けると、おさんと茂兵衛が寄り添っている。ばつの悪そうな顔をする二人。不義密通というので家中が大騒ぎになる。茂兵衛はしかし脱出に成功する。公家《くげ》たちを接待した後、芸者衆を大勢連れ酔っ払って帰ってきた以春は、おさんの弁明を一切聞かず、いきなり短刀を渡し、死を命ずる。茂兵衛逃亡で大騒動の中、一旦その場を外した以春がとって返すと、おさんは短刀を残して姿を消している。

飛び出したおさんは夜の路上で茂兵衛に遭遇する。実家に戻るように諭《さと》す茂兵衛をおさんは大阪へ連れて行ってくれと言い困らせる。それでは本当の不義密通になってしまうと断る茂兵衛に対して、どこか遠くへ行きたいと言うばかりである。仕方なく、茂兵衛はおさんを連れ、大阪への船の出る伏見《ふしみ》の先に至り、そこに宿を取る。茂兵衛は主従の関係を崩さず、伏見もその先まで来るのは初めてというおさんと別室で休むことに固執する。

大経師の店は、茂兵衛が仕上げた初暦《はつごよみ》の祝宴のさなかである。公家のトップ（関白）、京都における武家のトップ（所司代《しょしだい》）、が招かれている。以春に特権を与えている権力者たちが軒並み以春から借金をしていることがわかる。同様な立場の大阪の或る商人が取り潰《つぶ》しに遭《あ》い、借財を抱えた武家が多数助かったというエピソードが語られる。業界ナンバー2の特権を与えられている院《いん》の経師《きょうじ》以三《いさん》も招き入れられ、以春は彼らを権力者たちに紹介する。しかし以三は事件を密かに聞きつけ、不義密通をひた隠しにして難を逃れようとする大経師が、届出を怠った廉で追放になることを見越し、自分が大経師に出世した暁《あかつき》には院の経師にしてやると持ちかけ、助右衛門を内通させる。

　岐阜屋ではおさんの兄が自暴自棄になって下手な芸事にのめり込んでいるが、そこへ大阪から為替《かわせ》が届く。例の五貫目をおさんが茂兵衛の力で工面したのである。

　おさんと茂兵衛は大阪から京に戻ろうとするが、街道筋には所司代の非常線が張られている。以春の賄賂《わいろ》が効いて茂兵衛のみを為替偽造の咎《とが》で捕らえ、二人を引きはがすことに成功するか、それとも二人が一緒に不義密通の咎で捕らえられて大経師に累《るい》が及ぶか、微妙である。しかし二人は辛《かろ》うじて逃れ、山越えで京都を迂回、琵琶湖《びわこ》のほとりに辿《たど》り着く。とはいえここで人相書きを見た宿の者に密告される。こんな惨《みじ》めな逃避行はもういやだというおさんは、短刀を出して死のうとする。観念した茂兵衛は、琵琶湖に入水《じゅすい》することとする。

　琵琶湖に浮かぶ小舟の上で、おさんの足を縛る茂兵衛は、最後ならば許されるだろうと言って、とうに（「お家様」ではなく）「あなた様」を慕《した》っていたと告白する。おさんは黙《もく》したままである。しかもいざ身を投げようとする段で、おさんは動かなくなってしまう。不遜《ふそん》な告白でおさんを傷つけたと思った茂兵衛は謝る。くるりと踵《きびす》を返し、湖でなく茂兵衛へと身を投げたおさんが、もう一度振り向き暗い水面に目を遣《や》って述べる台詞は、「おまえの今の一言で、死ねんようになった、死ぬのはいやや、生きていたい」というものであった。

所司代から入水の情報を得た以春は、賄賂《わいろ》を使い、二人の遺体を引きはがして回収するよう手配するが、その命を受けた肝腎の助右衛門はこれを裏切り、二つの遺体をくっつけたままにするようはからう。

丹波《たんば》の茂兵衛の生家に逃げようとする二人は、厳しい峠《とうげ》越えの途上、茶店で休む。慣れない遠路で足を痛めたおさんを見た茂兵衛は、手配の触書《ふれがき》が自分だけに関わるということを知り、自分さえ自首すればおさんは助かる、という考えで、隙《すき》を見て峠を逆に下る。ふと茂兵衛がいないことに気づいたおさんは半狂乱で茂兵衛を追いかける。追うおさんが躓《つまず》き坂道を転がり落ちて倒れる。呼ぶ声に窮《きゅう》し動けずそこにとどまっていた茂兵衛が駆け寄る。おさんは茂兵衛を、「なぜ、なぜ逃げるの……」と叱責《しっせき》する。なおも大経師に戻るよう説得する茂兵衛に、「わたしがおまえなしに生きていけると思うのか、おまえはもう奉公人やない、旦那様や、わたしの夫や」と叫ぶ。

お玉が暇を出され叔父に引き取られていく中、峠で二人を目撃した丹波の栗売りが大経師の店を訪れ、以春は二人が生きており、茂兵衛の生家を目指していることを把握する。茂兵衛の父は大経師の田地《でんち》に暮らす小作人である。疲れ切って辿り着いた二人であったが、ここにも追及が及んでいて、安心できる場所ではない。父は彼らを一旦納屋にかくまうが、自分も村も罪科を問われることを怖れ、翌朝追及を受けると白状せざるをえない。まだ眠りこける彼らを人々が襲い、おさんを連れ去り、茂兵衛を拘束する。おさんは岐阜屋に預けられ、以春は借金棒引きで公家を買収、その間ずうっとおさんは岐阜屋にいて、捕まったのは茂兵衛一人であることにする。しかし茂兵衛の父は密かに茂兵衛を縛る縄を切り、逃がす。

大経師の家ばかりか岐阜屋のために大経師に帰ることを迫《せま》る母と兄をはねつけながら悲嘆に暮れるおさんは、ふと庭に気配を感ずる。茂兵衛が奇跡的に現われたのである。大経師に走る兄。母はもてなしつつ茂兵衛一人が去るよう懇願する。もはや岐阜屋のためでなくおさん自身のためであるという。茂兵衛がこれを受け容れることを必死の形相《ぎょうそう》で怖れるおさんは、「茂兵衛一人をやることはできません」と立ち塞《ふさ》がる。なおも茂兵衛に詰め寄る母の前で、茂兵衛はおさんに、「おさん様、お連れ申しに参りました」と言う。

逃亡の末二人は捕らえられ、不義密通を自白する。告訴がなかったため大経師の家は取り潰し、以春は追放、助右衛門まで院の経師に裏切られ、所払《ところばら》いになる。映

――画は、引き回しの馬上で晴れ晴れと明るい表情の二人を映して終わる。

では、観てもらったばかりの映画についてきいていきましょう。私の質問に対して思ったことを自由に言ってくれればいいだけです。あまり考えずに、直感でパッと閃《ひらめ》いたことを言ってください。何を言っても、それはダメだとか、間違いだとかということはありません。

## 以春とおさんの結婚

映画の中で、以春という主役級のおじさんが出てくるよね。その奥さんはおさんという人で、香川京子っていう歴史的な女優が演じているんだけれど、きれいと思った？

**――めっちゃきれいでした。**

どうして以春とおさんは結婚したんだろう？

**――おさんの家はそんなにお金がいっぱいある家じゃないけど、以春はお金持ちなので、おさんが以春に嫁《とつ》ぐことで、お金を工面しようとした。**

なるほど。お隣のＳｋさんにききます。Ｓｋさんが将来、もしも結婚するとすれば、プロポーズされたりするよね。で、そういうときは、渋谷のスクランブル交差点のど真ん中あたりで、男の子がＳｋさんに向かって大きな声で「結婚してください」って言うよね。そういうのは、恥ずかしい？

**――嫌です。**

――(笑)。

なるほどそうですか(笑)。まあ、いずれにしてもこの二人は、そんなことをしたような気配がないね。で、どうもお金が絡《から》んでいる。おさんはきれいだし、以春はちょっとエッチなおじさんだ。だから以春はおさんに目をつけて、札束を持っていって買ってくる、と、そういう感じ?

**――でなくて、たぶん、政略結婚みたいなものですよね。**

政略結婚と、お金を出して買ってきたのとはどう違う?

**――おさんは自分の家の将来のためにしている。**

そうだ。おさんという人は自分のお金が欲しいわけじゃない。自分の家のためにやっているんだね。もし以春がただ可愛い子が欲しいんだったら、そのへんでお金を出して買ってきてもよかった。

**――それだと以春個人の趣味になっちゃう。家同士で、恩を着せるじゃないですけど……。**

すばらしい。恩を着せるという感覚だよね。[黒板に出て] ここに岐阜屋《ぎふや》という家がある。おさんの実家だね。ここに大経師《だいきょうじ》という、さっきの憎たらしいおじさん、以春の家がある。君が言うように、この家と家のあいだでなにかが生じている。ここが、たんに札束を握って人を買ってきてしまうのと違うんだね。岐阜屋にはおさんのお母さんとお兄さんがいたね。道楽者のお兄さん、覚えてる? 下手な歌、唄《うた》っちゃって、聞いてらんなかったねえ。おさんは結婚して、岐阜屋から大経師の家に入ってきた。［黒板上で］女性が岐阜屋から大経師にこう動いてきたということだ。仮に買ってくるアプローチだと、このあとどうなりますか？

——**お金が岐阜屋に入る。**

その通りだ。大経師の家から岐阜屋の家にお金が行って、これで終わりだ。

君たち、コンビニでお茶を買ったら、百二十円わたすよね。これでチャラだ。おしまい。ところがこれは政略結婚だから、これで終わらない。岐阜屋のお兄さん、裏口から大経師の家に入ってこなかった？　妹になにか頼んだよね。

——**お金を頼んだ。**

そう、金五貫目《かんめ》、都合をつけてくれないかと言ってきた。すぐあとに岐阜屋のお母さんも来て、たびたびの無心で言いにくいけど、

図1　岐阜屋と大経師

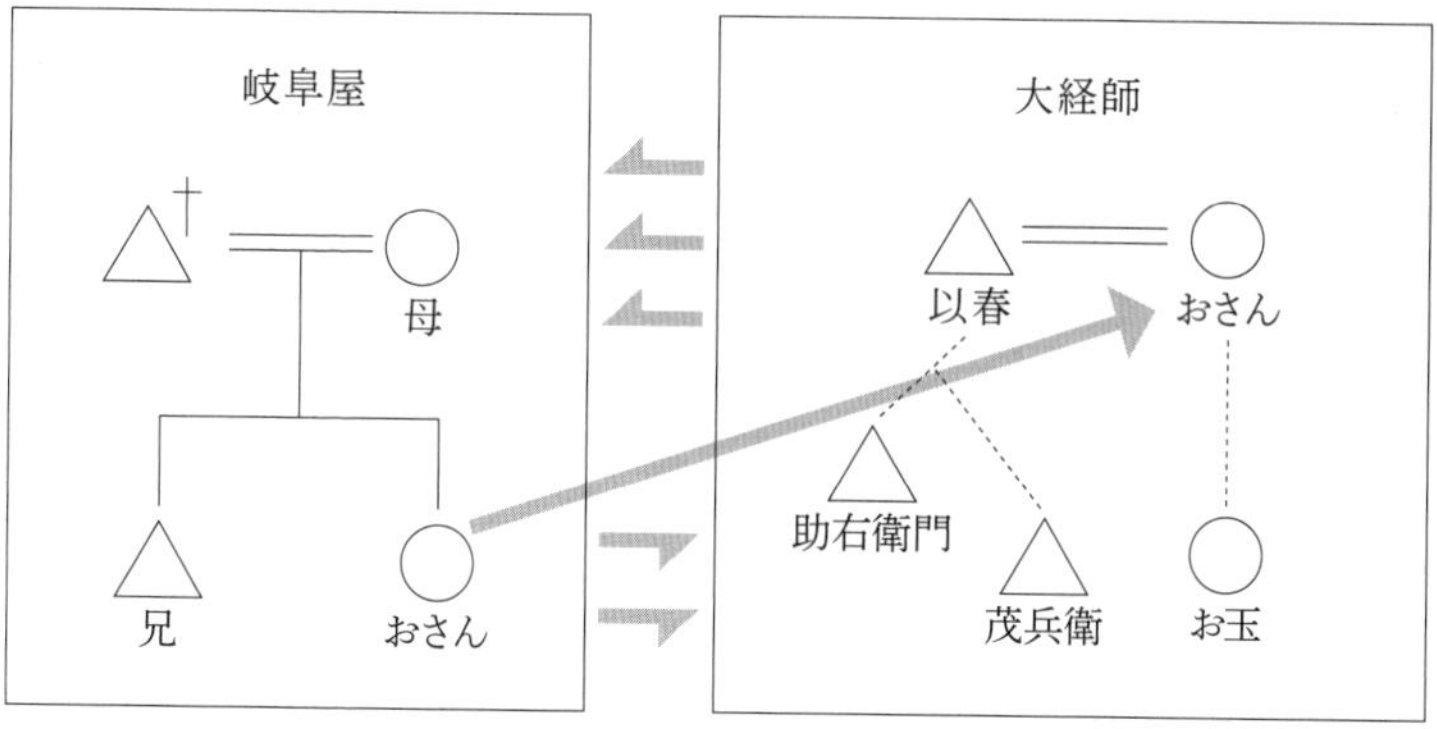

もういっぺんだけ、と懇願していたね。ということはこの人、こんなきれいな奥さんが来ちゃったばっかりに、何度も何度もお金を出させられている。これは君たちがコンビニでお茶を買うのとはだいぶ違うね。

岐阜屋のほうはおさんを嫁《とつ》がせただけで終わりだろうか。終わりじゃなさそうだね。お金を出してもらった以上、いろいろなことをさせられそうだね。岐阜屋の生業がなにかわからないが、大経師と同じく金貸し業もしているから、顧客を奪ったかもしれない。映画の中では登場しないけれど、いろいろな利益がこの二つの家のあいだで行ったり来たりしている。そういう関係があるということができる。

次はMさんに聞こう。Mさんは演劇部ですね。たしか演劇部の人が二人いらっしゃる。大経師と岐阜屋がやったりとったりしている、こんなのどう思う?

**——うーん。なんか、女の人がモノみたいに使われている。**

そうですね、Aさんはどうだろう。

**——個人が集団に埋没《まいぼつ》している。時代としてはしょうがないのかなと思うけど、現代人の目からしてみると、法外っていうか、ありえないって感じがします。**

そう、個人と集団の問題だね。すばらしい。でも現代のわれわれにはもう関係ないかな? Iさんのクラスでは、どうですか。こういうことっていうのは、中学生同士、高校生同士、まったくないかな。

**——あると思う。でも、集団が集まる場所でいざこざが起きるのは仕方ないことなのかなと**

**思う。我慢しないと集団が成り立たない。**

なるほど、たしかに、集団があるよなあ。それはその通りだ。君たちとっても頭がいいので、私の結論を先に言ってしまって困るなあ（笑）。しかし、もうちょっとゆっくり、その集団とか個人とかの中身を見ていこう。

Y君、岐阜屋と大経師がやったりとったりしている。お茶を買うんだったらお茶とお金が行っておしまいだ。ところがこれは、ずるずるずるずる、いろんなものが行ったり来たりしているんだ。こういうのを俗になんと言うだろうか。

**――同盟を結んでいる。**

うん、同盟ね。レヴィ＝ストロース［一九〇八―二〇〇九］も（交叉《こうさ》いとこ婚《こん》を二つの血縁系統間の同盟だというように）この言葉を使っている。外国と結ぶ本当の同盟ではきちっと取り決めをして、どういうときはこっちからあっちに何が行くということを予《あらかじ》め決めておくものだ。だけど、岐阜屋と大経師とのあいだで行われていることは、どうやらそんなにきれいなものじゃないようだ。

## グルになっている関係

君たち、つるんでる、とか言わないかな。この二つの家は組んでいる、グルになっている。そしてグルになっているときは必ず、いろんなものが複雑に行ったり来たりするんだけれど、何が行ったり来たりするかはぜんぜん決まっていない。予測不可能なぐらい決まっていない。きちっと明快にこれとこれを交換しましょうと決めて交換するのでなく、対価が曖昧で、曖昧だからこそ際限なく続く。これは実は、ものすごく広く見られる現象なんだ。江戸時代だけにあるわけじゃない。世界中にあって、現在でも、ほとんどこういうもので社会が動いていると言っていいくらいだ。

ここからはちょっとお勉強だよ。今日は休日なんだから、勉強はしないことになっているんだけれど、ちょっとだけお勉強してもらうと、これはデュルケーム［一八五八—一九一七］やモース［一八七二—一九五〇］やレヴィ＝ストロースなどといったフランスの社会学あるいは社会人類学の人たちが、だいたい十九世紀の終わりから二十世紀の前半に明らかにしていったことですが、集団と集団のあいだで大事な物が対価なしで移転していくことがある。だから贈与に見えるんだけれど、よく見ると物だけでなく様々なサーヴィスとかが包括的に行ったり来たりしているし、婚姻や養子の関係が両者のあいだで入り組んでいるし、そして何よりもそうしたやりとりの結果、両集団間の上下関係が決まってくる。集団は内部に小さな集団を含んで入れ子になっていて、それが何段も重なっていて、最後は個人と個人のあいだの関係になり、こうやって個人も集団の中に取り込まれている。個人はそうしたやりとりでつるんでいき集団を形成すると逆向きに捉《とら》えてもいい。その中の関係はとっても複雑で不透明でストレスになる。まあ、君たちは学生だから、まだあまり経験がないかもしれない。しかし一歩社会に出れば、たちまちこういうものに遭遇する。職場の人間関係などでね。

あ、そうだ、夏目漱石の『坊っちゃん』って小説、知ってる？　あれが一番、この説明のためにいい。あれは坊っちゃんという主人公が松山の中学校に行ってみたならば、なんとこのグルの巣窟《そうくつ》だった。サル山みたいな、怪《あや》しいジャングルが広がっていたんだねえ。このサル山のピークにいるのは誰だった？

――赤シャツ。

そう、それで野だいこっていう美術の先生がべったりくっついてゴマをすっている。そしてこういう集団は、必ず一人、犠牲者を作る癖があるんだな。この話ではうらなり君だ。マドンナと呼ばれるきれいな女性がいて、もとはうらなり君の許嫁《いいなずけ》だったんだけれど、赤シャツはこれを取ろうと思った。それで赤シャツは、気の毒なうらなり君を陰謀によって延岡《のべおか》のほうにすっ飛ばして、マドンナをゲットするということをやったね。

だいたい社会はこんな感じで動いていると言っていいんだ。『近松物語』の場合は岐阜屋と大経師がグルになっていて、ここに一人、おさんという犠牲者が出ている。このことをまず基本として理解しなければならない。

## 以春の財力の源泉は？

次の質問に行くよ。今度は大経師に着目する。この大経師はお金持ちだったよね。どうしてお金を持ってるの？

**——商売が繁盛しているから。**

なんでこの商売が繁盛しているの？

**——両替商？**

そう、金貸しもしているが、その元手は暦《こよみ》の独占販売で稼《かせ》いでいる。昔の暦だと一枚一枚めくると、今日はいい日だの悪い日だの書いてある。たぶん、明日は結婚式にいい日だよね。

**——大安。**

大安だね。あれを当時、誰がどう決めていたのかというと、朝廷、つまり京都の天皇家にすごく近いお公家《くげ》さんが、神道の人としっかり結びついて、彼らが計算した一年のカレンダーっていうのをみんなに伝えるということをしていた。そして大経師っていう称号を持つこの店は、お公家さんから、この暦はお前だけが印刷して全国に配っていいよというお許しをもらっている。そうすると日本中で使う暦は、全部ここから出ている。これで、O君、どうして儲かるのかわかったよね。

**——カレンダーっていう社会を動かすような大事なものを、主導権を握って全国の人に売ることができるから。**

そうだ。さて、以春はこの独占販売の権利をゲットしたんだけれど、仮にこの権利を買ったとしよう。そうやって買い取ったら、あとは安心だ、ってことになるかな？

**——ならない。**

どこが不安？

**――うーん……わからない。**

うん、でも不安なんだね？　ええと、その隣のHt君。独占販売の権利を買い取っても安心じゃないとO君が言ってる。どうして安心じゃないの？

**――その権利がなにかの拍子になくなっちゃうとか、一回お金を払ったけどもっと請求される、みたいなことが絶対ないとは言い切れないから。**

その通り、それが一つだ。Tさん、その証拠に、この以春という人は毎日安心して寝てるだろうか。違うね。

**――いろんなところに挨拶に行ったり、家に呼んでご馳走をしたり。**

すばらしい、その通りだ。関白《かんぱく》に夜通しお酒をのませたり、自分のうちに公家たちを招待して、宴会とかやっている。さらに、重大な不安の原因がもう一つあるよね。以春のほかに、もっと腹黒い奴いなかった？

**――あ、商売敵がいる。**

その通りだ。ライバルがいるねえ。ナンバー2の院《いん》の経師《きょうじ》が事あるごとに追い落としてやれとチャンスを伺《うかが》っている。大変だね、大経師の地位も。

確認しておこう。ここで以春と公家たちとのあいだで結ばれている関係は、さっき見たグルと同じだ。お金をぽんと払って、だから私はもう自由だとはいかない。さらに証拠を挙げると、このお公家さんたちは大経師からいろいろお金を借りているということが映画の中に描かれていたね。つまり大経師は、お金を融通してくれないかと言われると、はいはい、とお金を出さなきゃいけない立場にある。それから見てもわかるように、冒頭で見た岐阜屋と大経師のつるみ合い、このつるみと、こっちのつるみは基本的に同じ性質を持っている。おお、おぞましい、とか思った？　初暦《はつごよみ》の祝宴のシーンでは、関白だの、所司代《しょしだい》っていう江戸幕府から来ている武家のトップだのも出てきて、盃《さかずき》をとらせたりしていたよね。ナンバー2もいればナンバー3もいて、いろんな奴がこのグルの中にいる。なかなか複雑だねえ。

## 以春はなぜお玉を狙う？

次に、以春とおさんの下に、お玉っていう侍女がいたね。これは南田洋子っていう女優さんが演じている。彼女のことをどう思ったか聞いてみようか。

**——以春がお玉さんに手を出そうとして、そこから物語がどんどん展開していった。**

すばらしい、その通りだ。どうして以春はお玉に手を出したんだろう。

**——ちょっと可愛いから。**

そうだよな、それはそう思う。否定しない。でも、可愛いということだけだろうか。僕なんかは、いずれにせよ以春はお玉に手を出したんじゃないかと思うんだけど。

**——映画の中だと、以春はお玉に、家をあげるみたいなことを言っていました。**

そうだ、よく気づいているね。

**——岐阜屋にお金がなくておさんは困っていて、でも以春は貸してくれなくて、なのに、お玉には家をあげるとか言っていて、なんだこのすけべオヤジは！と思いました。**

そうだなあ。この以春をやっている役者は進藤英太郎といって、悪役をやらせたら右に出るものはいない。どの映画に出てきても、いかにも憎らしく見えて、すばらしい役者だ。

Ｉ君にも聞いてみよう。これ重要な質問なんだけど、なんで以春はお玉に手を出すの？

**——……？**

お玉はどんな気持ちでいる？

**——お玉は嫌がってる。**

うん。嫌がっているの中にもいろいろあるよな、そこを見てみよう。もちろん自分の自由が侵害されるから嫌だというのが決定的だ。だけどその他に、お玉はやや面白いことをいくつか言うよ。お家様（おさん）にご心配をおかけするのがつらくて、黙っていましたとお玉は言うよね。どうしてだろう？

**——おさんと以春は結婚してるのに、そこに自分が入っていっちゃうと、おさんが肩身が狭い思いをするから。**

そうだね。おさんの人格が踏みにじられる。それが重要だね。それではＭｎさんに聞きますけど、例えば、この嫌らしいおじさんがどこか外の女性を一人引っ張り込んできたとしても、おさんはとっても傷つくよね。それと、お玉に対して手を出してきたのとは、同じでしょうか？

**——えーっと、お玉に好意を寄せるのは家の中だけで解決するから、世間体がいい。世間から遊び人ってレッテルを貼られないで済む。**

うん。だけどこのおじさん、そうとう鉄面皮《てつめんぴ》だよ。そんなこと気にするかな。それにこの時代は、女性が少しでも今で言うところの不倫をすると死刑になっちゃう。だけどおじさんのほうは、いくらでもやってもいいことになっているんだよ。

N君にも同じ質問だ。外の女性と浮気しているのと同じだけの屈辱《くつじょく》かどうか。

**——おさんはお玉をかわいがっているから……かわいがっているのに手を出すというのは、より傷つく。**

そのとーりだあ！　ポイントはそこだね。おさんはお玉のことをかわいがっている。お玉はおさんのことを慕《した》っている。このおじさんは明らかにこれを狙い撃ちにしてきた。ここを狙い撃ちにすると一番打撃が大きい。だからこれは、ダブルで踏みにじっている。お玉を踏みにじって、おさんを踏みにじっている。おさんの人格を全否定するた

図2　お玉を狙う意味

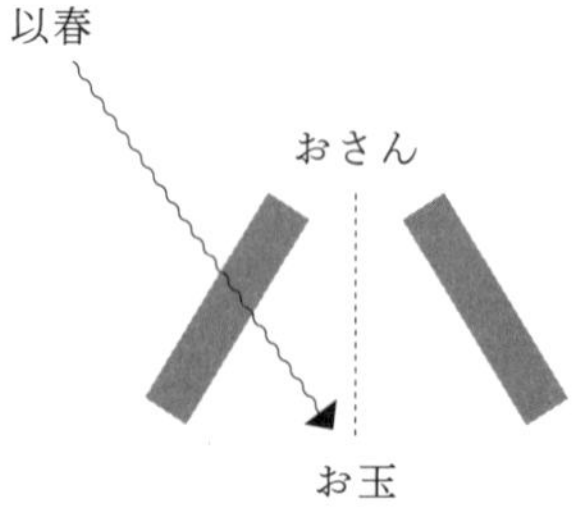

めには、ストンとその下のお玉のところをやる。そうすると、おさんは一番ダメージを受ける。

これは君たちも想像できるね。君たちには経験がないだろうけれど、そのへんのとっても悪質な連中のやり口というのは、君たちがなにか大事な物を持っているとすると、それを奪って目の前でギュッと踏みつける。かわいい犬を飼っていたりするとそれをいじめる。君たちはまだ子供のほうだけれども、親をいじめるときの一番の手は、子供をいじめることだ。君たち自身と君たちの身体《からだ》の関係でもそうだ。君たちにとって自分の身体はかけがえのない対象だね。その大切な身体をギュッとねじって、ギーギーと踏みにじってやると、屈辱というレベルではこれが一番だ。鄙劣《ひれつ》だよね。

## なぜ以春はこんなことをするの?

でもこの以春という人、なんでこんなことをするんだろう。これはとっても難しい質問だ。私も考えあぐねざるをえない。なんでこんなことするのかな?

**——これって意図があるんですか?**

意図、あるいは、深い理由みたいなもの。なんで人間ってこういうことするんだろう。これは今日、カギになる質問だ。ある人がある人に屈辱を味わわせようとしている。ある人のもとに大事な人がいる。典型的には子供だ。この子供を人質にとったり殺したりする。なんでこんなことやるんだろう。難しいね。

**――相手がうらやましいのだろうか。で、苦しめたい。**

そうだ。香川京子がとってもうまく演じているけれども、おさんは、本当にきれいだし、全く文句のつけようがない奥さんだよね。この奥さんは、単に可愛いのとはちょっと違うよ。W君、彼女のこと、どう思った?

**――完璧。だから……お玉をいじめて、おさんの弱みを握って、自分にもうちょっと服従させたい、みたいな?**

うん、そうだ。すばらしい。そういうふうに演出してあるし、この女優を選んだのもそのせいだと思うけれども、おさんは非常に気品がある。これはたぶん、岐阜屋が今は落ちぶれているけれども老舗《しにせ》であり、商人だけれども格式がある家だということを示している。だから、おさんはある意味で気位《きぐらい》が高くて、たぶん教養も持っている。

おさんが以春にお金を頼もうとしたとき、以春は、またお金の無心か、それはならん、と言って怒っていたね。ということはこのグルの関係の中で、以春は明らかに負担を感じているわけだ。この政略結婚のもう一つ裏の面がある。この岐阜屋の有名な美人な娘と結婚したということは、箔《はく》が付いて大経師の地位をゲットしやすくなったとか、以春にとって経済的なメリットさえあったかもしれない。その分、煙《けむ》たいわけだ。だから、跳ね返したい、跳ね返したい、という心理的なバネが働いている。今だったらDV、家庭内暴力、これに行きかねないよね。ここは推量であって、映画から絶対に言えることではないけれど……。

上・お玉に言い寄る以春。
　「お許し願います」「まだゆうとる。ちいとは損得を考えてみい」
下・大経師の家の中。病み上がりの茂兵衛をいたわるおさん。

それで、Ｓｋさん。こういうことが、もうちょっと大きな方面でもあったよね。

**――公家との付き合いとか、そういうのもストレスに感じていた。**

その通り。一生懸命ご機嫌を取っていなければならない、これはストレスだよ。さらにライヴァルとの競争関係がある。これはもっとストレスだね。すごいストレスだ。こういうことが背景にあってお玉をおもちゃにしている。そればかりか、お玉をおもちゃにすることによって、おさんに思いっきり屈辱を与えれば一石二鳥だと、こう来たわけだ。

## ポトラッチと子殺し

こういうパターンについては、さっき言ったフランスの社会人類学が、ポトラッチという言葉で語っている。元来は北米の先住民の人たちの言葉だけれど、それを発掘してきたんだ。ポトラッチというのは、競争的贈与のことで、返せないほどの贈与をどさっとすると相手をノックアウトできて、完全に服従させることができる。部族集団間でどちらが上か、部族集団内で誰が首長か、などがこれで決まる。その競争的贈与は神話化されている場合もあって、そのときはその物語を演じる儀礼、お祭り、あるいはお芝居だね、これをして身分とか地位とかを確認する。決まった筋書きを演ずる。王様は最後には勝たないと、社会がひっくり返ってしまうと皆が考えるんだね。

ギリシャの人々は、社会のあり方をゼロから考え直すから、そういう神話もぜんぶ文芸化して省察《せいさつ》を加えた。競争的贈与のパターンについても省察した。デモクラシーの時代に競争社会となり、勝った負けたの人々の心理に何が起こるか、考えたんだね。子殺しというのがそうした問題を考える際の定石《じょうせき》の話だ。例えば、マイナーな神のタンタロスがゼウスにぎゃふんと言わせるために自分の子供を密《ひそ》かに料理して食べさせた。後で知ったゼウスはかんかんに怒ってタンタロスを処罰した。子供なんかを差し出されたら返すものもないから大ピンチだ。神々の中の王でなければならないのにその地位がひっくり返ってしまう。

逆に言うと、追い詰められた者が乾坤一擲《けんこんいってき》の大逆転を狙うとき、命や体や子供を犠牲にして相手を見返す心理的なドライブが働く。これは深刻な問題だ、特に日本の社会にとっては。江戸時代はこれがすごく深刻で、歌舞伎を見ると子殺しの話ばっかりでうんざりしてしまう。それから第二次世界大戦のときの日本軍は追い詰められて、自分たちに属する者をいたぶる、殺す、みたいなことを散々やったよね。意味がないのにやった。

今は極端なケースを言ったけれど、このパターンが高じてくるとそこまで行くんだ。さしあたっては、以春は強い競争に曝《さら》されており、町人の分際で公家や武家の中で地位を保たなければならない。関白からの表装《ひょうそう》の無理な注文が入って、風邪を引いた茂兵衛《もへえ》に徹夜させるよね。これはまだ利益を計算している部類に入るけれども、家の中ではどうしても必要以上に暴君になる。お玉を踏みにじるし、お玉を踏みにじることによっておさんを蹂躙《じゅうりん》する。

## なぜお玉は茂兵衛が好きか

では、次の質問だ。お玉は茂兵衛さんのことが好きなんだよね。どうして好きなの？

**——やさしいからですか。**

あー、やられた！　なんでやられたかっていうと、君たちは、ハンサムだからとか、いい男だからとか、いろいろ言うだろうと思っていたんだ。で、違うよ、やさしいからさ、って持っていこうと思ってたの。

**——（笑）。**

ところが一発で当てちゃった。Ｓｚさん、やさしいってどういうことか、もうちょっと解説してみて。

**——えっと、お玉は下女で、結婚もしていなくて、ちょっと引け目を感じているのに、やさしくしてもらえた。茂兵衛は夜遅くまで仕事をしていて、お玉がなにか温かいものを持っていったら、きちんとありがとうって言ってくれるし、お玉はうれしく思っている。**

そうだね、ほとんど完璧に正確に言っている。前置きもすばらしいね。お玉はふた親もなく身寄りもない。身元引受人のおじさんがいるけれどね。どこか田舎（三河《みかわ》）から出てきて働いている。一方、茂兵衛のほうは一定の地位がある。大経師の家の仕事、経師《きょうじ》職人っていうのは、暦をきれいな台紙に貼って、掛け軸に仕立てて、つまり表装して販売するわけだ。

その表装の技術は、一番上のところは茂兵衛しか持っていないんだね。

そうすると、Ｋｒ君、やさしいをさらに言い換えてみよう。やさしいって言ってもいろいろある。優柔不断もやさしい。でも茂兵衛はそれとは違う。お玉の地位は高くない、だけれども、茂兵衛はどうだった？

**――地位がなくても相手を大切にした。**

うん、その通りだ。尊重したんだ。リスペクトした。その反対は？

**――下の人を犠牲にする。**

そうだ、ここが違う。誰かを犠牲にしてなにかを取ってくるということがない人だ、茂兵衛さんは。

## 茂兵衛さんってどんな人？

さらに茂兵衛さんの人柄を見ていこう。茂兵衛さんってどんな人？

**――おさんにお金を貸してって言われて、工面しようとした。**

そのとき、もう一人、助右衛門《すけえもん》っていう怪しい人が出てきたよね。茂兵衛の同僚で番頭みたいな人。覚えているかな？

**――茂兵衛がよくないことをしているところに出くわして、自分の言うことに従えば見逃してやると言った。**

よく記憶にとどめていたね。茂兵衛は、白紙に以春の印判を押しているところを助右衛門に見られてしまった。それで、のっぴきならない理由で金五貫を旦那様の名代《みょうだい》で借りたい、このくらいの金はいつも融通つけているじゃないかと頼むんだけど、助右衛門は応じない。あのとき助右衛門はどういう持ちかけ方をしてきた？

**——利益を山分けしようよと。**

そうだ。利益というキーワードが出てきた。つまり助右衛門は、最初に見たあの関係を持ちかけてきたわけだね。少し分け前を寄越せ、そしたらご主人様には黙っててやるから、とこう言ってきた。グルになろうぜ、お互いに得じゃん。茂兵衛はその話、乗った？

**——乗らなかった。**

そうだったね。乗ればいいのに、どうして？　乗ればこの劇はなかったかもしれないよ。でも、茂兵衛は、これが嫌いだ。このグルの関係をやるぐらいだったら、いっそご主人様のところに行って、悪うございましたと言って自首する、と言ったんだね。ちょっと驚きだよね。助右衛門からすると、ばかだなあって思うわけ。ばかだなあ、ちょっと分け前を寄越せば、すべてがうまく行くのに、って。だけれども、茂兵衛はノーと言った。これは劇の展開をある意味で決定づける大きな動きだ。

一体どうして茂兵衛さんはこういう人なんだろうなあ？　そういうふうに生まれついたんだよ、そういう性格だったんだよ、と言われればそれまでだ。しかし、文学とか演劇とかの場合、もちろんそういうことはなくて、必ずなにか、意味があるんだね。Aさん、これは難しい質問だけど、茂兵衛さんがこういう性格であることは、何と関係しているのかな。

**——それは著者的視点ですか？**

うん、著者的視点だ。基本的にはこの映画の原案になった近松門左衛門だ。だが近松門左衛門はさらに現実の事件に取材している。つまり実際にこういう人はいたんだ。

**——以春と茂兵衛を対照的に描くことによって、つまり現代の悪いところを象徴させたような以春と、それに真っ向から対立するような茂兵衛を出すことによって、現代社会を風刺したのではないかと思います。**

うん。近松にとっては現代社会だからねえ。すばらしい、そうだ、その両極だよ。この両極に何があるか、もう一歩踏み込んでみよう。

## 貸すお金の違い

大経師以春は公家たちに金を貸していたね。いま、茂兵衛はおさんにお金を融通しようとしている。この二つ、どこがどう違うんだろうか。こんなのはロースクールの学生でも答えられない難しい問題だけれど、これを考えてみよう。今の経済学だと両方は同じだと言ってくる。

まず、大経師が公家に貸すお金、これは大経師のお金だね。貸すと何年か後には利息が付いて返ってくる。一方、茂兵衛が融通しようとしているこのお金、これは茂兵衛のものかしら？

**――いや、大経師のお金。**

　そうだ。なのにどうして茂兵衛は自分の一存で誰かに貸せるの？　難しいよね。

**――江戸の為替の受け取りをしたいといって、以春から印判をあずかっていた。**

　そうだね。大経師の店では、商品を売ります、材料を仕入れます、ということをしている。つまり物が行ったり来たりしている。すると反対方向にお金が行ったり来たりしている。これらはすごく頻繁《ひんぱん》で、ビュンビュン行ったり来たりしている。

　例えば大経師が暦を大量に江戸の問屋に売ったその代金があるよね。この代金は、現金を送ったりするのでなく、問屋が江戸の金融業者に持っている勘定《かんじょう》の上で作った為替《かわせ》を送って支払う。どういうことかというと、君が必ず払い込んでくれると信頼している銀行

図3　為替の仕組み

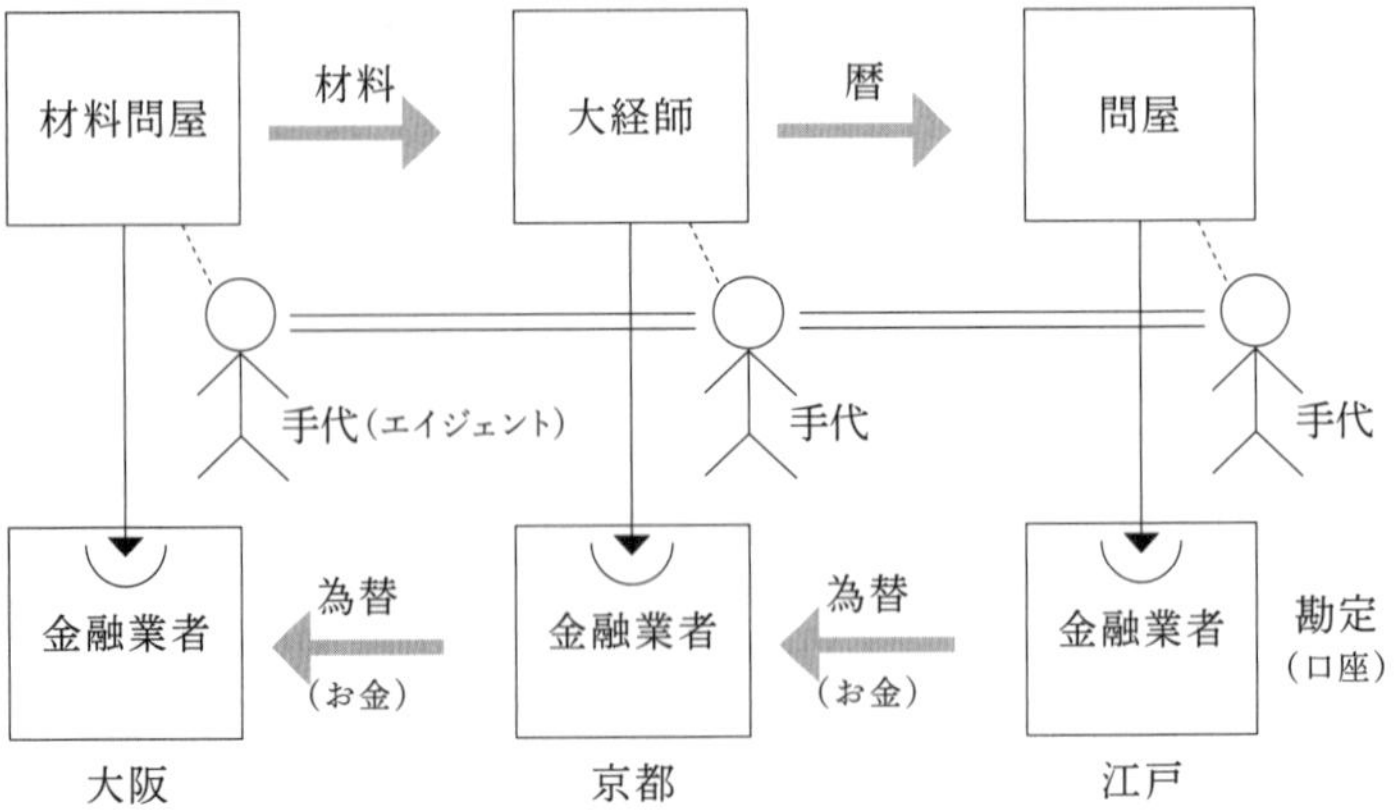

が替わりに払いますと言う。それをまた別の銀行が立て替える。君がそういうことになっているよという証明の紙を送れば、相手は離れた場所の銀行でその紙を持って行ってお金を受け取れる。為替を受け取った大経師は、江戸の金融業者と通じた上方の金融業者に為替を持って行けば現金化することもできる。あるいはそうしなくても、為替をそのまま大経師が暦の材料費の支払いに使うこともできる。ポイントは、江戸で暦が売れてお金が集まり、やっとそれが京都に送られてくる、という時間のかかることをせずに済むということだ。きっとお金は来るだろうと信用して、その信用で支払う。金融業者も問屋も大経師もお互いを信用して立て替えているようなものだね。そうすると、江戸の問屋がした為替の発行のようなことを大経師もできるわけだ。印判があれば茂兵衛にもできる。これをおさんに渡せばいい。

もっとも、大経師がなにかを仕入れたわけでもないのにこういうことをすればバレるのではないかな?

**——茂兵衛は、このくらいのことはいつもやってると言ってました。繰り返ししているから、少しのことはわからない。**

その通りだね！　もう少し正確に言うと、入ってきた金は当然出て行く。暦を売ったお金は材料費になる。お金はいつも流れている。けれどもそこには余裕がある場合がある。大経師のように繁盛していれば余裕があるよね。これを少し脇に流す。もちろん相対的に短期に循環して返ってこなければならない。急場を凌《しの》いだ岐阜屋はそっとお金を返しておかなければばならない。どんどん先へと流れていかなければならないものだからだ。こういうお金って、いくらその瞬間は大経師のものだからといって、おお、そうか俺のものか、うっとり眺めてしばらくペロペロ舐めていようか、一つその金を関白に貸そうか、お玉の家を買ってやろうか、そういうわけにはいかない。どうして?

**――流れていかなければならないから?**

そうだねえ! 答えを言っちゃってたよね。大経師も、江戸の問屋からお金が来るということを信頼して取引をしている。それを見込んで発行する為替で材料を買っている。だとすると、このタイプのお金にはあまり勝手に手を付けられない。高速道路を走っている車を摑《つか》まえるのは難しい。

さて、こういう場合、主人とは相対的に別の人が携わるんだ。最近の経済学の言葉でエイジェントと言います。この場合は茂兵衛だね。そういうことを任せてもらえる人っていうのはどういう人だろうか。

**――信用されている人**。

そう、信用できる人じゃないとこういう仕事は務《つと》まらない。主人に信用されている人だね。しかし主人に信用されているだけでいいかな?

**――相手とか?**

すばらしい。そのことは映画の中ではっきり表現されている。どこだか、わかったかな? 茂兵衛さんは、いろいろあって結局大経師の家を見限って、逃げるよね。逃げて追われる。追われてもなお、どうできたの？

**――隠れることができた。**

うん。隠れられたし、さらに？　ここちょっと見逃しやすいけれど、ことの発端は岐阜屋にお金がないことだ。ここにお金を供給しないと岐阜屋が破綻するわけだ。そのお金、最後はどうなった？

**――あ、お金を工面しようとして、大阪に行って集めることができた。**

そうだ。それで岐阜屋に届いたよね。もうお尋ね者になっているのに、なんでこんなことができるんだ？

**――それまで築き上げてきた信頼があった。**

その通りだ。それまでの信頼があって、仲間がいるからだ。それは大阪なんだ。取引相手にもエイジェントがいるよね。いろいろな商人の手代《てだい》とか。茂兵衛さんみたいな人。さらには為替業者、金融業者だね、そこにもいる。この人たちは大概つながっているよ。こういう人たちは有能で予測能力が高いから、いま融通してあげればきっと返ってくると信頼し合っているんだ。こういう信頼はお互い様で、そして互いによく知ってなければダメだよね。それに、独特の気質というか、「なんとか気質《かたぎ》」のようなものでも結びついている。

ということは、この茂兵衛は、こういう信頼で結ばれた世界で生きている。それに対して主人である以春は、ちょっと別の世界、例えば便宜を図《はか》ってもらうためにそっとお金を渡し、恩に着せるとか。信頼というより、闇の中で予測しにくいよね。すぐに裏切ったり出し抜いたりする。主人というのは、勝手なことができるから、却《かえ》って信頼されにくい。信頼できるエイジェントに任せているなというと、信頼度が上がる。少なくとも、二人になれば、相対的にあまり勝手ができない。エイジェントが相対的に独立していなければダメだけれど。相互に独立で相互にチェックできるようだと最高だ。

後でも紹介する桑原朝子さんの研究なんだけれど、近松は上方の経済について深い洞察を持っていたらしい。茂兵衛が担っていたような信用が以春に、いや、以春をも越えた力によって潰《つぶ》されていくのを捉えていたらしい。

## おさんが茂兵衛を頼るということは？

しかし、おさんはどうして茂兵衛に頼ったんだろうねえ。

——**信頼がある、ということで茂兵衛を選んだ**。

そうだね。茂兵衛は、おさんに話を持ちかけられたとき、なんだ、そのくらいのお金なのか、私は五十貫か百貫かと思いましたと言うよね。つまり茂兵衛はふだんから桁《けた》が違う額を扱っている。とは言っても、おさんの立場はどうだろう？　おさんにとって茂兵衛は頼れる友達みたいなものかな？　もっと言うと、二人のあいだにはどういう関係がある？

——**主従関係がある**。

そうだ。そうすると、おさんが茂兵衛にお金を出させるということは？

**――えっと、上の人が下の人にお金を貸してくださいとお願いしているから立場が逆転しちゃう？**

そうだ。しかし茂兵衛のことだから、お金を出してやるから俺の言うことを聞けなんてことは言わないよ。だから実際には立場はあまり逆転しない、しないけれど、潜在的には君が言うように、とっても危ない行為をしている。主人に見つかれば大変だというばかりではない。一方には、誰も手が出せない流れるお金がある。他方には岐阜屋と大経師のあいだの腕の捻《ひね》り合いのようなどろどろとした利益のやりとりがある。一方から他方にお金を移動させる。ということは、水平的な仲間同士の世界を持っている茂兵衛が腕の捩《ねじ》り合いのほうへと殴り込みをかけたようにとられる。あるいはそういう捩り合いに呑《の》み込まれる。

そうすると、非常に重要なポイントが見えてくるよね。そのあとのシーンを確認しよう。止《よ》せばいいのに茂兵衛は悪うございましたと自首した。すると主人が怒って、茂兵衛を家の中の牢屋に入れちゃう。このときに何が起きた？

**――自首した茂兵衛が以春に大声で怒鳴られて、それを聞いたおさんが助けに行った。そこに来たお玉が、茂兵衛が悪いんじゃなくて私が頼んだんです、って言った。**

そうだ、お玉が私のせいですと身を投げだした。そのときにおさんは？

**――自分のせいだ、自分に原因があるって思った。**

思っているよね、当然だ。だけど、そのときおさんの態度はどうだった？

**――う－んと、たしか、おさんが私のせいです、って言いそうになったときに、お玉が来**

**た。そのあと、おさんは茂兵衛を許してもらおうと必死になって主人にしがみついた。**

そうだ。しかし？

**——自分のせいだとは言っていなかった。**

その通りだ。これはずるいとか思わなかった？　おさんは、もうちょっとで言うところだった。でも、お玉が入ってきたら、急に言うのをやめちゃったよね。そうすると、さっき茂兵衛の性質を確認したけど、おさんのほうはどうだろう？

**——茂兵衛とお玉を犠牲にした。**

そう、つまり、おさんは岐阜屋にお金を融資させるために、結果ですよ、結果ですが、下の立場の二人を犠牲にしかけている、ということになる。捩り合いの残酷なロジックの中でね。とはいえ、おさんも一種の犠牲者だよな。誰の犠牲者だった？

**——主人……。**

まあ主人もそうだけど、この筋道だと？

**——岐阜屋。**

その通りだ。ここにとってもクリアな事実が浮かび上がっているということだ。おさんも実家の岐阜屋のために、その下の二人を犠牲にしている。またまた出てきたあのパターンだ。上のために下を犠牲にしている。これがずっとこの劇に出てきている。

## 決定的な転換点

でも、おさんは、この考え方に完全にどっぷり浸《つ》かっていて、岐阜屋のためならなんだって犠牲にしていいんだ、とか思ってないよね？　その証拠に、このあとおさんは、何をした？　決定的な大転換が起きたよ。

**——お玉と入れ替わった。**

そうだ！　入れ替わった！　つまり、以春が例によってお玉のところに忍《しの》んでくるだろうと踏んで、お玉と入れ替わってその寝床に入っている。奉公人だからお玉は断れないよね、それをいいことに以春が来る、布団をめくってみたならば自分の奥さんだった、そこで説教しようというわけだ。そうすれば少しは反省して行いを改めてくれるんじゃないかと考えたんだね。この入れ替わりが事態を急転させる。

早い話がこれは何をしているんだろうか？　おさんはなんでこんなことをする？　これしきのことで以春は反省するだろうか？

**——しない。**

しないよね。それなのにどうしてこんなことをするんだろう。例によってちょっと深掘りすると？　S君、どうだろう。

**——えぇ……？**

難しいよね。そうだなあ、浮気の情報を得たおさんが、今日も夕飯が終わって、主人である以春に向かってお説教を始めたとしよう。あなた、浮気したなんてひどいですよ、とギーギー言う。そうすると、以春はどういう態度を取るだろう？

――**逆ギレする。**

うん、そうだろうな。そんなことやってもあまり意味がないよな。それに比べておさんの考えたやり方はどうだ？　どう違う？　F君、どうぞ。

――**現行犯。**

すばらしい！　現行犯って、なんだ？

――**その場でやっていること。**

そうだ、その場ということは、そこには何がある？

――**確証？**

確証、どういう確証だ？　確証と言ったっていろいろあるさ。ヒントは、寝床に入っているおさんに、何が来たか。ひゅ〜どろどろって、魂でも来た？

――**人間自体が来た……？**

人間自体ってなんだ？

――**身体《からだ》。**

身体だ！　身体っていうのはなんだい？　あれは精神か？

――**物体。**

そうだ、物体だよ！　もう一つのキーワードは物体だ。いいかい、もし法学部に行く人がいたら、刑事訴訟法っていう授業で、物証っていうのはなんで決定的なの、とか徹底的に教えられるさ。物証と、人がこうだったよとか証言する伝聞とは、これは格が違うんだ。

身体は物理的にできている。だから、ここに君がいると、身体があるから私と君とはぶつかるんだ。これが幽霊だったらスッと通り抜けられる。言葉で出欠をとったりすると代返《だいへん》とかして、あれあれ、おんなじ一人の人が同時に別々のところにいるぞ、ってことが起こりうる。だけど身体はどうか。身体は一ヵ所にしかいられないね。明白で嘘がない。おさんとお玉の入れ替わりは、身体の入れ替わりをやったということだ。なぜそれをしたかというと、身体というのは明白だからだ。動かせない。だから、身を投げ出して、身を挺《てい》して、身体で降りていく。そこにはお互いの身体がある。身体があるような場所に、身体でもって降りていった。おさんは上の人だから、上から下へ降りていった、ということだ。

Y君、そこにもう一つ身体が来た。これは自明ですね。

**――茂兵衛が小屋から逃げ出してお玉に会いに来たら、そこにおさんがいた。**

そう。茂兵衛はさっき助けてもらったから、お玉に最後の挨拶をしてから別れようと考えた。今だったら携帯メールでピッピッピッてやって、これから逃げるからね、さっきはサンキュ、とか打つんですけど（笑）。そうはいかないんだよ、身体で来たんだ。身体と身体でゴツンということになったわけだ。おさんはそんなところまで、つまりお玉がいるようなところ、それで茂兵衛なんかも来ちゃうようなところに降りていったんだね。

それでＳｋさん、さっきの質問なんだけど、おさんはなんでこんなこと考えついたんだろう。もちろん物証を得るためだ。だけど、その場に行くと物証が得られるとどうしてわかったの？

**――要はその……以春はお玉の身体のために来るっていうことだったから。**

その通りだ、すばらしい！

**――女だったらみんな考えつくと思う。**

**――（笑）。**

なぁるほど（笑）。いや、実はすごいことを言っているんだよ。どうしてかって言うと、以春はお玉にラブレターを書いて、君の気持ちがほしいよ、とは言っていないんだ。そのことにＳｋさんは気づいた。そうじゃなくて身体を狙《ねら》っている。身体を物理的に狙っている。信頼関係の中を生きる茂兵衛とは正反対だ。自分の物を鷲掴みにする世界に生きている。経済的にね。だから絶対に以春はここに降りてくるとわかるんだ。だからおさんはそこで見張っている。そこはなんと言っても身体の世界なわけだから、身体で見張っていないとしょうがないんだ。いいですね？　以春は絶対に来る、よし、自分も行くぞ。自分も身体で行く。自分も身体を張っている。すごい決心だ。ここで衝突が起きる。

おさんには、そうまでする大事な動機があったね。

**――さっきはおさんが助けられたから、今度はおさんが助ける。**

そうだ。咄嗟《とっさ》にやっぱり、なんていうか、取り戻そう、という意識が働いた。さっき、すんでのところで犠牲にするところだった。というかお玉がすすんで犠牲になった。そうするとおさんだって感じるところがあるわけだよ。だから入れ替わって、お玉が攻撃されるのに対して身体を張ってブロックするという行動に出た。

## なぜおさんは出ていったのか

おさんは結局、大経師の家を出ていってしまったけど、これは軽い質問だけれど、どうして出ていったのかね?

**——茂兵衛が来るタイミングが悪くて、茂兵衛とおさんがお玉の寝床で一緒にいるところを助右衛門に見つかってしまって。**

そうです。まさに現行犯になってしまった。

**——……それで、家の生き恥になるから死んでくれと、以春に短刀を渡された。それで嫌になって家出した。**

その通りだ。オーケーだね。設定として、姦通《かんつう》した二人は死刑ということになっている。それどころか姦通者を出した家は自分で処罰し届け出ない限りお取り潰《つぶ》し。こんなに繁盛している この家が解体されてしまう。というわけで、何が家のためか考えろ、さっさと自分で死ねと、こう来たわけだ。

しかしそれにしても、Iさん、出ていった理由はなんだ? 何が嫌で出ていったの?

**――茂兵衛の扱いに対して腹が立った。あとは死にたくないっていうのもあったのかな、単純だけど。**

おさんは従順な、いい奥さんなんだし、家が潰されるんだったら、ここは安んじて自分が死んで、大経師の家が繁栄すればいい、って思ってもよさそうだよね？

**――主人に愛想が尽きて、家なんかどうなってもいいや、という感じになったのでは。**

どうして愛想が尽きた？　一つ決定的なことがあるじゃないか、Ｋｍ君。

**――一言で言うなら、割に合わないから。**

そうかなあ〜。

**――割に合わないというか、刃物を渡され、死ねって言われたのは、茂兵衛と密通しているからで、でもそれは……嘘だから。**

そうだよ！　だって事実じゃないじゃないか！　無実の罪なのに調べもしない。おさんが違うと言っても信じない。それでいきなり刃物だよ。それは出ていくよ。

ここで以春という人の犠牲強要傾向は極点に達した。どうしても犠牲強要の仕方というのは暴力的になる。そしてブツが狙われる。だからおさんは身体を張ってお玉のところに来た。ということはおさんは、以春の犠牲強要傾向の、もっとも生命線のところにバッと行ったということだ。もちろん、おさんはそこまで意識していないよ。おさんのほうはちょっと偶発的だ。アリスが時計うさぎを追いかけていったら穴に落ちちゃったように、偶発的にここに来た。だけど、原作者、近松は意識している。監督、溝口は意識している。以春の芯になるところにおさんを立ちはだからせるぞ、と。そして茂兵衛もここにぶつかった。だから無実だ。なのに以春は姦通《かんつう》と決めつけた。本当に姦通であった場合よりはるかに以春を「だって……」という抗弁《こうべん》の全くない状況に置く。

これは大変なことだ。姦通より大変なことだ。姦通は家長の権力を密かに簒奪《さんだつ》するから家長を大事にする体制から怖れられる。でも、おさんと茂兵衛の遭遇は、乗っ取りとか取って代わりとかのニュアンスが全くない。もちろんそうしたニュアンスのない二人の純愛というのもあるけれど、ここにはそれさえない。近松の原作は最後まで二人のあいだには恋愛関係がなく、最後まで無実だということにしてある。(同じ事件に取材して二人のあいだの色恋を強調した作品を書いた) 西鶴《さいかく》との大きな差だ。近松のようにすると、ピュアに犠牲強要権力の根底にノーを突きつけることになる。お玉を救うという動機が独立にくっきり浮かび上がる。だって、おさんは自分の恋愛感情のエゴさえ追求していない。お玉を救おうとしただけで死に追いやられる。また桑原朝子さんの研究に依拠しているのですが、その研究は近松のこの意図を浮かび上がらせた大きな功績を有します。その近松を土台にして、溝口はその上にさらに二人の愛を咲かせたいと思ったんだろうねえ。

## なぜ「死ねんようになった」のか

それでは、今日の最大の質問に行きます。おさんと茂兵衛は逃げますが、逃げ切れません。すごいよね、ハラハラするよね。いろいろな人の目が怖い、みんなが密告する、だから逃げ切れない。そこで琵琶湖《びわこ》に身を投げるということになって、二人で舟に乗る。でも心中しない。どうして心中しないんだろう？　O君。

**——茂兵衛が、死ぬ前にと言って、おさんにコクったから。**

——（大笑い、大中断）。

そうだ、「今際《いまわ》の際《きわ》なら罰もあたりますまい、とうにあなた様をお慕《した》いしておりました」とコクったね。コクられたリプライとして、おさんは、なんと言ったっけ。「私も好きでした」とは答えなかったね。「死ねんようになった」と言った。いいかい、これは有名な台詞だ。「死ねんようになった」。どうして「死ねんようになった」のかなあ。

**——それは、生きる力を得たっていうか……。**

それもあるだろうけど、もっと奥がありそうだ。だって、一瞬の愛を確かめて、好きな人と一緒に死ぬという道もありえたじゃないか。（手を挙げた）Km君、どうぞ。

**——茂兵衛のほうは、かっこよく、最後に告白してすっきりして死のうと思ったけど……。**

それは鋭いねえ。ちょっとかっこいいもんな。

**——……おさんのほうは、茂兵衛に告白されて、もうちょっと長く生きて一緒に旅をしたいと、心がときめいちゃった。**

そうだねえ。100パーセント賛成で、ここで拍手して終わりにしちゃってもいいんだけど、そうはならないんだな。おさんは死ねなくなったと言っている。ああ、それなら生きようとは言っていないんだ。死にたくても死ねなくなった、ということだ。なんでそんなこと言うんだろう。

**――……?**

難しいよなあ。私だってなかなかわからなかった。そして私が用意している答えが正しいかどうかもわからないんだ。じゃあ、Ｋｒ君。

**――おさんは主人からも岐阜屋の実家からもちゃんとは愛されていない。純粋に恋愛する、愛されるということをされてこなかったけど、人生の終わりに来て、最後に一回愛された。**

その通り、それが重要だね。おさんは最後になにか発見した。その最後に発見したものが、本当にピュアな恋愛であることだけはたしかだ。Ｉさん、どうぞ。

**――おさんは茂兵衛に告白されたことで、好きだという気持ちが芽生えたわけで、これまで茂兵衛から愛されていたけど、愛してはいなかったから、自分が茂兵衛を愛する時間がほしかった。**

すごいねえ！　こういうのはやっぱり中高生ならではだね。どこがすごいかは最後に種明かしするけど。（この辺り、発言を募《つの》り、たくさん手が挙がる）それじゃあ、Ｋｍ君。

**――僕はあんまりすごくないんですけど、おさんは無実の罪で逃げてきたわけだけど、このまま死ぬと、罪を着せられたまま死んだことになるから、それが許せなかったんじゃないか。**

でも、そういうことなら、短い間二人が愛し合うということをしないよね。嫌疑は本当だったことになる。

——嘘の不義密通じゃなくて、本当に愛し合っていることを世間に示したかったのでは。結果から考えたんですけど、結果的に、二人で晒《さら》し者になることを選んだじゃないですか。自分たちで死ぬんじゃなくて、本当の恋愛をみんなに見せつけて殺されていくほうを選んだ。

その観点も大事だとは思うけど。Aさん、どうぞ。

——いままで物語が中心だから、ちょっと外側から見ようかなと。近松門左衛門の作品は、義理と人情のはざまで心中になってしまう。『曾根崎《そねざき》心中』とかもそうなんですけど。

よく知っているね。

——……で、おさんにしろ茂兵衛にしろ、江戸時代の家社会の中で出た犠牲という共通点があって。ところが茂兵衛から好きですと言われたことで、おさんは希望を見出した。生きていてよかったと思える瞬間だったと思うんです。そこで、いままで集団意識で凝り固まっていた頭から、個人の幸せをつかみたい、という方向に行った。だから、えっと、このまま集団の社会で自分の存在を埋もれさせたまま死んではいけない、っていう近松の思想的な意図を示したかったのではないかと。

なるほど、それは、たぶんその通りだね。だけど少しだけ違うのは、これは恋人同士が、道ならぬ恋で追い詰められて、最後に心中するという近松の作品と、順序が逆だよね。どうしてかというと、先に死にかけていて、あとで死ねなくなったと、こう来る。

——そうですかねえ、私にはちょっとわからないです……でも、あそこで死ななかったから、最後の結末にいたったった。最後の引き回しのシーンで、二人が晴れ晴れとした顔をしていて、これから本当に死にゆく人なのかな、みたいな話を、集まってきた人たちがするじゃないですか。そこになにか、言いたいことが詰まっていたのかなと思うんです。社会の理不尽さと個人という関係が詰まっていたんじゃないか。

それは間違っていないと思うけれども、もうちょっと中身を見てみたいと思うわけ。社会の理不尽さって、いったいなんだろう？　おおよそ社会は理不尽で、江戸時代なんかは特に理不尽だ、みたいな話だけではないという気がする。それから、理不尽さに対して、普通は恋愛を貫《つらぬ》いて心中しちゃうんだけど、この劇だけは近松のほかの作品ともちょっとだけ違っていて、さっきも言ったように、そもそも二人の恋愛関係は最後まで生じないし、これを受けて溝口も、恋愛のために死んでいく、死ぬことで世間を見返してやる、というのではなく、死ねんようになったと言わせている。結局は死んでいくんだけれど、でもおさんは死ねないと言っていて、しかもこれが輝いている。

## 愛する人のために死ぬ？

どうぞ、S君。

——茂兵衛は、身分が下で、おさんに仕えているから、という理由で一緒に死ぬんじゃなくて、おさんが好きだから、一緒に心中することができますと言った。それで、おさんは、こんなに自分のことを思ってくれている人とだったら……ワンチャンあんじゃね？って。

**――（爆笑で中断）。**

そおねえ（笑）、ワンチャンあるね。いい線行ってるんだけどなあ。じゃあヒント。死ねんようになったあと、二人は茂兵衛の生家のほうへ逃げて、峠を越えようとするよね。その道中で、おさんがすごく気にして、ほとんど強迫観念のように、それだけは嫌だ、と考えていたことは？

**――茂兵衛は、自分が犠牲になれば、おさんだけは救ってもらえるから、自分を犠牲にして、おさんだけを助けようとする。**

それだよ！　ずっと継続的だけれど、二つピークの場面があるよね。一つは？

**――峠で茂兵衛がいなくなるところ。**

もう一つは？

**――おさんの実家。**

その通りだ！！！　二人は生家で追っ手に見つかって引き離される。おさんだけは駕籠《かご》に乗せられ岐阜屋に預けられる。茂兵衛は捕まるけど、お父さんが逃してくれる。そして奇跡的に岐阜屋に茂兵衛が現れるよね。あの場面で最後すがるようにしておさんのお母さんが言うよね、どうかあなただけ捕まってくれと。そうすればおさんが助かる、そればかりか岐阜屋が安泰《あんたい》だ。あんたさえ犠牲になればみんなが助かるじゃないか。あんたはおさんのことを愛しているんでしょ。だったら愛する人のために犠牲になってくれ、と。

愛する人のために犠牲になって死ぬなんてかっこいいよね？　尊いじゃない。ある意味究

上・琵琶湖にて。「おまえの今の一言で死ねんようになった」
「今さら何をおっしゃいます」
下・引き回し。「お家様のあんな明るいお顔見たことがない。
茂兵衛さんも晴れ晴れした顔色でほんまにこれから死なはんのやろか」

極の形じゃないの。どう思う、そういうタイプの恋愛？

**――そういうタイプの恋愛というのは……その、まだ早い。**

そうか（笑）。

**――だからまったくわからないですけど、そう思っちゃうのもわかる。**

そうね、人間だからあるよね。それで、ここからは近松にはないところだ。この映画がすごいのは、これを否定してくるところだ。どうぞ、Ｓｋさん。

**――たぶん、愛する人のために死ぬと、残された人って、自分が殺したんだって感覚になるじゃないですか。**

その通りだ！

**――……だから、罪の思いをずっと背負っていかなきゃならない。**

うん。愛する人のために死にますなんて言われて死なれても、死なれたほうは悲惨だ、ということだね。問題はどうして悲惨か。

**――自分は罰を受けないから……。**

そうだ。そうすると、誰と同じになる？

**――以春。**

以春と同じになる。あの犠牲強要男、あれと同じになる。おさんはさっき、ちょっとあれっぽくなっちゃった。お玉と茂兵衛が身を投げ出してくれて自分だけ安泰だ――これが嫌だから、おさんは身を投げ出したんだった。茂兵衛はちょっとボケっとしていて、わかってなくて、それから奉公人だということもあって、自分が犠牲になればおさん様だけは助かるというパターンに行っちゃう。だってこういう世界なんだから。全員がこの偏西風に乗ってふわふわ飛んでいるんだから。

そこへもってきて、おさんだけがノーだと言って別方向に行っているわけだ。それなのに肝腎の茂兵衛までふわふわとこっちに……さっき言ってもらったあの峠の場面、あそこがピークだね。峠の茶屋で休んで、ふっと見たら茂兵衛がいなくなった。おさんの恐怖だ。これは必死になって追いかけるよ。そして、なぜ逃げるの、おまえなしで生きていけると思うのか、おまえはもう奉公人ではない、私の夫だ、と言うわけだね。で、茂兵衛はすぐにわかるから、私が悪うございましたと謝る。ここで茂兵衛は理解したから、岐阜屋の場面では、もうはっきりと考えが固まっている。わざわざ岐阜屋に行って、おさん様をお連れしに参りました、と言う。だからあの手練手管《てれんてくだ》のお母さんが何を言おうと微動だにしない。ここがポイントになる。茂兵衛が犠牲になると以春と同じになる、みんなと同じになる、それはノーだと言った。

でもこれは茂兵衛を生かすということだねえ、自分が死ねなくなるというのとちょっとだけ距離がある。最後の一手を詰めよう。Ｓｚさん。

**――自分が死んだら、茂兵衛も同じだから。**

そうだ！　入れ替わりがここで効いてくるわけだよ。自分が死んだら茂兵衛はどうなる？　おさんが犠牲になって茂兵衛が助かるというパターンは現実的ではないから、これは理論上のものだけれども、それはシンメトリー、対称的なんだ。だから「死ねんようになった」んだ。つまり二人で生きるのでなければならない。これが種明かしさ。

## この集団に立ち向かうのは何？

第一、あそこで心中していたらどうなっていただろう。以春は、もし心中した二人の死体を見つけたら、こっそり引き離しておけと捜索隊に命令していたね。ところが、二人で抱き合って死んでほしい人がいた。

そうだ。で、助右衛門が院の経師側に寝返っていて、二人の死体を見たらくっつけておこうと企《たくら》んでいた。もし、おさんと茂兵衛がこんなこと知っていたら、それ以前にばかばかしくて死ねなくなっていたと思う。逆に言うと、二人はピュアに死んでいったとしても、早い話が、誰かの利益のために犠牲になっただけの話だ。

**――ライバルの院の経師。**

茂兵衛にコクられて、たぶんおさんはハッと気づいた。それまでも、少しずつ大きな風に逆らう気持ちが出てきているけれど、しかしそこまで見通してるわけじゃないから、嫌になって死んじゃおうとするんだ。ところが嫌になって死んだら、ラッキー！とか言って犠牲強要傾向のA型とB型が喜ぶだけで、何一つ変わらないと、その瞬間、たぶんわかった。だから死ねない。お互いに犠牲を拒否する、と心を決める。

一方には怪しいグルの関係があって、この関係がエスカレートしていくと犠牲強要型になってくる。この集団に立ち向かうのはなんだろう？　この芝居においては、おさんと茂兵衛の関係がこれに真っ向から立ちふさがった。この二人の関係は、犠牲強要型の集団とは対照的だ。この二人はお互いを大切にして、犠牲にしない。補完的で、相互にかけがえのない関係だ。人間はこんなふうに、自分の内側にかけがえのないもの、ここには絶対に手を付けてはいけないというものを持っているんだね。典型的には子供で、これについては次回、くわしくやる。

ただし、『近松物語』の劇中では、この対立は理論的なもので、この二人の関係がハッピーエンドになるチャンスは描かれていないね。描かれてないけど、この関係が大事なんだな、ということは描かれてる。そうか、生

図4　徒党vs.相互にかけがえのない二人

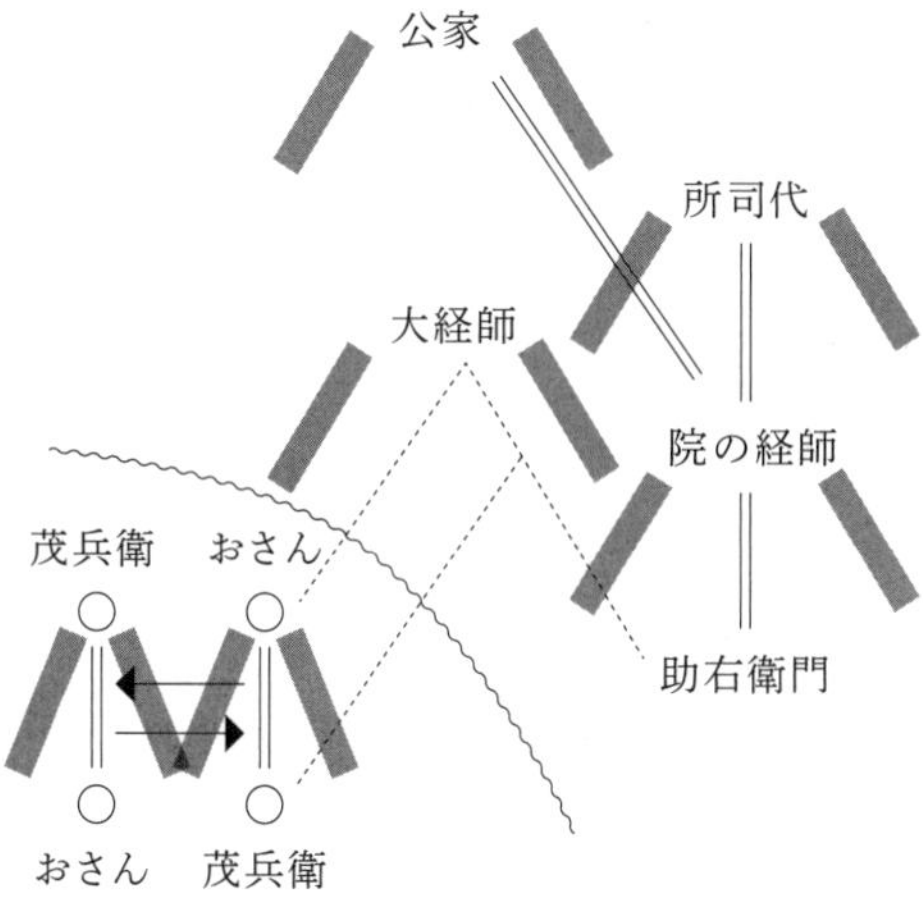

きるというのはそういうことなのか、ということだけがわかる。それから、愛する人のために死ねますか、とか言われて簡単に死ぬもんじゃないということもわかる。こういうことを言う人がいたら、まずは眉《まゆ》につばをつけたほうがいいよ。家のために死ねますか、会社のために死ねますか、まして国のために死ねますかなんて、こんなのはもう初めから怪しいってことは、君たちもよくわかっているね。そういう人はだいたい、この大経師のナンバー2みたいな考え方だから、気をつけたほうがいいよ。

## 法はどちらの側にある?

さて、どうやら木庭先生というのは大学で法ってものを教えてきたらしい、それにしては、おかしいなあ、ぜんぜん法の話をしないじゃないか、って思った? しかしこれは痩《や》せても枯れても法学の授業なので、最後の質問に行きましょう。

この芝居は、最後この二人をしょっぴいて、裁判みたいなことをやって、そして磔《はりつけ》にして殺す。その前提として、姦通をしたら死刑ですというルールがあった。もう一方に、そのルールに苦しめられている、おさんや茂兵衛みたいな人がいる。そうすると、法っていうのはどっちの側にあるの?

——**弱い人の側。**

そうね、みえみえの質問でごめん。だけど弱い人というとちょっとニュアンスが違うかな。だって彼ら、本当は強い人だからね。私はよく、追い詰められた最後の一人という言い方をするけれど、法は、こういう人のためにある。逆に言うと、以春のような性質を持つグルになった集団、こういうのに抵抗するために法はある。もっと言うと、こういう集団を完璧に解体するためにある。

これは君たちのイメージと、かなり違うと思う。姦通したら磔にする、それが刑法だ、とか思ったんじゃないですか？　さすがに思わなかった？

**——今の時代は、さすがに姦通罪とかはありえないかと。でも、法律って、社会の秩序を守るために国が決めた、国民をしばるルールのことだと思っていました。違うんですね。**

うん。そこは白黒はっきりしていて、グルになってる集団を徹底的に解体して、追い詰められた一人の人に徹底的に肩入れするのが、本来の——「本来」と付いた、意味深だねえ——法です。現在の日本の法も、まあ原理というか理念は、これを追求している。でも、細かいところに入っていくと、だんだん少しずつ腐食していて、ほとんど枯れそうになっていることも確かなんだ。だから君たち、法学部に行くと気をつけないといけないのは、第一にものすごい眠気が起きる。次に、言いようのない虚《むな》しさが漂《ただよ》う。

**——（笑）。**

だって、法律家も、大学の先生も、そもそも法が何を解体するつもりなのかということをわかっていないんだから。忘れているんだから。問題はなんですかということを理解しないまま、どういう場合にどういうふうにどっちを勝たせるか、みたいなことばっかり勉強させられる。大学まで来て予備校に行って理由もわかんないルールの丸暗記をやらされる。それは寝ちゃうよ、だって面白くないもんね。

まあ、グルになった集団を解体するのが大事だ、それが法だ、と口で言うのは簡単だ。でも、いったいどうやって解体するの？　現実に解体するんだよ、難しいよねえ。そのためには、よほど社会構造をわかっていなければならない。だって、例えばがん細胞のことをよくわかっていなければ、がんの治療なんてできないでしょ。だから、こういう犠牲強要型の集団がいるとして、これはどうやって増殖するのかな、どこからエサが来ているのかな、ってことが、猛烈に研究されなければならない。

私はギリシャ・ローマの社会はどうなっているかということをずっと勉強してきたんだけれど、ほかの時代、ほかの地域ではこの集団がどうなっているか、これも必死で研究しないといけないね。社会の仕組をよく知り抜かないと、法の勉強はできない。

今日はわずかしかできなかったけれど、映画の原案になった近松のテクストには十七世紀後半の京都の社会構造がもっと詳細に描かれていて、それは桑原朝子先生の論文を読むと、とってもくわしく書いてあるよ。現実の一個の刑事事件（一六八三年）の記録、歌祭文《うたざいもん》（民間芸能の一種）になって伝わったヴァージョン、丹波に残った伝承、そして井原西鶴の作品、近松の作品、これらを詳細に比較し、人々がどこで対立し何を問題にしたかを明らかにしている。さらに当時の暦の仕組をめぐりどのような利権の構造があったか、その中でどういう陰謀で大経師が没落するか、京都の町人の信用の構造はどうだったか、を調べてテクスト分析の結果を裏付けている。特に近松のヴァージョンにおけるお玉の重要性を発掘した功績は大きい。

**――わたし、映画でお玉が最後どうなるのか、お玉の立場があんまり描かれてないのが不満でした。**

桑原先生が聞けばきっと喜びますね。重点が別だから仕方がないんだけれど、この映画が不満を残す点ですね。（近松作品では、お玉は、おさんの無実を証言しうる重要な存在ながら、後見人の叔父が、すべてをお玉のせいにしてお玉を成敗することでおさんを助けようと頓珍漢なことをするため、ただ唯一の証言者を抹殺するという意味しかない形で殺される。）

最後に念のために言っておくと、法はいま言ったようなものだから、大概の本に書いてあるんだけれど、どの社会にも秩序はあって、ルールはあって、揉め事を解決しているから、どの社会にも法はあるんだ、というのは間違いだ。繰り返すけれども、姦通したら磔だというのは法でないどころか、そんなものがあったらその社会には法がないんだなあっていう証拠になる。江戸時代の法は姦通＝磔で、近代の法は人権だ、とかそういう話ではない。だから混乱しないように気をつけてください。

## ギリシャ・ローマからの輸入

**――先生はローマ法というものを研究しているそうですが、なぜローマ法にしたんです**

か？

うわあ。それを話し出すと長くなるんだけれど、日本の法律は、基本はぜんぶヨーロッパからの借り物なんだ。日本は明治時代になって、なんか知らないけど法ってものがあって、規律みたいな、ルールみたいなものらしいねえ（ここはもう誤解なのだけれど）、早く勉強しないと国際競争において行かれるよ、と必死になって、まさに犠牲強要型で突っ走って、法というものを輸入した。そんなわけだから、これを粗雑にしか理解していない。立派な条文はあるのに動いていないのがたくさんある。君たちもパソコン買ったりすると、よくわからないから一回も使ってないアプリがあったりするだろう。そんな感じで、なんのためにあるのか理解していないもんだから使えないんだ。

じゃあ彼ら、イギリスやフランスの人たちはどうかというと、あの人たちも輸入したんだ。これは古代ローマから輸入した。私はよく言うんですが、ギリシャ・ローマと近代のヨーロッパとの連続性はあまりない。一旦切れている。彼らだって千年間忘れていたんだ。近代の大概の文化はギリシャに由来し、ルネッサンス期以降ヨーロッパの人がテクストを再発見して勉強したということは知っていると思う。法に関しては少し早くて、十一世紀にローマの法学に由来する大事なテクストが忽然《こつぜん》と現われ、おおっ！となって勉強しはじめた。ということで、日本に比べれば一日の長があるとはいえ、彼らだって借り物で、私から見ると、まだまだ未熟だなあとか思っているわけ。生意気でしょ？　それで、法の前提には さらに、政治とかデモクラシーとかいうものがあるんだ。こちらはギリシャからの借り物だ。

**――それが気になった、ということですか？**

うん。なんでもとにかく高校時代から、なにか根本的なことをやりたいなと思っていた。で、ややまかり間違って法学部に行ったんだけど、そこでいちばん根本的なことはどうもローマの法律らしい、さらにその前提にはギリシャの政治システムがあるらしい、ということで、それをやったんだな。

では、ギリシャ・ローマはオリジナルだろうか。ある意味ではオリジナルなんだけれど、それもやっぱりエジプトとかメソポタミアからすごくイムパクトを受けて、それに反発するような形であいうものを生み出した。たくさんの材料を取ってきて、それを鵜呑みにしないで徹底的に吟味《ぎんみ》した。でもこれは彼らがすごくオープンであったから生み出せたというところがある。だって、自分たちのやり方をそのまま踏襲しようというのと正反対だからね。外からたくさん刺激を受けて、でも猿まねはせず、大変に創造的に発展させる。だからオープンであることはとっても大事なことです。オレたちにはオレたちのやり方がある、文句を言うな、という場合には必ずそこには徒党《ととう》があって誰かを犠牲にしている。

どうして法とか政治とかデモクラシーという考え方が立ち上がったのかということに関しては、ヨーロッパの人たちにとっても不思議なんですよ。ギリシャ人の奇跡とか、ローマ人は法の天才だとか書いている人もいる。それはバツですね。そんなことはありえません。なにか特別なものが自然に備わっていたわけではない。彼らの悪戦苦闘に敬意を表しなければ失礼です。本当の名人のコックは素材にはこだわらない。冷蔵庫の素材から極上の一皿を作ってみせるのが本当のコックであって、ギリシャ人は、どこにでもあるような普通の素材を材料にして、デモクラシーとかああいうものを立ち上げたということですね。顕著な例を挙げると、選挙は政治の根幹だけれど、あれはさっき見たポトラッチの儀礼、王の地位を儀礼的に再確認する儀礼、を少々スポーツ的に実際に争うことにしただけのことだから。だからこそ、繰り返すけれども、たっぷり手の込んだ料理をすることです。生《なま》はいけません。子殺しのような恐ろしいことが起こってしまう。要するに、私たちも悲観することはない。条件は普遍的である。

## 問題を感じること

ギリシャ・ローマでどのように政治システムが立ち上がったのか、その幹《みき》になるところは第四回でやるけれども、どういうずる賢いやり方でグルになった集団を解体するのかということはこの授業では少ししかしません。およそ物事は、問題がわかっていないと零点だから。ということでこの授業は、早い話が、主として問題を追いかける。何が問題ですか？何を解決するんですか？　そのときに、今日、君たちにやってもらったように、物事を感じ取って、想像しないといけない。私の授業では、頭を動かすことはそんなに大事なことではない。それより大切なのは、感じること、直感することだ。どうしてこうなっているのかなあ、ここで身を投げ出すってどういうことかなあ、とかですね。そして、こういうのは苦しいな、嫌だな、とその人の苦痛に共感する想像力がないと、何が問題かがつかめないね。これをプロの法律家はだんだんできなくなる。答え症候群に汚染されてしまうのかな。

で、そういう問題を感じ取る力のためには、古典がいちばん優れた手段なんだ。なぜ古典というのは残っているかというと、ものすごく鋭敏に、最高に鋭敏に、問題をみつけることができたからなんだ。なに、江戸時代の話か。なんと変な国の、変な時代の話だろう。姦通罪だぁ？　ばかばかしい——とは、皆決して思わない。溝口の映画が根本的な問題を非常に先鋭的なところまで追い詰めるから、皆、これはすごいと感じる。

今日はAさんが、個人と徒党とか、一種対立関係の中で思考しようとしていて印象に残りましたけれど、要するに、ぎゅーっと遠心分離機《えんしんぶんりき》にかけるみたいにして両極をあぶり出してそのあいだに対立軸を引いた。以春は犠牲強要パターンで突っ走る。そこに真正面から、おさんがノーと言ってぶつかる。溝口健二監督は、近松作品の中にこういう両極性があるなあと思って、それをさらに増幅したのね。増幅するってとっても大事なわけ。近松門左衛門が書いたときにも、下敷きにした現実の事件があって、そこから、うーん、この事件にはこういうのがあるなあって、ギギギッと遠心分離機にかけた。その前に井原西鶴も同じ事件をもとに浮世草子『好色五人女』（巻三　中段に見る暦屋物語）を書いていて、権力に逆らって色恋を追求するっていうのも相当すごいけれども、近松は、西鶴の遠心分離機、ぜんぜん甘いね、もっとぐっと絞《しぼ》るとこうなるね、とやってみせた。

**――白黒の映画を見たのは初めてで、最初は時代を感じたけど、見ているうちにおさんと茂兵衛の気持ちにのめり込んでいきました。こんなに複雑な人間関係が交錯していて、それが法の核につながっているなんて、びっくりしました。**

いちばんいいものは、中高生用に薄めるなんてことをしなくても、手加減なしに伝わるんだね。だって最後、おさんがいちばん気にしていたことは何かということは、全員がびんびんと伝わっていたわけだよね。最後おさんが気にしていたのは、茂兵衛が愛する人のために死にますパターンに入っていっちゃう、これだけは嫌だったんだよ、と。このことはみんながびんびんと感じていた。

ということで、次回は、これもやはり名作ということで名高い、『自転車泥棒』という映画を観てもらいます。また今日と同じように話していきましょう。

第二回

# 個人と集団を分けるもの——『自転車泥棒』

台風一過、快晴ですが、もう秋なのに真夏の暑さです。生徒たちは映画を観終わって、またお弁当を食べています。昨日の授業の後、すっかり打ち解けて、笑い声が絶えず、大変にぎやかですねえ。味をしめて、またなにか楽しいことが起こりそうだ、と感じているような気配が漂《ただよ》ってきます。

今日の映画のあらすじも以下に掲げておきますが、だいぶ古いイタリアの映画なのに、生徒たちはあまり距離を感じていないようです。それが証拠に、彼らの表情には少し心が弾《はず》んだような跡があります。

あっと、また老教授が前に立ちました。彼が初めからリラックスしているのは昨日と同じですが、今日は生徒たちも笑顔で待っていますね。問われずとも話し出しそうな表情をしています。

## 自転車泥棒

### ヴィットリオ・デ・シーカ監督映画（一九四八年）

あらすじ

戦後間もなくのローマ郊外、貧しい人たちのための郊外団地がぽつぽつと建ち始めたばかり。市役所からの求人を伝達しに係の人が現われ、失業中の男たちが群《むら》がる。アントニオは指名されるが、街中にポスターを貼って回る仕事で、自転車を保有していることが条件である。ところが自転車は質《しち》に入れたままである。

水運びから帰る妻マリアとともに団地の狭い一室に帰る。マリアは直《ただ》ちにシーツを剝《は》がし、洗濯する。公営質屋に行ってこれを差し出すが、中古ということで七五〇〇リラしか得られない。それでも六一〇〇リラで自転車を請《う》け出すことができる。アントニオは自転車を抱えたまま登録事務所の中に入り注意されるほど、片時も大切な自転車を肌身離さない。自転車に乗って家に帰るアントニオとマリア。俸給がいくらで、手当がいくら、と数える顔に笑みが浮かぶ。

マリアはちょっと寄るところがあると言い、とある建物に入っていく。自転車を止めて外で待つアントニオと自転車の隙間に、路上で遊ぶ若者たちが入り、盗《と》られるのではないかと観る者をはらはらさせる。一人の男の子に見張るよう頼んで、アントニオも建物の中に入っていく。するとそこは女占師のオフィスで、順番を待つ人がたくさん囲んでいる。その末尾に立つマリアをアントニオは「こんな詐欺《さぎ》に引っかかって」と叱《しか》る。マリアは、仕事が見つかるという予言が当たったのでお礼参りに来ただけだと答える。

二人は自転車に乗って帰路につく。家に帰ると息子のブルーノ（十歳くらいの子供）が自転車を磨く。わずかな傷を見つけ、「元からだろう」というアントニオに対し「質に入っている間についた傷だ、どうしてクレームをつけなかったんだ」と非難する。

翌朝、制服制帽姿のアントニオは、ガソリンスタンドで働くブルーノと共に家を出る。足下を物乞《ものご》いの子供が行ったり来たりする中、大きなポスターを壁に貼り付ける方法を教えてもらうと、いよいよ仕事に掛かる。しかしなかなか上手くいかず、何番目かの壁に向かって夢中で悪戦苦闘していると、脇に止めた自転車の前を目つきが鋭く鼻の高い男がさりげなく通り過ぎる。この男は引き返すと、駐車した車の影に隠れた帽子をかぶった少年に目で合図する。少年はいきなり車の影から飛び出すと、自転車に飛び乗り全速力で逃げる。大声で「泥棒！」と叫んで追いかけようとするアントニオを、鼻の高い男が「どうしたんだ」と親切を装い邪魔する。アントニオは振り切って走り、通りかかった自動車に助けを求め、協力するもう一人と共に左右のドアに貼り付いて追いかける。しかしトンネルの中で追いついた自転車に乗っていたのは別人であった。

アントニオはまず警察に行く。告訴は受け付けられたが、警察は治安出動に忙しく、捜査を依頼するアントニオに、機動隊を総動員して自転車一台探せというのかと言い、とりつくしまがない。ブルーノを送り届けたアントニオは、家の中にも入らず、とっぷり暮れた中、労働者政党の集会場に行く。そこでは歌芝居の練習をしている。市の清掃労働者組合リーダー、バヨッコはその歌芝居の演出をしている。それを中断してアントニオはバヨッコに相談する。察したマリアもやって来る。バヨッコは、心配するな、明日皆で探そう、きっと見つかるさ、と励ます。

翌日は日曜日である。バヨッコは、集まった清掃労働者の仲間から二人を引き抜き、アントニオとブルーノを含め五人でヴィットリオ広場に向かう。蚤《のみ》の市が立つからである。中古の自転車や部品類も大量に出ている。自転車の型をバヨッコがきくと、間髪を入れず「FIDES《フィデース》一九三五年製」と答えるのはブルーノである。分担して探すことにするが、どうしても固まってしまう。むしろブルーノだけが離れて細かい部品を見るが、身なりのいい怪《あや》しい男に、ベルが欲しいなら買ってあげるよと迫られ、さらわれそうである。

分解したてのような一台を見つけた一同は、登録番号を問いただすが、疑われて腹を立てた相手に拒否される。告訴してあるので警官を呼んでチェックしてもらうが、番号は違っていた。

結局自転車は見つからず、別の蚤の市が立つポルテーゼ門に行ったほうがよいということになり、しかしもちろん仕事があるから清掃労働者たちの協力はここまでであるが、それでもバヨッコは一人に清掃車でアントニオとブルーノをポルテーゼ門まで送らせる。しかしここでローマ特有の激しいにわか雨となり、ポルテーゼ門の蚤の市はてんでに撤収されてしまうし、ずぶ濡れになるし、散々である。軒先に辛《かろ》うじて雨宿りするとき、ブルーノは転ぶが、アントニオは気がつかない。通りかかったドイツの神学生たちが同じ軒先《のきさき》で彼らを囲むので、彼らはさっぱりわからないドイツ語の音の中に取り残される。

雨が上がって軒先から人々が出てきたそのとき、例の帽子をかぶった少年が二人の視界に入る。自転車に乗って、反対側から出てきた物乞い風のじいさんに金銭を渡し、そして川向こうへ去る。二人は「泥棒!」と叫び追いかけるが、振り切られる。しかしアントニオはとっさの機転を利かせ、じいさんのほうを追及すれば手がかりが得られると考えて、引き返し、これを追う。

追いついて少年のことを追及するが、押し問答をしながらじいさんは川向こうの教会に入っていく。日曜のミサの前であるが、ミサの後に中庭で慈善の食事が振舞われるので、多くの貧しい人たちが集まっている。床屋も出ている。ミサが始まる。じいさんの隣に割りこんだアントニオは追及を続け、一緒に外に出ようということにはなるが、まずは食事をしてから、というじいさんに譲歩した隙に、騒がせている男がいるというので通報を受けた神学生に引き留められ、じいさんを見失ってしまう。神学生を振り払いながら二人はじいさんを教会の中、探し回る。祭壇の前を通るときは追うほうも追いかけるほうも跪《ひざまず》く。ブルーノはここかと思ってカーテンを開けるとそれは懺悔《ざんげ》を聴く聖職者の席で、中にいた聖職者に叩かれる。

じいさんが中庭から外へ出たと見たアントニオは、ブルーノを連れて外に出るが、ブルーノは、「ボクだったらじいさんに食事なんかさせていなかった」と言う。アントニオは、生意気を言うんじゃないと、反射的にブルーノを叩く。びっくりしてアントニオの目を見つめるブルーノ。アントニオのほうも自分でも驚いて戸惑いの表情を浮かべる。ブルーノはアントニオから離れていき木陰に隠れる。こっちへ来い、行こう、というアントニオに、「もうついて行かない、向こうへ行け」。ようやく出て来ても「家に帰ったらお母さんにいいつけるから」。

ブルーノを待たせてじいさんをテヴェレ川の河原に降りて探すアントニオに、「子供が溺《おぼ》れている」という声が聞こえる。もしやブルーノが、と心配になってアントニオは駆けつけるが、別人であった。ブルーノを見つけたアントニオは、テヴェレ川沿いの道でブルーノに一つご馳走でも食べようかと提案し、ブルーノを喜ばせる。

川向こうのレストランは、庶民的であるはずが、ピザを頼むと、本格レストランなのだからピザはない、と言われてしまう。ナポリのカンツォーネを歌う楽団が入っている。隣では、小市民の大家族が日曜のプランツォ（南イタリアでは二時くらいから宵《よい》のうちまで続く家族揃っての神聖な正餐《せいさん》）をしている。ブルーノが背中で接する椅子では同年代の男の子が正装して食べている。そちらでは次々に料理が出てくるが、アントニオは辛《かろ》うじて一品料理ではあるものの、肉ではなくモッツァレッラの料理を一皿注文しえたにすぎない。

ようやく落ち着いたアントニオは、自転車を失っても死ぬよりはまし、楽しまなくちゃ、と初めは言うものの、すぐに俸給がいくらで手当がいくらでという皮算用を始め、ブルーノのナイフとフォークが止まってしまう。アントニオが食べろと促《うなが》すと、ブルーノはほっとしてまた食べ始めるが、その計算を今度は書き取れと言われ、また食べるどころではなくなる。

この計算の結果、自転車探しにアントニオは却《かえ》って突進する。あれは詐欺だと叱ったあの女占師のところへ行ってしまう。同じ川向こうにある。女占師の胡散臭さと待つ人々の哀れな愚かさが笑いを誘う。しかしアントニオのこの愚行の怪我の功名で、占い師の家を出たところで例の帽子の少年と鉢合わせする。追いかけると少年は女郎屋《じょろうや》の中に入っていく。中ではたくさんの女たちが食事中である。「ここはローマで一番高級なお店なのになんてことをするの、まあ、小さな男の子まで……」と抗議する女主人を尻目に、捕物帖《とりものちょう》であるが、アントニオも少年も女たちに追い出されてしまう。

こうしてアントニオは少年を川向こうの地区の奥深くにある彼の家まで案内させることに成功する。しかしその家の前まで来ると、敵意に満ちた目をした多数の男たちに取り囲まれる。ボスらしき男は自転車を盗まれたとき手引きをした男に見える。少年の家の二階からはその母が「おお、かわいそうなうちの良い子をどうしようというのだ」と叫ぶ。これに呼応するように少年は発作を起こす。心配を装って母親が飛び出してくる。言いがかりだとリンチされそうになるアントニオ。しかし機転を利かしたブルーノが警官を連れて来る。男たちは引く。母親は家の中を調べることに渋々同意する。アントニオと警官は、貧しく狭いその家を調べるが、自転車があろうはずもない。母親は子供たちに皆仕事がないと言う。警官は、他に証人もいない以上、現物がなければどうしようもない、とアントニオを説得する。男たちに罵声《ばせい》を浴びせられながら叩き出されるように去るアントニオ。茫然自失《ぼうぜんじしつ》で、ブルーノを連れるのも忘れるくらいである。

ふらふらと川のこちらに引き返し、自宅のある北に向かって歩く。その方角にはサッカースタディアムがある。折から日曜の午後である。イタリア中がサッカーに釘付けである。日曜の正餐とサッカーで、街路には人っ子一人いない。

スタディアムの外には厖大《ぼうだい》な自転車が駐輪している。しかしこれと別に、とあるビルの前に自転車が一台、ぽつんと止めてある。これがぼんやりアントニオの目に入る。ここまで来て二人は疲れ、しゃがみ込む。ちょうど試合が終わって、どっと人々が出てきた。ふいにアントニオはブルーノに、「路面電車で先に帰れ」と言う。

ブルーノは路面電車の停留所に行くが、試合を見終わった人々がぶら下がるように乗った電車には到底乗り切れない。諦《あきら》めてふと振り返ると、アントニオがぽつんと止めてあったあの自転車を盗んで逃げ、気づいた持ち主が追いかけるところである。持ち主がサッカー帰りで通りかかる人々に呼びかけ、大量の人に追われたアントニオは簡単に取り押さえられる。「パパ、パパ」と叫び泣きながら男たちの足下をくぐり抜け駆け寄るブルーノ。警察へ突き出すべく人々はアントニオを連行するが、必死について来るブルーノを見た持ち主は、「自転車が戻ればそれでいい、放してやれ、皆さんごきげんよう」と言って去る。皆は不満だが、アントニオに罵声を浴びせ、放す。

惨《みじ》めな気持ちで歩き始める二人。拾った制帽を泣きながらアントニオに差し出すブルーノ。この二人の姿を映して映画は閉じる。

---

## 二つの光景

今回は昨日の映画よりもわかりやすく、それに、楽しかったろうと思います。

それでは、A君。お父さん、アントニオという名ですが、彼が自転車に乗って仕事に行きます。どんな仕事でした?

**——肉体労働で、ポスターを貼る仕事。**

そうだね。自転車で効率的に場所を回ってポスターを貼る。貼る作業をしている隙に自転車を盗まれてしまうわけだ。盗んだ自転車に乗って少年が逃げる。

いいですか、自転車に乗って走っているという光景が二つ見えたよね。アントニオは仕事に出かけるときには自転車に乗っている。それから逃げるときにこの少年が自転車に乗っている。この二つ、どういう違いがあるでしょうか。ある意味で難しい、ある意味で簡単な質問だ。ちょっとみんなに聞いてみよう。

**——うーん、一緒じゃないですかね。**

**——アントニオは自分で買った自転車に乗っているけれども、少年は人から盗んだ自転車に乗っている。**

**——アントニオには所有権がある？**

**——アントニオは仕事をするために乗っていて、泥棒は逃げるために乗っている。**

うん、まずはこんなところだね。ほかはあるかな。今日は、早い話が、ここが到達目標で、ここをとことん詰め切る。だって画像だけ切り出せば同じだもん。人が自転車に乗っている、これで終わりになっちゃう。だけどこの二つ、ぜんぜん違うよね。違いのポイントは一体なんなのか、というのを追いかけていきますので、念頭に置いておいてください。意外な方向から、そこに接近していきますから。

## 質入れ

アントニオの仕事にとって、自転車は必須だ。失業中のアントニオにようやく仕事が回ってきたけれど、自転車を持っている人、というのが条件だ。だけど最初、アントニオは自転車を持っていなかったよね。どうして？

**——たぶん、生活に困っていたから売った？**

惜《お》しい。君たちは馴染みがないよね。あの自転車は質屋《しちや》さんに預《あず》けてあったんだ。

Ｋｒ君、例えば君がそのへんの銀行に行って、お金が必要だから一千万円貸してよ、なんて言ったら銀行は貸す？

**——貸さない。**

なんで銀行は貸さないのかな。Ｋｒ君は信用できる人だよね？

**——返せるって保証がないから。**

でも僕は保証があると思うなあ。Ｋｒ君はまじめだし、たくさん稼《かせ》いできっとお金を返すと思うから、銀行はばかだと思うなあ。

**——（笑）。**

**——明確な証拠がないと。**

明確な証拠って前回も出てきたね。銀行は何が欲しいって言うだろう？

**——モノ？**

モノが欲しいって言うんだねえ！　いざ返せないとなったらそれを取っちゃうよ、というわけだ。ということは、アントニオがお金を返せたら自転車は戻ってくるけれど、お金を返せなかったら、自転車を取られてしまう。

この自転車を質に取ったときに質屋さんはそうとう安心したはずなんだ。どうして？

**——自転車がいい自転車だったから。**

**——あ、欲しい人が別にいるから。**

うん。それもそうなんだけれど、この場合さらに……このお金は絶対戻ってくるなと質屋さんは思ったはずなんだ。

**——……？**

難しいかな。じゃあ、脇から攻めるよ。結局アントニオはお金を返すことができて、質屋さんから自転車が戻ってきたよな。どうしてそれができた？

**——奥さんのマリアが、シーツを質に入れたから。**

そう。どうしてあんなものが質になるの？　高く売れそう？

**——嫁入り道具で、けっこう品がいいから。**

うん、奥さんがそう言っていたね。でも品の良し悪しだけでは……例えばＳｋさんにとって大事な高校時代のアルバムとか、質に入れたら、どう？　まあ質屋さんは預かってくれないと思うけど（笑）、取り戻そうと必死になるんじゃない？

**――あ、シーツは大事なものだから……。**

そう。あのシーツはあのカップルにとっては、決定的に重要なものなんだ。自分たちの結婚のシンボルみたいなものだもんね。このへんはちょっと解説しないといけないだろうけれど、イタリアにはそういう風習があるんだ。お嫁さんのほうがリネン一式を持って嫁入りする。寝具って向こうではとっても大事なものなわけね。大事にとっておいて、毎日の生活では使わなかったりもするくらいのものなんだ。まあ、あの映画の中では何枚か使っていて、ベッドから剝《は》がしていたけどね。

ということは、話を元に戻すと、自転車は？

**――生活に欠かせないものだから、質屋さんは安心してお金を貸してくれる。**

そうだ。いよいよ最後、命綱《いのちづな》の自転車を預けに来たんだな、と質屋さんはわかるから、これは死に物狂いで返してくるな、目一杯お金を貸そうかな、となるよね。

でも、反対側から言うと、そんな大事な物まで質に取られていた。そのために失業を抜け出す機会を失うところだった。働いて稼ぐためには元手が要る。それがないと働くことさえできない。誰かが元手を融通してあげなくてはならない。難しい言葉で「信用」と言うよ。信用を供給しなければならない。でも融通してもらう当てもないから、それを確保するためにマリアがシーツを剝がした。婚姻の証であるシーツが犠牲になったんだね。この映画の主題を暗示する場面なんだということはやがてわかるよ。

## お金の貸し借り、してもいい？

ここでちょっと大事なことを黒板に書きます。これは法なんかを勉強するときには必ず出てくる、基本中の基本みたいなパターンです。ある人、Aさんが、なにか大事な物を持っています。ここで、Bさんがこの大事な物をギュッと押さえる、つまり質に取るということですね。その代わり、BさんからAさんにお金が行く。

で、Aさんがお金を返すことができれば、物を押さえているこの線は消えます。しかし返せないとビューッと取られちゃう。ある人にとって、これなしでは生きていけない、これなしでは絶望だ、みたいなものをギュッと押さえるわけだ。

この関係は、前回見た岐阜屋と大経師の関係と同じものです。その最小単位みたいなものがここにある。こういうものがたくさん積み重なって、社会、とりわけ経済の社会ができあがっている。特に日本の場合はこれが発達してい

図5　質に取るということ

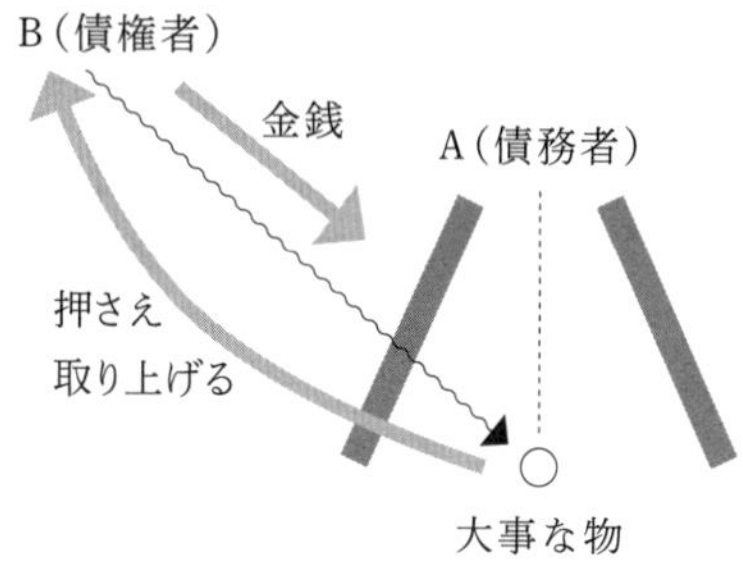

て、大企業もみんなこれをやっています。特に銀行はこれが大好きです。担保《たんぽ》がないとあまり貸しません。もちろんヨーロッパやアメリカの銀行もこれをやりますけれども、まあ、相対的に日本の社会はブツを担保に取るのがとっても好きで、やや異様に発達しています。

で、この質に取る関係は、さすがに日本の法もすごく警戒しています。なぜ警戒するかというと、それはわかりますよね？　F君。君が、いじわるなS君に、命にもかえがたい大事なもの、この筆箱を質に取られたとしよう。

——（笑）。

こういうときは、君とS君はどういう関係になるの？

——**険悪になる。**

それで？　その筆箱を持ったS君に、ここで逆立ちして教室一周しないとこの筆箱をぶっ壊してやる、とか言われたらどうする？　ふざけんじゃねえとか思うよな。でも筆箱は壊されたくない。ひょっとしたら教室一周するかもしれないな、そうすると？

——**上下関係ができる。**

すばらしい、その通り。ここに上下関係、支配服従関係ができてしまう。モノとお金をやったりとったりすることから生じる支配服従関係、これを法は警戒します。この関係はお金を貸すほうの人が借りるほうの人の大事な物を押さえることから生ずる。押さえてなくとも、返せないと暴力的に奪い去る。まずこのメカニズムを覚えておこう。そして、そこには必ずある人とその人の大事な物が作り出す単位が現われる。この映画の主役はひとまずこの単位だ。これが危機に瀕《ひん》するスリルだ。鷲《わし》に狙われる野ウサギの子のようにね。

それでも、元手がなければ働くことさえできないから、どうしてもお金を借りなければならない場合がある。銀行とか質屋さんは厳重に規制されているからまあまあ安全だし、アントニオが行ったのは自治体がしている公営質屋だからそういう問題はないけれども、S君、質を取られなくとも、お金を借りるだけで危ないって知ってた？

**――友達とかなら安心ですけど。**

おぉ？　そうか？　どうして友達なら安心なんだ？

**――めっちゃ信用しているから。**

借りても大丈夫そう？　それはまあ、ちょっと立て替えておく分にはいいよな。だけど……うん、僕だったら逆だな、友達だったらお金を貸したりしないほうがいいって言うよ。どうしてだかわかる？　ちょっと一万円貸してとか、どう？

**――あ、それは嫌です。**

嫌だよな。どうしてダメなの？　親友ならいいじゃない。N君はどうだ？

**――うーん、借りないです。仲が悪くなるから。**

その通りだ。もし君にとって大事な友人だったら、やめたほうがいい。必ず仲が壊れます。ダメになっちゃう。

A君。君は、駅前でビラ配っているおじさんから十万円借りない？とか言われて、あ、最新のアイフォーンなんか欲しいなあ、ってフラフラッとして、お金借りちゃったね。

——**いやいや（笑）。**

だけど君、返せるわけないよな。するとどうなる？　ふつうお金を借りると、なにか時限爆弾に火がついた感じになるんだ。

——**なんか取られるんじゃないですか。**

うん、取られるねえ。取られるとき何が出てくるでしょうか？

——**後ろについてる暴力団。**

そうね、怖い人がたくさん出てくるよ。その向こう側は不透明で、その奥は何につながっているかわからない。何が飛び出てくるかわからない。これは恐怖です。そして現実的な話、お金の貸し借りはしばしば暴力を、実力を呼び出します。借りちゃったらどうする？　A君。

——**とりあえず警察に行って……。**

怖いよ、助けてくださいと警察に行くと、Ｈｔ君、警察はなんて言うと思う？

——**なんだろ。借りたほうが悪い、とか？**

そうね。次はなんて言うと思う？　なになにしなきゃ、って言うよ。

——**（返さなきゃ）。**

あれ？　いまの声はどっから聞こえた？　誰ですか、いま言ったのは？

——**［見学の先生］私です……。**

——**（爆笑、中断）。**

見学のU先生がずばりおっしゃったようです。聞こえた？

――［見学の先生］**すみません、心の中でつぶやいたつもりでしたが。**

――（笑）。

いえいえ、こういうハプニングは歓迎なので。演劇部がいるから言いますけど、メタシアトリカルな効果って言います。お客さんがいきなり舞台の上に上がってきたりとか、役者が客席の中に降りていっちゃったりね、そこが混線するってのはとっても楽しくなるよね。私は自分の授業の中でも多用する。ぐっとこう、授業の効果が上がってくるんです。

Km君、兄弟だったらお金を借りても大丈夫かしら？

――**いや、ダメです。**

ダメですねえ。実はここに血の要素が絡《から》むと、もっと話がドロドロになる。兄弟なんかだと大変なことになります。これは日本の判例を読んでいればわかる。最高裁の判決集をざーっと読むと、お金のトラブルの多くは親族間です。親族間だと途中で紛争が止まりません。とことんまで争う。だから最高裁までいっちゃう。

ちょっと脱線しましたが、前回の『近松物語』に続いて、お金の貸し借りの問題がこの映画にも出てきた。とっても危ないんだね。実際、自転車を質に取られるのは痛い。けれどもここは公営の質屋だったから、まあよいほうだった。とはいえ、これを請け出さなければ失業から抜け出せない点は同じだ。となると、他から借りなければならない。またまた危ない。ここは危なかったね。最も大事な物を生活のために質に入れなければならず、そのために働けず、貧乏が続く、という悪循環があって、脱出しようとすると悪い組織をバックに持つ金貸しに捕まる。でもアントニオは奇跡的に、まさにマリアの機転と犠牲によって、ピンチを切り抜けた。シーツが犠牲になったことを忘れないようにしよう。それでも、サラ金や商工ローンなんかから借りなくってよかったね。

## 泥棒にとっての自転車

今度は反対側、盗まれたほうではなく盗んだほうを見ましょう。自転車を盗まれて、アントニオは必死になってこれを探しに行く。このとき、蚤《のみ》の市って言うんだけど、広場で古い骨董品だとか要らなくなったものを売って、安いからみんなそこで日用品なんかを買うという、そういう市がある。そこに自転車が出てくるんじゃないかと、アントニオと仲間たちが探しに行く。この蚤の市では、自転車はどういう状態で並んでた？

**――部品になっていた。**

その通りだ。なんで分解して売られるの？　自転車が可哀想じゃないか。不思議に思わなかった？

**――それぞれの部品に価値があるとか？**

**――そのままで売っていたら、登録者番号で足がついてしまうから。**

たぶんその通りだろう。ということは、売る人の頭の中をちょっと考えてみよう。この人

上・仕事中、一瞬のすきに自転車が盗まれてしまう。「泥棒だ！ 泥棒だ！」
下・蚤の市。「分解して売られているはずだ。一つずつ捜し出すんだ」

にとって自転車はどういうものだろうか。
——**盗んだものだからバレないようにバラバラにして売る。売ってお金にするもの。**

そうだ！　そうするとだいぶ違ってくるよな。さっきの盗んだ少年が自転車に乗っていたのは、さしあたりは逃げるためだった。だけど、そのあとはもう？　Ｅさん。
——**その人にとっては役に立たない。**

その通りだ。もう役に立てる必要がないものだ。だから、この部品とあの部品はちょっと高く値がつきそうだ、というと、そのほうが追及されにくいし、バラされてしまう。大事にされない。気の毒なのは自転車だ。そうすると、アントニオにとっての自転車と、泥棒にとっての自転車は、意味がぜんぜん違う、ということになるわけだね。

## 泥棒の何がいけないの？

アントニオ一家はとっても貧しいよね。お父さんと息子の二人でお弁当を持って仕事に出る。あのお弁当は君たちの見た字幕だとオムレツとか訳してあったかな。イタリア語ではフリッタータと言っているので、標準的にはパンにナスとチーズを挟んで、フリッタータという以上油であげてあるんだと思いますが、すごいごってりした、たっぷりエネルギーがとれるもの。そういうものをお昼にするというくらい貧しい家だ。

では、泥棒のほうはどうだろう。アントニオが追いかけていって、ようやく泥棒の少年の家を見つけたけれど、Eさん、あの家は、どう思った？

**——仕事がないのにいっぱい人数がいて、貧しいだろうなと思った。**

すばらしい観察だね。道から入るとすぐ狭い部屋で、そこにもうベッドが複数並んでいて、そこで結構な大家族が寝泊まりしている。ああいう光景はローマではもうあまりないけれど、ローマのちょっと南、ナポリなんかではまだある光景です。

あの少年の家がある地区はトラステヴェレといって、ローマでも貧しい地区だ。ローマという街にはテヴェレ川が流れていて、川の東側に中心があるわけだけれど、少年の家がある側はトラステヴェレ、「川向う」っていう意味で、テヴェレ川の西側（右岸）なんだ。この映画には橋を渡る場面が何度もあるけれど、あれは、テヴェレ川のこちらと向こうを行き来してますよ、ということを示している。

そうするとNさん、アントニオも貧しいが、泥棒さんの家も相当貧しいよね。変わらないじゃないか。泥棒さんだって、あの自転車を奪って生活するしかないんじゃないの？

**——どっちも貧しいというのは変わらないと思うんですけど、アントニオは、貧しいなりに、盗みとかそういう悪に手を染めないで、自分のお金で自転車を買っているけど、泥棒のほうは盗みをしてお金を得ているので、ちょっと違う。**

その通りだ。その中身をもうちょっとはっきりさせよう。Mさん。アントニオは働こうとしている、相手は盗んでいる。だけどまあ、一生懸命なにか活動しているということでは同じだよね。どこが違うんだろう、普通の仕事と泥棒の仕事は。

**――普通の仕事は人に迷惑をかけたりしない。**

うん、いろいろ人に迷惑かける仕事もあるけど？

**――（笑）。**

まあ、私の仕事なんかも迷惑かけっぱなしだよ。今も君たちに迷惑かけているようなものだよ、これは仕事ではないけどね。どんな仕事でも多少は誰かに迷惑をかけるものだよ。それはまあ、泥棒はひどい迷惑だけれども。

うん、じゃあこう聞いてみよう。なにか盗られたことがある人、いない？（手が挙がり）Sｚさん。

**――お財布をゲームセンターに置きっぱなしにしてたら、一分して戻ったらなくなっちゃって、盗られました。**

そのときどう思った？

**――えっと、なんか、かわいそうというか……、相手側がかわいそうだなと思ったし、自分もかわいそうだなと思った。**

すごいねえ。相手も自分もかわいそう。うん、そうね。ほかにも誰か手を挙げた？

**――まず筆箱を何度か盗られたことがあって、あと傘を盗られたことがあって。カバンと、それと財布ですかね。**

なるほどねえ。それは相当だねえ。そのときに気分はよくないよね。どういうふうに気分がよくないだろう。

――何もしてないのに盗られたら、そりゃ怒りますよね。

怒る。そのときの感情は、さらに言うと？　怒るにもいろいろあるものね。

――許せない。

許せないというのは一種の倫理観で、その感覚も働くけど、どうして許せないの？

――なんていうか……盗られることが前提にないから、不意打ちをかけられると頭に来る。

じゃあ、その筆箱を今から盗るからな、と言って接近して来たというのと、Ｓｚさんみたいに目を離した隙にやられちまったというのと、どっちがいい？

――どっちがいいと言われても……盗るからな、と言われたら、筆箱しまってますよ。

――（笑）。

そうだよねえ（笑）。それを僕はききたかった。つまり君は何をすることができる？

――盗まれないようにすることができる。

そう、防御することができる。防御することができるっていうことは、相手が接近して奪ったら見ているから取り返せる。窃盗、つまり盗みは、気づかれないところでやって、だから追いかけさせない。君の大事な物は消えてしまう。なぜ消えるんだろう？

大事な自転車を盗まれて、アントニオが少年を追いかけていく。そのときアントニオは何に困ったっけ？　少し映画の描写を辿ってみよう。

――アントニオははじめ走って追いかけるけど、自転車に乗った少年に追いつかない。それで、途中で自動車のドアのところに乗せてもらって、あれだ、というのを追いかけたんだけ

**ど、追いかけていた相手が違う人だった。**

　ということは、よし、今からあの自転車を取り戻すぞ、ってやれてる？

**――やれてない。自転車を見失っちゃった。だから証拠がない。**

　うん。ということはKy君、アントニオは何に困っている？

**――誰から取り返せばいいかわからない。準備ができない。**

　その通りだ。矢を打ちたいんだけど目標がないよ、どこを打てばいいの、みたいな感じだ。さらに……ここはちょっと微妙なので、君たち、うまく見られなかったかもしれないと思うけれど、こだわってみよう。F君、窃盗の実行行為の場面、少年が自転車を盗む場面を思い出してください。思い出せますか？　自転車でパーっと逃げるよね。あの犯行が起きる直前の場面は覚えている？

**――二人組……？**

　おお、すばらしい、よくとらえたね。みんな覚えてる？　二人組だね、あれ。それぞれどういう役割？

**――盗む役割と、見張る役割。**

　どっちが親分だと思う？

**――少年じゃないほう。おじさんのほうが上。**

　その通りだ。おじさんのほうが主犯だ。少年はそれに使われている。あのおじさんは、アントニオが一生懸命仕事をしているそばを通りかかって、こりゃいいなってんでススッと引き返して、自動車が何台か駐車してあるその陰に隠れている少年に行けって合図する。そして少年が自転車を奪ってパッと逃げるというときに、たまたま通りかかったような顔して、アントニオにぶつかって、ちょっとの時間をかせいだ。

あのおじさん、鷲鼻のすごく特徴的な顔をしているので印象に残ったんじゃないかと思う。あの人、もう一回出て来るけど、誰か覚えてる？

**――あ、少年の家の前で。**

そうだ。ようやく見つけた泥棒の少年の家、あそこでアントニオと少年が言い争っていると、たくさん人が集まっちゃって、その人混みをかきわけるようにして、二人ばかり男が出てくるよね、貧しい地区の割にはバリッとした、ヤクザっぽい格好で。ヤクザってそうだよね、必ずとんでもない格好してる。ここまでおさえた上で、S君、さっきの質問に戻るよ。泥棒の仕事はなんで悪いんだろう。

**――盗むっていうのは法に触れているから？**

そうねえ、でも法に触れていること、ぜんぶが悪いことだとは限らないよ。

**――犠牲者がいる。**

その通り。犠牲者を出すのはなあに？　前回の続きだ。前回はおさんが犠牲になった。犠牲を出すのはなんだっけ？

**――……？**

うん、もうほとんど出ているんだけど、ダメ押しが難しいんだね。ただ、このわずかな、小さなジャンプがやっぱり大事なんだ。答えを言うと君たち、なーんだ、ってがっかりするよ。だけどちょっと跳んでみようよ。

じゃあこうしよう。サッカー部のA君、君はサッカーをやっているんだけど、敵がボールを隠しちまって、見えない。必死になって集中プレスをかけるけど、敵はひょいひょいボールを回して、鬼さんこちらアッカンベー、とピュッピュッと回されちゃう。どうしてできるの、こんなこと。

**――グルだから。**

そうだ！　君は決定的なことを言った。窃盗はなぜいけないかというと、必ずグルなんだよ。窃盗は盗品を売るためにする。だから君の大事な物は必ず消えるんだよ。売るったって自分一人では売れない、グルになってないと成功の見込みが低い。危ないものをさばいていくには組織が必要だ。組織があれば輾転《てんてん》と流していける。そのときできれば部品に分解する。その物が大事でない証拠だが、同時に追いかけられないように、だ。盗品を化けさせる。お金でも資金洗浄と言ってスイスの銀行かなんかと金融取引し、姿を変えさせる。

そういうわけで窃盗の向こう側にはたいていの場合にグルがある。君たち十代の犯行でも、窃盗の背後には不良グループみたいなのがあることが非常に多いんだよ。だから窃盗といじめとはすごく関係があるわけだ。つるんでてグルになって、ある人の物を嫌がらせ的に取る、ということがとっても多いわけだ。

いずれにせよ、物が隠れちゃって、取り返そうとしても取り返せない。向こうはグルでこちらは一人。くるくる回され隠されるから大変に悔《くや》しい。グルの前に、力のない個人が悔しい思いをする。この映画はこれをとってもよく描いている。必死に自転車を探す。ようやく少年の家に辿り着く。けれどもそこには自転車はない。なぜないか。当たり前だねえ、組織があって、自転車はその組織の中を遠くへ行ってしまっている。たぶん別の組織の手に渡ったりしている。

逆に相手がグルだからこそ、ラッキーというチャンスが巡ってくるよね。

**――……？**

向こうが尻尾を出すところがあるじゃないか。

**――……あー！**

Ｋｙ君、どうぞ。

**――あそこの、雨の市場で少年と話していた、あれだ、教会のところの。**

そうだ（笑）。

**――ああ！　わかりました、わかりました。あのじいさん。あの人、なんか住所言っちゃってましたよね。**

言っちゃってましたねえ（笑）。そう、あれも仲間だね。逆にそういう、付け込むところもあるわけだよ、相手が集団だと。下っ端の一人をうまく捕まえると、ズルズルっと芋づる式にボスまで行っちゃえるかもしれないわけだ。

それでも、自転車を盗んだ少年はある意味アントニオと同じだよね。どこが？

**――貧しいところ。**

そうだね。だから元手がなくて働けない。アントニオの場合はマリアが婚姻のシーツを剝がした。それで怪《あや》しい金貸しに引っかからずに済んだ。しかし少年の場合は？

**――泥棒になった。**

ということは？

**――グルになった。**

その通り。組織が少年にお金を貸したようなもの。稼《かせ》ぐ機会を与え稼がせた。すると、元手のない人に信用が入っていかないとこういう組織が大いにのさばるということだね。

## いろんな人たち、なぜ出てくるの？

アントニオが自転車を追いかけていくプロセスの中で、一種ロードムーヴィー的に、いろんなのが出てくるよね。アントニオが助けを請《こ》う人たち、逆に邪魔をする人たちがいる。これを少し確認していく。まずアントニオはどこに行ったっけ？

**――警察。だけどまったく役に立たなかった。**

そうだったね。丁度、大きなデモ行進の警備をしなければならないところで、そんないちいち自転車を探してなんかいられない、それどころじゃないよ、って。国家が貧しい人の元手にまで考えが及ばない、という問題が提起されている。

ほかにも出てきたよね。

**——教会。泥棒につながるおじいさんを追いかけて、教会に入っていった。**

そうですね、イタリアはやっぱり教会がとても強いんだ。だからあそこに教会というものが出てくる。こちらはちゃんと慈善事業をしている。「パスタ・エ・パタータ」という一番貧しい料理だけれど、振る舞われる。でもアントニオにとっては、これがまあ、邪魔になっちゃうわけだよね。アントニオの元手、経済の問題は解決できない、ってことが暗示されている。ついでに言えば、突然の雷雨で雨宿りする場面、ドイツの神学生に囲まれる。ちんぷんかんぷんのドイツ語に包囲される。観念的でただのおまじないか念仏のようだ、だからこれも経済の問題を具体的に解決できない、という皮肉だ。

それから、まだいろんなのが出てきたよな。

**——占い師。最初は奥さんのマリアが占ってもらったり。アントニオはインチキだからやめろって感じだった。二回目はもう、自転車のあてがわからず、自分でもどうしたらいいかわからないので、占い師に頼ってみるかと行ってみるんだけど、いい答えは得られず……。**

そうねえ、「すぐに見つかるか、全然見つからないか、のどちらかだ」って言ってたけど、あんな答えだったら君だって言えたよな。ま、窃盗というものの本質を突いているけれどもね。要するに、怪しい権威で金儲けをしている。そこに人が群がっている。

**——ほかにもあった。泥棒の少年を見つけて追いかけたら少年はどこに入っていった？なんか、お店みたいな……。**

あれはなんの店かな？　これは君たちには難しいかもしれないけど。

**――うーん、なんか女性がたくさんいて、よく言えば踊りとかするところかもしれないけど。**

悪いほうだよ。

**――あ、悪いほうですか（笑）。**

性風俗の産業。売春宿だ。何するのあなた、ここはローマでいちばんの店なのよ、高級なのよ、とか言っていたね。こういう際どい商売はよほどしっかりした徒党がついていないとできません。

これらの場面全体を通じて気がついたことはなかったかな？

**――アントニオの味方というか、手伝ってくれる人がいない。**

そうだ。非常にはっきりしているんだけれど、これらはなんのために出てくるかといえば、アントニオと対比させるために出てくる。アントニオの無力感を強調する。頼りにならないし邪魔はするし。アントニオは必ずそこに一人で入っていく。一人で入っていくけれども、ほとんどの場合、邪魔者なわけだ。そうすると、必ず組織とか集団が一方にあって、他方には、ぽつんと一人アントニオがいる。

Ｉさん、これらの場面、見ていて何をしました？

**――？**

例えば、アントニオはおじいさんを探して教会の聖堂の中を暴れ回るよね。で、なんていうことをするんだというので、教会の人たちがそれを追いかけて止めようとする。そこでちょうど祭壇の前を通りかかるよね、そのときアントニオを追いかける神学生二人が、一瞬立ち止まって、十字を切った。そうかというので小さなブルーノもそうした。

——（生徒一同・笑）。

そう、Iさん、その通り、笑ったでしょう。所作を真似るのは皮肉の黄金パターンだけれど、ここは少年が思わずするので温かい笑いになる。ここを笑えたんだから、映画を本当に楽しんだということだ。それから売春宿でドタバタやっていると。あのときも笑った？

——**笑うまではいってないですけど。**

うん、だけど、おかしかったよな。それからこれも笑えなかったかもしれないけど、占い師の場面、あれもまったくおかしいよな。これらの場面は非常に意識的に、喜劇的に描かれています。コミカルに描かれている、つまり風刺《ふうし》です。強烈な風刺がどれにもあります。

今日は立ち入りませんけれど、イタリア社会の成り立ち、仕組、歴史、こういうものを踏まえて、監督はイタリア社会の大きな見取り図を描いている。国家があって教会がある。それから地下経済みたいなものがあって、そのほかいろいろ。こういうものを痛烈に風刺している。何が言いたいかというと、『近松物語』と同じように、この映画の場合も、社会というものをかなり精密に捉《とら》えて描く、分析する、そういう姿勢というか、知的な頭の作業を伴っているということですね。難しく言うと、社会構造を見通している。追い詰められたアントニオという個人に立ち塞《ふさ》がってくるのは、なにか特定の個別のものではなく、複雑に絡《から》まりあった集団や組織や徒党《ととう》である。がっちりした社会構造と孤立無援の個人、こういうコントラストを延々と描いている。

## なぜお芝居は楽しいのか

ただ、そうやって出てくる集団の中でも、今は挙げなかったけれど、非常に早くにフェイド・アウトしてしまう人たちがいるよね。それはなんだっけ?

**――蚤の市で自転車を一緒に探してくれる仲間たち。バヨッコたち。**

そうね。あの人たちはほかの人たちとはちょっと違うよね。どこが違う?

**――バヨッコたちはアントニオを歓迎して、助けてくれる。**

そうね、連帯して助けようとしている。アントニオがバヨッコに助けを求めていったとき、みんな何してた?

**――演劇。**

その通りだ。演劇の練習をしていた。音楽付きのミュージカル的な。なんであの場面で、あのグループはお芝居の練習なんかやっていたんだろう? 不思議に思わなかった?

**――大衆に訴える、とか?**

なるほどね、そういう面があるかもしれないね。こう聞こうかな。Mさん、Mさんは演劇部だね、なんで演劇ってやるんだと思う? あるいは、もうすぐこの学校は文化祭みたいだけど、どうして文化祭ってやるんだろう？

**――楽しむため。**

楽しむ。なんのために楽しむか、っていうと野暮な質問だよねえ、そりゃ楽しむために楽しむんだよって決まってるもん。

**――（笑）。**

でも、なんで楽しみなの？

**――愉快だから。**

愉快ね、どうして愉快なんだろう？

**――うーん、普段やらないことをやるから。**

そう、すばらしい！　普段やらないことをやるんだ。

Ｓｚさん、演劇が終わって、みんな拍手して、カーテンコールで出てきて、あの場面、僕はとっても好きだけど、Ｓｚさんは好きかな？

**――好きです。**

どうしてあの場面、気持ちいいんだろう？

**――役者の人がみんなを幸せにしているから。みんなが幸せになって自分も幸せになる。**

そうだね、いい答えだね。みんなが幸せになる、ということは、芝居をする人と見ている人のあいだに何が成立しているの？

**――同じ気持ち？**

そうだ、つながっている。連帯が成立している。芝居を演じている人たちはもちろん、見ている人たちのあいだもそうだよね。お芝居の幕間《まくあい》でホワイエ（ロビー）なんかに出てきて、どうだったねこうだったね、よかったねあそこは、とか言って、みんなでおしゃべりするの、楽しいよね。ハネても楽しいよ、みんなでレストランなんか行って。お芝居のあとって、なぜかとってもハッピーな気分になるんだよね。これ、なんで？

**——新しい考えを得られるから。**

そうだねえ、新しいってどういうことだろう？

**——これまでの自分にない考え。**

そう。自分にない。逆に言うと、自分にそれまであるものってなんだ？

**——自分の今までの考え……？**

うん、考えだったり、さらには？

**——境遇？**

すばらしい！　境遇だ。自分の置かれている境遇。これまで見てきたように、われわれは特に実社会に出れば、生きるために、グルになってやったりとったりする関係に巻き込まれるし、お金を借りなきゃならなくなることもあるし、いろいろあるわけだよ。だけどお芝居はそういうものを、ズバッと切る。

それは芝居を通じてしか切れないんだ。お芝居の舞台の前ではみんな、そういうものをぜんぶ切り離しているから、そこは自由で、だから連帯できる。水平の連帯が成立している。

だから役者はだいたい横に手を繋《つな》いで、一列の形でカーテンコールをして、舞台袖に帰って、まだ拍手が止まないので、また出てくる。あのとき楽しいよね。なんでこの快感が生まれるかというと、いろいろな現実の関係を切るからなんだ。まあ一瞬かもしれないよ、だから、また明日から働かなきゃ、とかあるのだけれども、その場面ではぜんぶ断ち切る。

## なぜバヨッコたちは自転車を見つけられないの?

そうすると、演劇をしているバヨッコたち、正確には市の清掃労働者組合なんだけど、彼らは横につながっていて、いろんなグルからは解放されているわけだ。だから、あの五、六人は人助けで、よし一緒に自転車を探してやろうと、こうなるわけだね。

でもKy君、この人たちは成功しないや。監督は彼らに共感を持っていることは疑いえない。彼らが連帯してアントニオを助けて無事に自転車を発見しました、拍手拍手!という話にしてもよかったじゃないの?

**——それだと、自転車を盗んだグループを悪く描いているのに対して、いいグループができちゃうから。**

……すごいねえ。ここは、出るまで十五分とか計算してたけど、一分で出ちゃった(笑)。その通り。この監督は、泥棒の問題を、グループとグループの問題だ、とは考えていないということだ。こっちのグループが良くて、こっちのグループが悪い、それが激突だ、こっちの勝ち〜！　……みたいなのは、御免《ごめん》こうむる、という考えが伝わってくる。明らかにポイントが別のところにある。いや、それどころか、このいいほうのグループも監督は批判している。市場を手分けして探そうということに決めたのに、なぜだか皆固まる。なかなか一人ひとりになれない。だから見つけられない。

## なぜブルーノはいつもいるの？

Ｓｋさん、私、ここまで、なにか大事なものを隠しているよね？　何を隠している？

**——え……？**

君たちさっきから疑問を持っているんじゃない？　なんで出てこないんだろうって。なんであの問題に行かないんだろう、じれったい、とか思っていない？　だって、ここまで主役、出てる？　主役は誰？

**——アントニオ？**

じゃあ、この映画の中でいちばん感動した人物はだあれ？

**——ブルーノ。**

ブルーノだよ、決まってるじゃない！

**——（笑）。**

**——かわいい、ほんとにかわいいブルーノ！（みんなくちぐちに言い合って大いにわく）**

ねえ、本当にかわいいよ、まったく！　これはもうブルーノの映画なんだよ。これでこの映画は世界の名画になっているわけだよ。ところがここまでブルーノのことを詳しくきいていない。なんででしょう？　当たり前だな。これがいかに大事かということを強調するためにそうしているんだ。

ブルーノはずっとアントニオについて回っている。どうしてついて回っているの？　さっき言ったように、集団と孤立する個人がある。片一方のグルのほうは泥棒だけじゃなくて、教会、占い師、はては売春宿まで出てきた。片一方にかわいそうなアントニオ父さんがいて、これがまあ、ドジだよねえ、ぜんぜんダメ、鈍《にぶ》いなあ、って感じ。でもここにずっとブルーノがいるじゃないか。売春宿では「まあ、坊やまでやって来ちゃって」と言われたりして。どうしてなんだろう。

**――ブルーノが、作者の代わりみたいな？**

うん、ブルーノの視点から見渡すと大人たちのやっていることのおかしさがよく見える。しかしそれ以上にブルーノのところに監督は言いたいことを込めた。あの自転車だけど、本当にアントニオのものだろうか。まあ所有権はそっちにあるよな。だけど、本当に彼のもの？　ブルーノと自転車の関係を考えてみよう。

**――ブルーノは自転車に詳しい。**

そうだ。お父さんより詳しくて、部品の一つひとつまで完璧に覚えているので、蚤の市の場面でブルーノは、お前が部品を見な、って言われている。しかもブルーノだけは離れて一人で見ていく。それで、バヨッコが型番を尋ねると、お父さんじゃなくて間髪入れずブルーノが「FIDES《フィデース》、一九三五年製」って答えるよね。このフィデースはなんとラテン語で「信頼」とか「信用」、「信義」ということを意味している。皮肉だなあ、と思いながら私なんかは聞くわけですけど。

さらにブルーノと自転車のエピソードがある。自転車が質屋から戻ってきたとき。

**——あ、傷を気にしていた。**

そうだ。大事そうにしていて。ブルーノはちゃんとわかっているから、これは質屋がつけた傷だ、なんでお父さん弁償してもらわないの？って言う。でもお父さんは鈍いからね、そんなの元々あったんだろう、とか言って、ばかだねえ。

**——（笑）。**

ということは、自転車と、より密接なのはブルーノだってことを意味している。だから、ブルーノがずっとついて歩くのも当たり前のことだ。だってブルーノは必死になって自転車を探しているんだから。

うん。ここがポイントの場面だけれど、ブルーノに関係して、S君、この映画でいちばん印象に残った場面はなんだろうな。

**——お父さんのアントニオに叩かれたところ。**

そうだな。どう思った？

**——え？　……お父さん、クソじゃん。**

――（**みんな大爆笑で中断**）。

はっはっは。すばらしい、その通りだよねぇ。お父さんクソだよな、まったく！

ぶつというのは、イタリア語では picchiare《ピッキャーレ》と言って、子供をぶつのはイタリアでは最悪のことなんだ。ぜったいにやってはいけない。日本だと、まあさすがにクソだという人のほうが多いけれど、三割ぐらいの人は、しつけだって大事じゃないか、とか言い始めるわけ。でも、イタリアは百対ゼロになる。ピッキャーレ、ぶつだけじゃなく、イタリアではね、子供を叱《しか》るのもだめなの。

――**えー！**

私は子供を連れて留学したんだけどね、子供が二歳だったけど、少し叱ったら、ちょっと泣いたんだよ。そうしたら路上だったけど、まわりのイタリア人たちが、すごい顔で我々を見るわけ。

――（**笑**）。

あー、これ虐待してるんじゃないかって。子供が悲しそうな顔をしているだけでも、親はあんたダメなんじゃないか、とこう来るわけ。

――**まじか……**。

彼ら確信があるんだね。子供はいつも楽しくニコニコしてなければならない。どんな場合でも子供が悲しいのはクソで最低だと。それなのに、N君、どうしてお父さん、あんなクソなことしたのよ？

――うーん……？

ブルーノは、少し生意気なことを言って、お父さんに叩かれた。でも、もっと深い理由がありそうだな。このあと少し考えてみるけれども、どんな理由があろうとも、これはまあ、クソだよね。ブルーノもS君と同じ考えだった。拗《す》ねて、すっと離れていっちゃったよね。ポイントは離れていったこと。ブルーノは常にずーっとついて来ていたのに、離れた。

このお父さんは、雨宿りの場面でもブルーノが転んでも気づかないし、せっかく少年の家を見つけたのに何もできずに帰るというそのときにも、一瞬ブルーノを置いていくし。リンチされそうなときにブルーノが警察官を呼んできたから助かったのに。

## レストランにて

叩かれる場面のあと、テヴェレ川で誰かが溺《おぼ》れた、というので、さすがにお父さんは慌《あわ》てて、ブルーノかもしれないと思って、駆けつける。すごくうろたえて、だから気持ちはブルーノのことを思っているんだよ。で、ブルーノに再会したお父さんは、機嫌を直させるためにちょっと奮発して、レストランに連れていくよな。あのレストランの場面で、お父さんどうだった？

**――最初は、もういいや忘れよう、パーッと行こうという感じだったのに、途中から自分の給料のことを思い出して、未練が戻ってきた。**

それでブルーノに何をさせた？

**――お金の計算をさせた。**

はい。せっかくおいしいおいしいと食べていたのに、計算をさせました。そのときに隣の席にはどういうのがいたの？

**――なんか、裕福な家族がいました。**

そう。さっき、この映画に登場するいろんな集団を確認したけれど、そのとき隠していた最後のパズルのピースがこれ、家族です。イタリアでは日曜日は、大家族で大ご馳走を食べるという習慣がある。お昼の二時ぐらいから始まって夜の十時ぐらいまで食べ続ける。結婚している子供たちやら孫たちやらみんな来て。あの場面に出てくるのもそういう家族。で、なんか七三に分けてポマードかなんか塗った、あのませた子供が、おいしそうに、デザートまで食ってる。

**――（笑）。**

うらやましいよね、ブルーノからすると。それから、音楽やっている人たちがいましたが、この音楽はカンツォーネ・ナポレターナといってナポリの音楽です。これも家族というものと無関係ではない。つまりイタリアの古い社会を代弁している。あそこに古い社会、古い家族というものがあって、アントニオとブルーノの関係と対比されている。もちろん、大家族は熱い絆《きずな》でもあり、助け合うし、権力には抵抗するけれども、中は上下関係だし、コネとかもあってフェアでないし、不透明だし。要するにべったりしていて、音楽はその雰囲気

を伝えてくる。でも、ブルーノに計算ばっかりさせていると、こっちもあんなになるよ、そ

れでいいかい、いいよな、と楽団の歌手がアップになって映り、甘く誘ってくる。

## なぜ自転車を盗んだの？

ここまで準備ができると、最後のポイントに行けるわけだ。アントニオはなんで最後の場面で自転車を盗ることになったか？　みんなにきいていこう。

**――なんで俺だけなんだよ。あいつがやったんだったら俺だってやっていいって思った。**

そうだよなあ、そういう気持ちが働いたよな。

**――仕事をしなければ生きていけない。でも自転車がないと仕事ができない。よって、自転車がないと生きていけないっていう感じになった。**

そうね、切羽詰まった。

**――サッカー場で試合をやっていて、みんな自転車を持っているのに、俺だけない。**

サッカー場の場面だよなあ。日曜日は、これもイタリアのほとんど信仰と言っていいぐらいなんだけど、セリエAの試合をラジオで聞きながら、ただし絶対にテレビの実況中継はしないんだけど、ご馳走を食べる。この場合はローマ対モデナ。最後の場面はスタディアムからドッと人が出てきた。そのどさくさに紛《まぎ》れて、みたいな面がある。競技の高揚感はお祭りと一緒で一旦すべてを解消するみたいにするから、その中で摑《つか》んだ者勝ちみたいな心理が働

く。どうぞ、Ｓｚさん。

**——アントニオはグルでやったわけじゃないから。本来だったらブルーノに見張っておけと頼めばよかったのに、一人でやって失敗したから。自分を苦しめた人たちとは違う盗み方だから、いいんじゃないかと思った。**

おお、すごい、これは、えっと、うん、たいへんショッキングな答えだな。なぜかというと、実は、最後の問いの最後の答えで、これでは授業が終わっちゃって困るよ（笑）。でもみんな今はなんのことかわからないからね、幸い。だから順序立ててそこに行こう。まずは、なぜアントニオは自転車を盗ったかだ。みんなそれぞれ間違いではない答えなんだけど、決め手。ヒントは、盗る前に何をしたか。

**——ブルーノに先に帰れといった。**

うん、ブルーノを帰した。ということはビビビッと連想が来ないか？

**——なんだろう、ずっとついてきたブルーノがいなくなったことによって、他人の目を気にしなくなったというか。ブルーノの目を気にしなくなって……。**

ブルーノにはいちばん見られたくないものね。うん、もう少し頑張ってみよう。さっき一瞬ブルーノはアントニオから遠ざかったね。ぶたれた場面だ。これはクソだ、ということでみんなの意見が一致した。Ｓ君、アントニオが自転車を盗む、この行為はどうだ？

**——クソ以下だ。**

そうか（笑）、じゃあ、共通点があるじゃないか。しかも面白いことに両方、ブルーノが離れた。アントニオは、ブルーノがいればいいけれど、ブルーノが離れるとクソになる。
**――ブルーノはアントニオの良心みたいな……。**

そうだ！　そうだねえ。良心って、ハートのことだよね。ブルーノはアントニオのハートだ。だからアントニオはブルーノをぶったり、これから悪いことをするんだというときには良心を捨ててかかるわけだよ。これはアントニオにとってはたいへん悪い兆候だ。ブルーノが離れたらアントニオは破滅に向かう。なんでなんだろうね？　最後の問いではっきりするよ。

## なぜ、許されたの？

自転車を盗んだクソなアントニオは、すぐに、群衆に取り押さえられる。ところが盗られた持ち主が許してあげたんだ。皆も、あんたが言うなら仕方ない、とそれ以上追及しない。なんで許してあげたの？

**――ブルーノが最後戻ってきて、息子にみっともない姿を見せるんじゃないぞ、ということで許してもらえた。**

そうだ。ブルーノがいなければ許されていなかった。ブルーノは大人の半分くらいまでしか背丈がないよね、そんな子供が、群衆を一生懸命掻《か》き分けて、掻き分けて、やってきた。そしてパパ、パパ、とすがる。これで許されるわけだ。それでもまだ、なんで許したのか、

上・泥棒の少年の家の前で男たちに囲まれるアントニオ。
「証拠はあるのか」「お前らみんなグルだ！」
下・自転車を盗み、捕まるが、許される。無言で家路につくアントニオとブルーノ。

もう少し跳ぶ余地がありそうだな。

**――ブルーノが戻ってきて良心みたいなものが戻ってきたから本当の悪人じゃなくなった。**

そうだね。ブルーノが来たことで、あ、これは本当の悪人じゃないんだな、ってことがまわりの人にもわかったわけだ。

ちょっと図に書いてみよう。［黒板に向かって］こんなふうに、アントニオがいて、小さいブルーノがいて、自転車がある。ブルーノと自転車のほうがはるかに距離が近い。こういう形で自転車を保持している。

これに対して、ブルーノがいなくなると、アントニオが自転車を保持している、という単純な形になる。

**――あ、いちばん最初の、盗人と同じになっちゃう。**

その通り。ここで最初の質問が活きてくるわけで、冒頭で、アントニオが自転車に乗っている光景と、泥棒の少年が自転車に乗っている光景の二つを見た。絵だけ取り出せば、どちらも悪い組織とつながっているかもしれませんね。現に泥棒の少年のほうはつながっていた。でもアント

図6　主体と客体の関係

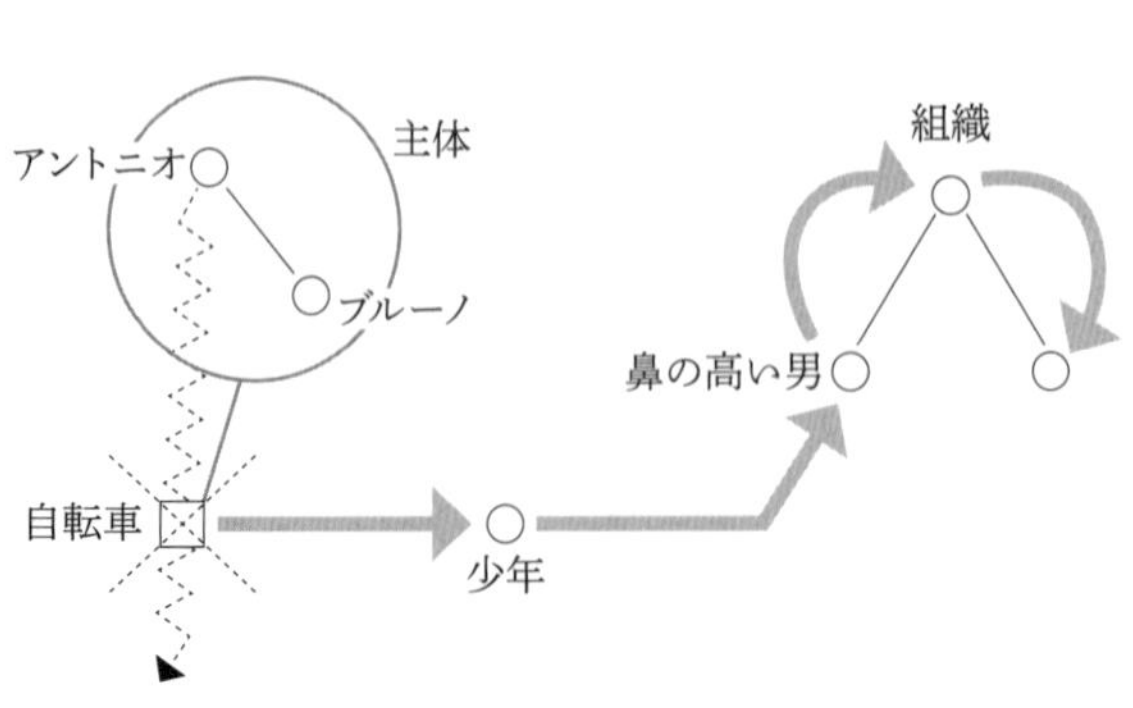

ニオのほうもブルーノがいなくなれば区別が付かない。だけど、パッと見たら、ここにブルーノがいるじゃないか！　そりゃ、自転車を盗ったときアントニオは限りなく盗人に近づいちゃった。だけど、ふっと見るとブルーノが急いで戻ってきたから、あ、こういうことか、とわかった。その瞬間、お前、もうちょっとでこっちだったぞ、気をつけろとなった。つまり一方はぐるりと上のほうのグルとつながっている。他方は下に小さな子供がいて、そうすると上の取り巻くグルとは反対側の、切り離されて下に貼り付いている小さな単位だ。だったら今回だけは許してやるよ、出直してこいと。チャンスをあげようという気持ちになった。

**——アントニオは、グルでやったわけじゃないから？**

そうだ、その通り。さっきSｚさんが先回りした。

## 占有原理

それでは、この授業全体のポイントになる、法の話をしたいと思います。法は、必ず主体を概念します。なにか、ものを持つにしても何にしても、一つの主体というものがあるわけね。われわれは一人ひとりが主体である。この主体が自転車を持つ。自転車は客体だ。

しかし中でもこの主体［黒板を指す］は、複合的な構造を持っている。アントニオ、ブルーノ、そして自転車、という形をしている。そうすると主体とそれに属する物の関係はとってもやさしくなる。なぜかというと、主体の側が、アントニオとブルーノというようにそれ自体複合的になっていて、ブルーノはアントニオにとってとても大事だ。そしてアントニオはそのブルーノを通じて自転車と関係を持っている。ということは、例えば、面白くないことがあって自転車に八つ当たりしてぶっ壊す、なんていうことはできないよね。ブルーノが傷つく。だからこそ当のそのブルーノをぶつなんぞは最低だ。そういう心理になるとどうしても自転車をとったりとられたり、粗末にし始める。

この映画のポイントは、なんと言ったってそれが我々をジーンとさせるんだけれど、この、アントニオとブルーノの関係だ。こういう我々のあり方、我々は、たとえ一人でいたとしても、さっきKy君が良心と言ってくれたけど、やっぱりそうしたものを自分の内側に一つ持っていて、それでいろんなものに接していくんだね。

ところがブルーノがいなくなったアントニオ、ブルーノをぶったアントニオ、これは、自分にとってもっとも大事な人に優しくなかった、一瞬だけれど、そういう主体になってしまったということだ。つまり自転車をバラバラにするような人と同じだね。主体と客体との関係が単純になった。ここからは、俺はえらいんだ、自分に従う者に対してはやりたい放題だというふうになりやすい。つまりここが単純化したときには黄色信号ということになる。このことをこの映画は少なくとも言いたかった。そしてそれに成功していて、だからこんなに評判が高い。

だからさっきずばり一言で言ってくれたように、良いグループと悪いグループがあって、良いグループが勝ちというようなことは、ぜんぜん言いたくない。別に否定しているわけじゃないけれど、そういうことが言いたいわけではない。そうではなくて、ブルーノが圧倒的な主役であって、ブルーノの表情の一つひとつがそれを表している。アントニオがぶったときのブルーノのあの表情はもう忘れられないと思う。お父さんにぶたれたときの子供の表情だよね。非常に悲しそうにしていて……。

法の話に戻ると、とりわけ民事法、民法では、主体がなにか物と関係している、物を持っている、それを取った取られた、といったことを規律する。この関係が暴力的にならないようにするわけだ。そのときに非常に大事になってくるのが、「占有《せんゆう》」という概念です。所有ではなくて占有。これは君たちは知らないと思う。私がガーガー言ってるんだけれど、日本の大多数の法律家も本当の意味を知らない。しかしローマから来た伝統的な概念で、ヨーロッパでは常識の概念です。

ある人がある物と関わっている、そこにどういう質があるか、ということに非常に意を用います。二人の人がある物に関わろうと争っているとき、ほかにどんな事情があろうとも高い質があるほうが勝ち、というプラスマイナスの価値付けをしていきます。しかも1対0の白黒をはっきりさせる。プラスのほう、1のほう、その人に占有がある、という言い方をします。現在という一瞬で切って、前後の事情を捨象《しゃしょう》して、ある人がある物をとってもいい状態で保持している、これが占有です。これをまずは尊重して物事を進める。尊重させる。それはオレのものだとばかりに強引にかかっていくほうに対しては、そういう暴力的なのは占有の反対ですねえ、はい、もうここであなたは失格、とか言ってはねるわけです。大概、そういう暴力的なほうはグルでその物をものにしようとしている。その末端のチンピラが、オラっちのものだ、文句あるかテメエ、みたいにすごんでいる。やさしくないからすぐわかる。

というわけで、法というのは、あるいは裁判というのは、それはオレのものだという二人の言い分を対等に聴いて、どっちかを勝たせる、というのでは全然なく、まずこの占有を尊重し、サッカーのトーナメントではアウェイゴールが二倍に計算されるって知ってるだろう？　あれみたいに、占有のあるほうがアウェイで先に3対0で勝ったからホームの第二戦では3点ではなく4点取られないと負けない、という解決法なんだ。両者を対等な条件に置くのが手続的正義と言ったりするけれど、そういう普通の解決法と全然違う。占有があるほうが一見その対象を大事にしてそうに見えたけれどもインチキだったとか、今は大事にしているように見えるけれどもそもそも暴力的にかっぱらったものだった、とかを相手は証明しなければ逆転できない。そしてこの小さな原則を最初のモデルとして、どんどん発展させていく。壮大な観念体系が出来上がっていく。けれども、その法全体の核にこの占有というとってもシンプルな原理があるわけです。

今日は本当に予測してなかったけれど、「良心」って言葉を言ってくれた。冒頭の問題に戻ると、人が自転車に乗っている、つまり人がなにかモノを持っている、支配している、という光景が二つあった。よくよく見てみると、この二つは全然違う。片一方はブルーノがいて、つまり「ハート」があって、自転車を大事にしている関係。片一方は、自転車をひったくって、やがてはバラして売ってしまうという関係。この二つは全然違うだろう？

## 占有の質

**――占有の考え方で、つながりの質によってなにかが変わるというのはわかったんですけど、そのなにか、というのがあまりはっきりしていなくて。何が変わりますか？**

それはとっても壮大な問題だ。だからなかなか一言では答えられない。大法学者たちが昔から議論してきた。それはすごくテクニカルなので、ここでは披露《ひろう》できないけれども。

それに、その質に関してもう少し複雑な話をしなければならなくなる。同じ占有でもさらに優先順位を付けて、より強いカードの占有というものもある。つまりより強いカードを切ると、それが1になり、1に見えた相手が0になる。ある主体がある物と一応安定的な関係を築いていれば、それはひとまず占有と言われる。ま、ブルーノは一応いるんだよね、という感じ。でも例えば、こっそり占有しているのはダメな占有である。反対に相手が、皆の前で、正々堂々と、みんなの信頼の風をはらんで、これは自分が占有しているんですよ、と胸を張る。すると1と0が逆転する。ブルーノがいるだけでなく、あるいはブルーノがアントニオの手先になって威張っているのでなく、皆にオープンに愛されている感じだね。

1と0と言ったのは、占有というのは絶対で、四分六《しぶろく》なんていうことはないからだ。でも、ヨリ強いカードが出てくるとひっくり返る。相手による。オセロゲームって知っているよね。白と黒が絶対的で灰色はない。けれども一瞬で白黒がひっくり返る。

質のところについてもうちょっと現実的に言うと、土地を持つにしても、環境を大事にして、まわりの人たちも大事にして、それにふさわしいきれいなものを建てるような土地の持ち主は、いい持ち主だ。ところが閑静な住宅街なのに、これは俺の土地だ、俺がどうしようと勝手だぁ！とか言って、いきなりケバケバしいビルとかパチンコ屋とか風俗店みたいなものをドカンと建てちゃうような、これはクソな占有だ。こういう人は、ブルーノがいると主張していても、実はブルーノがいないんだ。ブルーノがいたらそういうことはしない。

要するに、社会が占有という原理を装備しているかどうかでその質が根本から変わってくるんだけれど、質問できたかったことはもう少し実際的にどう違ってくるんだということかもしれない。その点は最終回に日本の判例《はんれい》に則《そく》して見ます。でも残念ながら、「何が変わりますか」と問われて、「日本の社会にはこの原理がないからこんなに悲惨です」という形で説明しなければならない。日本はとってもここが弱い。日本ではとっても暴力的に、これは俺のものだ、どきやがれ、と突き飛ばして持って行ったり、俺のものだ、だからどうしようと自由だ、煮て食おうと焼いて食おうと俺の勝手だ、とひどいことをする、という発想が強い。そういうのはぜんぜん自由でない。それは自由の侵害だ。それをさせないのが自由だ。

子供の例を出してみよう。たしかに社会は、ご両親が子供をどういうふうに育てるか、これに干渉《かんしょう》はしない。それは自由ですよね。その家その家の方針があるでしょう。だけれども、それはあくまで、子供を大事にしている限りにおいてだ。そうではない、大事にしない、犠牲強要パターンで突っ走っているな、鞭《むち》入れているな、粗末にしているな、そういう場合には自由は認められない。そういうときは容赦なく介入する。なぜならば、自由を奪っているから。

**——集団だったら、その集団をつぶせばいいのかなと思うんですけど、先生のお話を聞いて、日本と海外とでは、児童虐待の考え方とか、変わってくるのかなと思って。日本の場合、家族の中でネグレクトが起きたり、学校の部活で体罰があったりとか、小さいところで人権剝奪がある。それはたぶん、親とか学校をつぶすということでは解決できないと思うんですよ。そういうのってどう考えるんですか。**

そうだね、大事な問題だね。大きなグルみたいなのを叩き潰せばいいかといっても、叩き潰しても叩き潰してもミクロのレベルでそういうのが出てきて、それをぜんぶ根治《こんち》できないんではないか、という問題ね。これは大事な問題だと私は思う。このへんのことは研究がものすごく遅れていると思う。何が遅れているかというと、これが占有の考え方なんですけど、当座は、まずは有無を言わさず親をブロックする。引きはがして近づかせない。これはカップル間のＤＶでも同じことだ。このとき、スピードが大事なんだけど、子供についてもＤＶについても日本の社会はここがとっても弱い。

**——スピード、遅い。**

そうだよね。それにそういうときに誰が出ていくんだ、というと、さっきの警察官、出ていってくれないよねえ。まあ、ストーカー法があって少し出ていくことになったけれど、このへんのサポートの機能はまだ日本の社会はとっても弱いんだよ。

## 大人はつらいよ

ちょっと映画の話に戻ると、アントニオは、結局は以春と同じ、犠牲強要パターンに入っちゃったわけですね、必死になって。レストランの場面が象徴的だよね。せっかく、きりきりしてないでおいしいもの食べよう、なんて、いい線行くのかなと思ってみたら、お金の計算を始めて。

**――教員のOですが、あの、ちょっと一言言わせていただきたいのは、やっぱりね、大人はつらい立場に生きているっていうことがある。**

**――（笑）。**

うん、うん。

**――大人の側からね、そう言われてしまうとつらいぞっていうアントニオの立場を言いたい。大人は責任を負っているわけですよね。子供は責任がないから、罪のない汚れのない位置に立てるわけだけど。**

それはそうです。でも、やっぱりあれはやっちゃダメなんで、そこをグッと耐えるのがやっぱり大人なんですねえ。

**――ダメですか……そのつらさを理解してくれっていうのは甘えですかね？**

そう、そうです。

**――（爆笑）。**

それは当然なんです。つらいもんなんです（笑）。

## 盗まれるノート

追い詰められて、必死になって、なりふり構わず、とにかくぜんぶ投入して、動員かけて、よーし、絶対に自転車取り戻すぞ、となると、だんだん泥棒と同じに近づいてくる。このときにブルーノが足手まといになってきたり、イライラさせる存在になってきたりして、ここをピッキャーレしに行く。これは、多くの場合、個人的なものというよりは構造的なもので、構造的ということは、言葉は難しいかもしれないけれど、いろいろな要因が絡まりあっていて、簡単にはどかせないってことです。

日本の社会はだいたい一九三〇年頃から十五年間くらいは、これを激しくやりました。それから、今もまた、けっこうすごいですね。どうしてそうなるか、まだ学問的には解明されていませんが、経済の方面で、もともと余裕がないところへ持ってきて大破綻《はたん》が起こった。アントニオで言えば、働いて稼ぐ、その元手になるものがどうしても必要なんです。自転車とかお昼のお弁当、前の晩に寝るアパートとかですね。元手、つまり資金、まあ信用が与えられているということですが、ここを供給する余裕がなくなると、みみっちく内側を削ることしかできなくなる。挙げ句の果てには、心理的に追い詰められてわけもなく内側を犠牲に供するようになる。その結果もっと余裕がなくなり悪循環になる。透明で信頼に満ちた組織が築けないと、プレッシャーにさらされたリーダーが意味もなく犠牲を強要するから効率が悪く、いつまで経っても本当の信用が蓄積されないんだけれど、そうするともっともっと犠牲強要で行くしかなくなるわけだ。

それから、これと競争が関係する。信用のシステムが壊れると、ただなにか物を握っていることしか信用できなくなる。資源獲得を目指して争う。この争いはとっても暴力的になりますが、その争いにすべてを注入するようになり、その注入のためにものすごい犠牲強要が行われる。かつては軍事の方面で、今ではビジネスの最先端でそうです。

そういう雰囲気というものは若い人たちに圧力としてかかっていっている。就職以前の学生の意識も支配します。私などは大学でそれを見てきたのですが、キャリアの頂点に先端のビジネス・ローヤーになるというのがある。そのためには司法試験に良い成績で合格しなければならないし、ロースクール経由より予備試験に学部在学中に受かるほうが優秀と見なされる。大手の弁護士事務所への就職に学部の成績なども問われると訳もなく信じられる。そうするともう、心理的に、犠牲強要モードがヒステリックに暴れだす。法学部がよくないのはね、これがあるからなんだよ。これでみんなクソな競争を始めるわけ。

――（笑）。

これは本当は言いたかないんだけどね、東大本郷キャンパスの図書館ってのがあるんだけど、ここでは、盗難がすごく多い。本とかシケプリ（試験対策プリント）とか予備校の参考書とか狙われる。シケプリならまだいいほうで、自分が一学期間一生懸命取ったノートが試験前に狙われて盗まれる。ロースクールの自習室でも本が盗まれる。

――え！

――うわー……。

なんでそういうことになるかというとね、無茶苦茶に競争している。盗めば競争に勝てるというわけでは全然ない。当たり前だ。でも、クソクソな気分で、だんだん人間自体がクソになっちゃうわけだ。クソパターンもいいところだ。もちろん全員がそうなるわけじゃないよ。大半はそうならないよ、当たり前だよねえ。だけど、気をつけないといけない。そりゃ、いろいろ頑張らないと、いい目にあえないかもしれないよ。でも、最後の一線、ブルーノをピッキャーレしてはいけないということ、ここだけは守る。ここはやっちゃいけない。とっても大事なことだ。法律学を勉強する場合にもここがとっても大事なんだよ。およそ人間としてだけどね。ま、大前提として、言いたくはないけれども、結果としてわれわれ教師が本当の法の目的を伝えていないということがあるよね。それを徹底させえていないということがね。

（手が挙がり）はい、Eさん、どうぞ。

## なぜ、ノートを見せたくないのか

――ノートが盗まれるという話で、例えばなんですけど、授業で一生懸命ノートを書くじゃないですか、そのノートをみんなよく写真に撮りに来るんですよ。ごめん、ちょっとここ聞いてなかったから見せて、みたいな。それがときどきすっごい嫌なんですね。私が頑張って書いたノートをなんでそんなに気楽に撮ろうとするのかって思って。

正しい感覚だ。

――でも、もう一方で、たしかに私自身も眠くなったりしてちゃんと授業を聞けていないときは他の人に見せてと頼んだりもするし、だから、私の、嫌だって思う感覚が間違っているんじゃないかと思うんですけど……。

とっても大事なことを言っている。これはね、モノの貸し借りには一般的にあることなんだ。お金ではなくて、モノの貸し借りね。この場合には、基本の信頼関係がとっても大事なんだよ。お互いに信頼している、だから悪いようには使わない。それから、もちろんそこには礼儀があって、ずうずうしく土足で踏み込むようなことはしない。お互いにリスペクトしているという、この感覚があるかどうかでぜんぜん違ってくる。それがあればぜんぜん問題ない。それは見せてあげるよね。お互いにわからないところを聞きあったりする。

あの自転車のブランドは「FIDES《フィデース》」といったね。この言葉、これは法学用語でもあるんだけど、ラテン語でfidesという言葉をそのまま使う。場合によってはbona《ボナ》 fides《フィデース》という。bonaというのはラテン語で「良い」という意味です。英語ではgood faith。これはべったり仲良しという関係ではない。そうではなくお互いに紳士的に認めあっているよ、という関係のことを言います。だから逆にお互いのプライヴァシーとか秘密も尊重するわけ。good faithはビジネスの言葉ですけれども、お互いに契約をするときには、お互いをきちっとリスペクトしながら行う。だから、なんでこれ買うの、何に使うのよ、とか詮索《せんさく》するようなことは言っちゃいけないわけね。お互いの秘密を尊重するということはとっても大事なことなんです。

私はよく、「鶴の恩返し」の話でロースクールの学生なんかには説明する。あれは、助けた鶴がやってきて、布を織ってくれるのだけれども、なんできれいな布が織られてくるのか、与ひょうさんは知りたくなってしまったね。鶴は織るところを覗いてくれるなと言っているのに、夫婦じゃないか、そんなこと秘密にするなよな、見せろよなって、覗いてしまった。これはバツだよな。彼はクソなことをしたんだ。見るべきではない。尊重するんだ。見たから、もう永遠に、あの鶴、奥さんを失ってしまった。それは自業自得なんだ。

だからどんなに夫婦、あるいは彼氏彼女の間柄でも、カップルじゃーん、私には知る権利がある!とか言って、ずけずけと彼氏彼女のすべてに入っていってはいけない。

それと同じで、Eさんが、自分のノートに勝手に入り込まれたくないのは当たり前のことだ。どうしてかっていうと、自分で書いたノートっていうのは、Eさんにとって親密な部分になるから。大事なところだから、そう簡単に見ないでね、お互いに親密な部分は尊重しようね、ってなるよね。逆に言うと、それを見せてあげるときにはとっても信頼関係があるという場合だ。だからなによりもまずEさんの意思が大切だね。見せたくないなら見せなくていい。義理で見せたりする必要はない。見せなくて当然なんだから。

ノートを見せあうには、まあそういう打算ではいけないんだけれども、信頼しあって、リスペクトしあっている友達を持っておくことだ。それは、さっきの犠牲強要パターンで、自分を道具に使うということをしない友達だ。なかなか日本では難しいよ。僕なんかでも自分の人生の中で、私をなにかの道具と間違えているような人間にはたくさん遭遇してきたから、僕は道具じゃないよと何度も言ってきた。難しいことだ。だけれども、そういう友人を持てたら幸せだね。

## 本当の勉強

それにしても、君たち今日、アントニオがブルーノをぶった、これはクソだ、って言ってくれた。とても嬉しかったねえ。理由を問うまでもなくアプリオリにクソだ!というのはとっても大事な感覚だよ。その次に知性を使って、うーん、どうしてこんなやつらが出てくるんだよって考えるわけだ。

**――ブルーノが演技とは思えない表情をしていて、最後は涙が出てしまいました。**

ブルーノの顔に書いてあるよね。何度でも繰り返すけれども、え、これするの、お父さん、これはダメでしょって顔するもんなあ。あそこすばらしいと思って。あれだけでカーンと鐘《かね》が鳴って、はいあなたレッドカードっていう、これが社会にとって大事だ。だって、ちょっと油断するとさ、たまにはあれはクソじゃない、こういう場合にはクソじゃない、クソの側にも言い分があるさ、と、こうなってくるじゃないか。

アントニオのように、人間はプレッシャーにさらされると、ろくなことをしない。もちろん追い詰められて、生活も懸《か》かっている。だけど、そのプレッシャーをきちっと受け止めるということを身につける。それがある種、勉強というか、もっと言うと、自分をしっかり持つということだ。プレッシャーの中でも、勝った負けたの競争の中から出てくるのはいちばんよくない。自分の種目をやっているんだから。あの人と同じ種目をやっているんじゃない。どっちが上とかはないと考えることはとっても大事だ。

勝った負けたの中でプレッシャーを感じる、負けたかな、焦《あせ》るなあと思ったときには、本当に大きなところを見ることだよ。私が震えがきて止まらなかったのは、ローマでミケランジェロのピエタという彫刻を見たときです。この前ではもう、一歩出たの遅れたの、なんの価値も持っていないなあというふうに思った。ピエタというのは一つのジャンルで、聖母マリアが処刑された息子イエスの亡骸《なきがら》を受け取る。子供を殺されたという、この授業にも通ずるポイントが出てくるわけですけれど、その悲しみを表現している。すごい若いお母さん、赤ん坊のイエスを抱く姿と二重写しにされているのだけれど、まあ、きれいなことったらないよ。だけどその悲しいことったらない。透き通るように悲しい。これを一度ローマに行って見るといい。そうすると何もかもすっ飛んで……それで勉強しなくなっちゃまずいけど（笑）。

——（笑）。

だけど、本当の勉強をしようと思うんじゃないか。

# 第三回

# 徒党解体のマジック——プラウトゥスの喜劇

あれから一ヵ月、なぜかまたまた台風接近で荒れ模様の天気です。でもお構いなしに元気な顔が集まって来ています。うきうきとした気分が伝わってきます。楽しいことが始まるぞ、という感じ。英語の先生は御子息を連れて見えました。図書室の司書の方も見学に訪れています。

今回は午後からでお弁当はありません。午後からいきなり始まります。二本の映画は強烈な印象を生徒たちに与えましたが、今日は初めてテクストを読んできての授業です。生徒たちに準備の負担がかかるので、老教授はちょっぴり心配しています。補佐役の若い同僚教授は、同じ喜劇ならば、コメディー・フランセーズによるモリエール作品上演のDVDを見せるほうがよいのではないか、と言っていました。日本ではなじみのないローマ喜劇の脚本翻訳、しかもそれを二本も読んでこなければならない（それぞれ、山下太郎訳と小林標《こずえ》訳です）。おまけに、以下に掲げるあらすじを見ればおわかりのように、二本とも筋がなかなか複雑で、題材も大人向きです。無謀ではないのか。大学でも無理だろう。そのように思えます。そこはちょっとしたスリルですね。しかし集まった生徒たちの顔に負担感は全くありません。これはどうしたことでしょうか。わかっていないのか。それとも、わかっているからなのか。

そうそう、あらすじは添えておきますが、必ず翻訳でよいから自分で本を買って読んでくださいね。前回まで観た映画も見てください。おっと、例によって教授が前に出ましたね。前置きなしにいきなり入りますから、ではまた次回。

## カシーナ
### プラウトゥス作（紀元前二〇〇年すぎのローマ喜劇）

あらすじ

いきなり舞台の上では商業を営む裕福な都市民リュシダムスの二人の奴隷オリュンピオーとカリーヌスが言い争っている。同じ家の中の奴隷身分の少女カシーナとオリュンピオーが結婚するというので怒ったライヴァルのカリーヌスが食ってかかっているのである。他方オリュンピオーはカシーナの体をものにできると想像し早くも舌なめずりしている。

次の幕では、舞台の両側に二軒の家があり、その一方から女主人クレウストラタが出てくる。自分が可愛がっているカシーナを夫がものにしたがり、彼女と結ばれるはずの息子を海外での仕事に飛ばしたことに対して、憤懣《ふんまん》やるかたない。隣の家からはその女主人ミュリーナが出てくる。クレウストラタはミュリーナに相談するが、ミュリーナは夫に従うべきであるという考えを持っていて、二人の間の見解の相違が明らかになる。

ミュリーナが引っ込むとリュシダムスが出てくる。香水の匂いなどをぷんぷんさせてカシーナへの恋心に陶酔《とうすい》している。妻が自分の悪巧みに気づいて腹を立てているのを見て早速キスなどをしてごまかそうと考えるが、拒絶される。リュシダムスはカシーナをオリュンピオーに嫁《とつ》がせることを提案する。実はリュシダムスはオリュンピオーを介して自分がカシーナをものにするつもりである。これを察知したクレウストラタはカリーヌスを立てて対抗する。仕方なくリュシダムスはカシーナを諦《あきら》めれば自由人にしてやると言ってカリーヌスを買収しようとする。しかしカリーヌスは応じない。クレウストラタも同様の働きかけをオリュンピオーにしている。

両陣営は結局籤《くじ》で決着をつけることとするが、勝ったのはオリュンピオーのほうであった。リュシダムスはカシーナを都市中心の家から遠く離れた農場に連れて行けると有頂天である。そこはオリュンピオーが差配する場所でもある。リュシダムスの頭の中が混線して、カシーナへの思いのあまり早くもなぜかオリュンピオーに抱きつく有様で、オリュンピオーになぜそんなに慌《あわ》てているのかと気持ち悪がられる。実際、農場に連れて行ってものにするのを待てずに隣の家にカシーナを連れ込むつもりである。その主人には家を空けてもらい、女主人ミュリーナには自分の家の婚礼の手伝いをしてもらう算段である。

第三幕が開くと、リュシダムスと隣の家の主人アルケシムスが打ち合わせている。リュシダムスは公共広場に出かけなければならない。この二人は都市の政治を担《にな》い、裁判では多くの市民を弁護しなければならない身分だということがわかる。

他方、計略に気づいたクレウストラタは、「ミュリーナを手伝いに寄越すよう妻が頼みに来る」とリュシダムスがアルケシムスに言うように誘導した上で、それを裏切り、アルケシムスに不信感を植え付け、離反させる。この結果裁判から帰って来たリュシダムスとアルケシムスは諍《いさか》いを起こすが、それでものぼせ上がったリュシダムスはアルケシムスの加担自体は疑わない。

すると突然クレウストラタの女奴隷パルダリスカが「カシーナが狂って剣を振り回している」と大騒ぎし、リュシダムスを慌てさせる。「今夜一緒に寝る者を殺すと言っている」に対して「じゃ、オレを殺す気か」とつい言ってしまう。

パルダリスカは観客に向かって言う。クレウストラタ作のお芝居だと。リュシダムスは何度もついつい結婚するのは自分であるのを前提で話してしまい、パルダリスカにからかわれる。また主人気取りのオリュンピオーにさんざ奴隷扱いされても文句が言えない。カシーナ欲しさに、痛いところを握られているからである。

第四幕が開くと、パルダリスカが観客に向かって今から始まる芝居ほどわくわくするものはないと口上を述べる。クレウストラタは料理人に工作して料理を遅らせ、空腹というリアルを思い知らせるつもりである。しかしオリュンピオーは腹を空かせるが、リュシダムスは「恋する男は腹を空かさない」と言う始末。さて芝居はまさに婚礼の儀礼でもある。花嫁のヴェールをかぶってパルダリスカにかしずかれているのはカリーヌスである。リュシダムスは女たちを家の中に入らせ、農場に行くと見せて婚礼の列を隣の家に導く。しかしその間にも新郎のオリュンピオーは蹴飛ばされたり肘鉄《ひじてつ》を食らったりする。替われ、こうやるんだ、とリュシダムスがエスコートしようとするが、同じことをされる。

第五幕が開くと、女たちがご馳走を食べながら芝居見物と洒落《しゃれ》込んでいる。すると案の定、隣の家からオリュンピオーが這々《ほうほう》の体《てい》で飛び出してくる。新婦にぶちのめされたことの詳細をパルダリスカに聞き出され、大勢の女たちの前で大恥をかく。そうこうするうちに「ばかめ、こうやるんだ」とばかり交替で挑戦したリュシダムスが逃げ出してくる。観客に向かって、誰か代役をしてくれないか、と頼む。新婦が追いかけてくるともういけない。恐怖で顔が引きつる。しかし逃げようとしてもそこには妻のクレウストラタがいる。万事休す。

しかし最後にクレウストラタは夫を許すと宣言する。「芝居がこれ以上長引いたらお客さんに申し訳ない」。

今日読むのは古代ローマのプラウトゥスという人の喜劇だけれど、笑えたかな？

――『**カシーナ**』**は笑った。**

そうね、『ルデンス』のほうは笑うっていうより感動するってほう。シェイクスピアが大好きだというSｋさん、『ルデンス』は特にシェイクスピアみたいと思ったでしょ？

――**うん。**

例えばシェイクスピアの『テンペスト』は、これと共通点があるよね。嵐が人々を結びつけて幸福をもたらすところだね。『テンペスト』の元が『ルデンス』というわけではないけれど、プラウトゥスの作品は、シェイクスピアとかモリエールといった人たちが彼らの作品の元として使って、結局ヨーロッパの凡《おおよ》そ喜劇というものの下敷きになったんだ。紀元前二〇〇年頃に書かれたけれども、ローマではその後上演され続け、キケローやカエサルの時代にも貴族から庶民まで日常的に楽しんでいました。

それでは『カシーナ』のほうから。

## 近松物語との類似

この『カシーナ』だけど、一回目の『近松物語』と、あれ、似ているなと思わなかった？

――**ちょっと思いました。どちらの話も、女の人が二人出てきて。そして、ちゃんと奥さんがいるのに、おじさんが若い女の子に手を出そうとする話です。**

その通りだねえ。しかもその若い女性、カシーナは、そのへんにいる女性ですか？

**——いえ、奥さんお抱えの女性。**

そうね。ここは『近松物語』よりはっきりしている。カシーナは奴隷なんだけれど、奥さんの側に属していて、奥さんが大事にしている若い女性なんだね。前口上には、もともとは捨て子で、ある奴隷が拾ってきたのを、奥さんが「自分の娘のように精魂込めて育てた」と、書いてある。とにかく似てるなと思ったよね。うん。考えてみれば不思議だ。これは紀元前二〇〇年ぐらいの劇です。一方『近松物語』の原作は紀元後のだいたい一七〇〇年ぐらいです。紀元後の一七〇〇年と、紀元前の二〇〇年と、なんか似たような話がある。このこと自体が不思議だよね。

さて、このリュシダムスというおじさんですが、またまた、憎らしい、あるいは物笑いの種のおじさんが出てきましたね。このおじさんはカシーナに気があって、ものにしようとします。このあいだと同じような質問になるけど、どうしてこんなことするんでしょうか？

**——うーん……立場的には、カシーナっていうのは奴隷だから、思い通りにしやすいから？**

そう簡単にできるかな？　だって奥さんがついているよ。

**——『近松物語』のときと一緒で、奥さんに苦しみを味わわせたいとか？**

そうねえ、その要素は明らかにある。どうしてかっていうと、この芝居の最初のほうで、奥さんのクレウストラタが、いろいろ嘆《なげ》いていたよね。隣に住んでいるミュリーナという仲のいい奥さんとお話しする場面だ。この二人、ある問題について見解が対立していた。わかったかな?

**——えっと、クレウストラタは、夫に対して自分の正当な権利を主張していて、ミュリーナは夫には従えって言ってる。**

おお、読めてるんだ、すごいな。ここは非常に重要なポイントです。つまり、結婚した夫と妻がそれぞれ独立の財産を持つ「別産」なのか、夫が全財産を支配するのか(正確には嫁資《かし》の管理権)で意見が対立している。夫と妻は対等なのか、それとも夫が全部なのか、このせめぎ合いが見られます。リュシダムスの奥さんは別産を主張しているから、カシーナに勝手に手を出そうとしている夫のやり方というのは、奥さんから見ると自分の権利とか自由とかを一方的に土足で踏みにじってくると、こう見えている。だから余計悔《くや》しい。単にまた浮気しているわ、というのと少し違う。それもあるけれど、それよりももっと悔しい。あ、私の本来の権利を踏みにじっているよ、と、こういうポイントが一つあります。

ちなみに、この頃は発達した夫婦財産制が生まれる前夜です。それが高度な信用形態を生み出します。紀元前なのに女性の権利が、などと驚くのは大人で、君たちは紀元前だから未発達などという余計な先入観を持ってないよね。逆で、近代法はこの後の時期に発達した概念を根こそぎ借りたんだ。

## 息子はどこに？

このおじさん、リュシダムスがカシーナに手を出すときに、もう一つ重要な動機があるんだね。これは『近松物語』にはなかった動機なんだけど。

**——え？　若くてかわいいから、ってだけではないですよね？**

うん。それでは、こういう若い娘は、このおじさんとお似合いのカップルだと思う？

**——いや、思わないです。**

じゃあ、誰と似合うんだ？　本当なら主役であるはずのものが出ていないだろう。

**——え……？**

そこは読み取りにくかったかな。どうしてかっていうとお芝居の中に出てこないから。

〔黒板に向かって〕登場人物を図にしてみよう。ここにリュシダムスがいて、奥さんがいる。奥さんの下には奴隷身分のカシーナがいて、同じく奴隷のオリュンピオーとカリーヌスが、カシーナを争っている、という構図だ。

**——あ、息子がいる？**

その通り。リュシダムスとクレウストラタの下には息子がいて、カシーナは本来だったら彼とくっつく。たぶん息子の恋人なんだね。で、このカップル、いいなあとお母さんは思っている。息子はなかなかナイスガイだし、カシーナはかわいいし。そうすると、リュシダムスは何をやっていることになる？

**――息子の恋人を奪ってる。**

そうだ。このお父さん、とんでもないお父さんだ。舌なめずりして息子の恋人を狙っている。

ではどうしてこの劇に息子が出てこないのか。お芝居の最初の口上には「(リュシダムスは) この若者を国外に送り出しました」と書いてあるんだけど、ここはちょっと解説が必要かもしれない。このお父さんは大規模に海外貿易を行っている商人です。で、息子に、ちょっと海外出張行ってきなさい、ニューヨークで半年ビジネスをやってきなさい、と言って、追い出したわけだ。なんでこんなことをやったか、T君、わかりきっているよな。

**――息子がいるとじゃまだから。**

そうだ。ひどい話だよね。出張に行っているあいだにかわいい彼女を狙われるなんて、こんなの耐えられないよな。息子にとってかけがえのないもの、その息子のところを踏み抜いて手を突っ込み摑《つか》んでくる。これはモリエールにまで受け継がれる喜劇の大事な主題なんだ。これでリュ

図7 『カシーナ』の登場人物

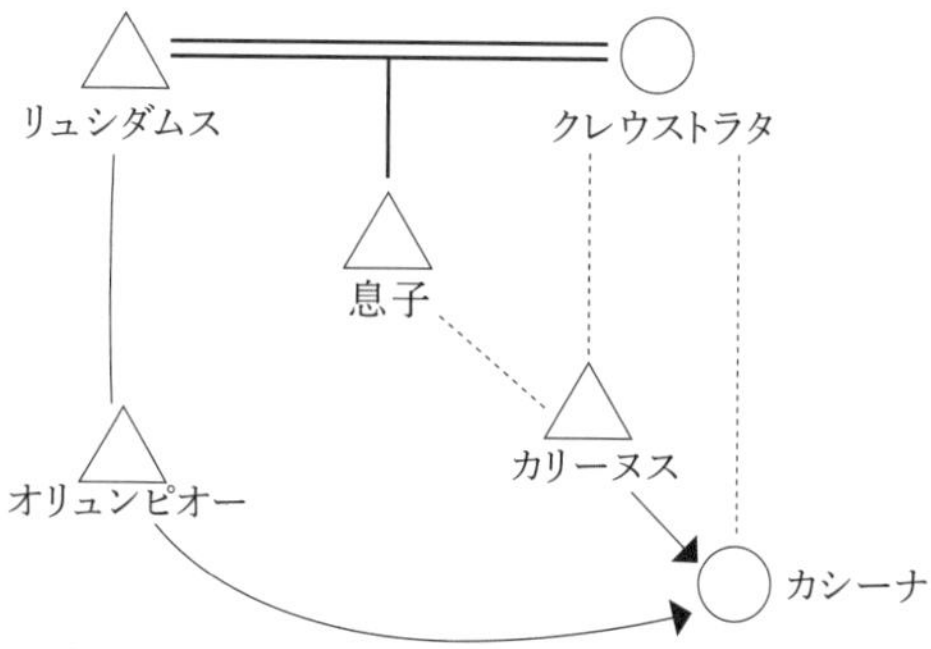

シダムスという人がどれだけひどいことをやっているかということがだんだんわかってきたね。

## なぜオリュンピオーを立てるのか

というわけでこのおじさんはカシーナを狙うんだけれど、いきなり自分では行かない。奴隷のオリュンピオーをカシーナの結婚相手にしようとする。なぜ自分で行かないんだ？

**――妻が許さないから。**

その通りだね。ということは『近松物語』と違って、おじさんがあからさまにカシーナを狙うのはアウトだ、という意識が社会の中に存在している。だから隠れてこっそりやるわけだ。その結果、リュシダムスとオリュンピオーとのあいだにどういう関係が生じた？

**――取り引き関係。こうするからこうしろ、みたいな関係になる。**

そうだ。「取り引き」といういい言葉を出してくれたけれど、ここに秘密の結託《けったく》ができる。結託の中身は利益をやったりとったり。だいぶ怪《あや》しい関係だ。その証拠に、だんだん下僕《げぼく》のオリュンピオーは、リュシダムスに対して、どういう態度をとるようになった？

**――なんか、自分の権利を主張しはじめた。**

そうね。だんだん大きな顔をしはじめた。ふんぞり返って歩くオリュンピオーにリュシダムスが「おまえはオレの奴隷だろ」と文句を言ったら、オリュンピオーが「オレは自由人だぞ。約束を忘れてもらっちゃ困る」なんて答えて、で、リュシダムスが平身低頭「すみませんでした。私のほうこそあなたの奴隷でした」と謝っていたね。だってこういう秘密の関係なんだもんねえ。なんならバラしてもいいですよ、って言われればそれまでだし。つまり、この二人はいろいろな利益を交換するばかりじゃなくて、お互いがいつ裏切るかわからない、そういう怪しい関係を結んでいる。この授業の主題がまた出てきたね。一回目も二回目もこういうのばっかり追いかけてきたわけだ。

## カリーヌスってどんな人？

もう一人、カリーヌスという下僕が登場するよね。これもこの家の下僕である。しかしリュシダムスはなんでオリュンピオーを使って、このカリーヌスを使わなかった？　これはちょっと難しいかもしれない。ヒントは最初の一幕にある。

**——カリーヌスは息子側なのかなと思いました。だから息子からカシーナを取ることに使うのにカリーヌスは不適切と考えたのでは。**

いや、すばらしいね。だんだん答えに近づいている。この二人、活動の場所はどうだろう？

**——……あー！**

（笑）。Ｋｗ君から声が上がったから、一言聞いてみよう。

**——田舎で土地の番をするというのがオリュンピオーの仕事っぽいので……オリュンピオー**

がカシーナと結婚して田舎に連れていけば、リュシダムスは奥さんにバレないように田舎でこっそりカシーナといちゃつける。だからオリュンピオーを使った。

——なるほど。

すごーい、その通りだ（拍手）。カリーヌスはその正反対。この両極性は実はこの劇の謎を一気に解いちゃう。今のはそのくらいすごい答えなんだ。

［黒板に向かって］ここに都市がある。こっちに田舎がある。この演劇の舞台はアテーナイで、都市の邸宅《ていたく》だ。他方、田舎には、ヴィッラと言って、田舎の館《やかた》がある。リュシダムスはカシーナをここに連れ込むつもりだ。田舎にはオリュンピオーがいる。一方の息子は出張に行っているぐらいだから、都市のビジネス、大手町とウォールストリートを行ったり来たりしているような仕事をしてい

図8　都市と領域

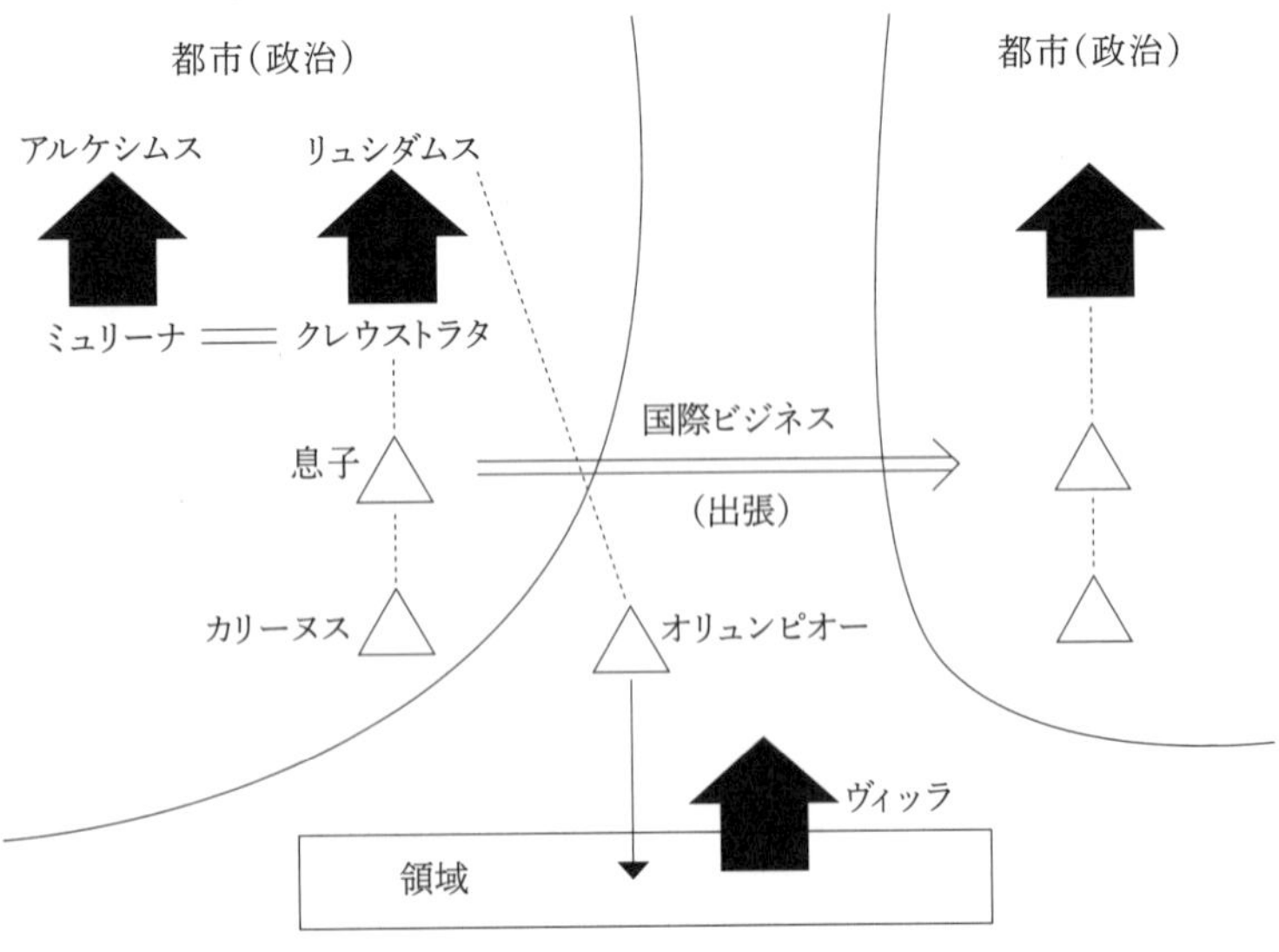

るわけだ。で、カリーヌスは息子の秘書をしていて、都会にいるわけ。高度のビジネスには必ずエイジェント、茂兵衛さんみたいな人が必要だったね。

君たちに読んでもらった翻訳で私が気に入らないのは、都会のカリーヌスに「あっし」とか言わせているところ。田舎のオリュンピオーならともかく、こんなスマートなビジネスマンが「あっし」なんて言うわけがない。もちろんラテン語にはなんの区別もなくて単に「私」という言葉があるだけだ。こんな肝腎なところで意味をとらえそこなっている。

これから徐々に説明するように、都市があって田舎がある、空間が厳密に分けられている、というのはギリシャ・ローマ世界では決定的に重要なんだ。歴史の専門用語で言うと「都市」と「領域」という。O君、都会で働くのと田舎で働くのと、使うものが違うよな？

そう、頭もそうだけど、都会だと「言葉」を使うんだね。一方、田舎で活動するオリュンピオーは「力」を使う。つまり実力を使う。こういう方面に得意なんだ。

**——田舎は肉体労働で、都会は頭脳労働？**

## なぜカリーヌスを立てるのか

一方、奥さんのほうはカリーヌスを立てて、カシーナと結婚させようとしているよね。奥さんのほうは、どうしてダミーを立てる必要があるんだろう？　ストレートに、あんたたちグルでしょ、実はあんたがカシーナをものにしたいんでしょ、とか言えばいいじゃない。でもそうはしないね。

**――うーん、うわきの証拠がないということしか思いつかない。**

うん、証拠がない。じゃあ、証拠を一生懸命探す？

**――あ、こっちも実力で対抗しないと、結局、実力的に取られてしまうから。**

その通りだ。少し補うと、この結託を証明して、リュシダムスの意思を証明して……なんてのは一年くらいかかるわけだよ。それでは間に合わない。急いで対抗しないといけない。その場合も、本来だったら、誰が立つのがいいんだろうか。

**――本来は息子が立つ。**

そう、息子がライヴァルじゃなきゃいけない。で、息子が立てば楽勝なんだ、息子は自由人だし、一人息子なんで尊重されなければならない。だけどもまさに、それをリュシダムスは考えているわけだ。だからニューヨークに半年飛ばしちゃった。しかし事態は緊急である。そこで仕方なくカリーヌスを立てざるをえない、ということになったんだ。そうなるとなんか互角の勝負になってくるよな。どちらもダミーを立てて争っているんだから。こうなるとどっちが悪いとかも言えなくなってくる気がしない？　そこで現に、この人たちは何で決着をつけようとしただろうか？

――籤《くじ》。

互角の勝負になってきたので籤だとなってきた。でも確認するけれど、互角とはいえ、この二つの関係はちょっとだけ違うよな、どこが違うだろうか。

**――オリュンピオーはおじさんとグルになってる。オリュンピオーと結婚すると、最終的にはカシーナはリュシダムスのものになって、不幸になっちゃう。**

そうだ。前も答えてもらって、女子学生に聞くのは気がひけるけど、でもこういうのを警戒しなければならないよな。Ｓｋさん、リュシダムスはカシーナの何を狙《ねら》っている？

**――体ですよね。**

その通りです。物理的に狙っているんです。このへんのことはローマの喜劇ははっきり表現してくるわけ。露骨に、ブツとしての、物体としてのカシーナを狙っている。

ここで話がつながるわけだよ。オリュンピオーってのはそういえば力を使ってブツを扱う仕事をしているんだな。で後ろでリュシダムスが糸を引いていて、カシーナをブツとして狙うんだな。ここがはっきりしてくるわけ。それに対してカリーヌスのほうは？

**――リュシダムスは私物化するけど、カリーヌスのほうはクレウストラタに頼まれていて、そのクレウストラタは息子にカシーナを嫁がせたいので、息子にカシーナを引き渡す。**

すごい。その場合、カリーヌスは手をつけずにカシーナを引き渡す。彼女のことをとっても大事にする。引き渡さなきゃいけないから大事にするんだ。前者はガブリと食らいついて食べちまおうってことしか考えてないわけだよ。それに対してこちら側は当然そういうことはない。この若い女性を大事にする。このコントラストがガッチリ描かれています。ちなみに、ビジネスの世界に入れば、様々なことを委託《いたく》されて仕事をするよね。信頼に基づいている。クライアントのお金に手を出せば大変なことになる。

それにもかかわらず、残念ながら籤はカリーヌスに味方せずに、オリュンピオーが勝っちゃった。あとはリュシダムスのやりたい放題と、こうなってくるんだね。

## なぜ、隣の家に連れ込むの？

ここでもう一つ問題を処理しておこうかな。籤で勝ったリュシダムスだけれど、いきなり田舎の館に連れて行ってカシーナを好きなようにしちまおうとしたかい？

**――いや。まず隣の家に連れ込む。**

そうなんだよ。なんでそんなことしたの？　さっさと田舎に行けばいいのに。

**――田舎は遠いから、まず隣の家に連れ込んで、手を出して、そのあとオリュンピオーに持って帰ってもらって、みたいな。**

そうね（笑）。まずはイージーに事を遂げたいなあ、と思っているわけだ。この気楽さの中に、もう一つ要素がある。このおじさん、二重の性質を持っているよな。本当は力を使いたいと思っているくせして、ところが？　本人はどんな気持ちでいる？

**――えっと……。**

まあ、君たちにそういうおじさん心理をわかれというほうが無理な話なんだけど、香水とかつけてない？

**――あー、つけてる！**

要するに若い女性にモテたいと思っている。都会人のつもりでいる。純粋に恋に落ちたと言っている。だから当然、今度の裏バレンタインデーにはチョコレートかなにか渡して、コクるかなあ、なんて思っているかもしれないんだよ。こういう場合、どこに行く？

**——ディナーに行く。**

エクセレント！　どこのディナーだろう？　そのへんの学食か？

**——いや、グランドハイアット。**

その通りだ（笑）。どうしたってこれは六本木あたりじゃないといけない。ご馳走もなければならない。田舎じゃシャンパンが出てこないもん。シャンパンなしで、いよいよカシーナをいただきましょうかとはならないわけだ。

## 都市のおじさんたち

リュシダムスがカシーナを連れ込もうとしている隣の家は、アルケシムスというおじさんの家だ。この二人のおじさんは、どういう人たちだろう？

**——協力しあう関係。**

うん、すばらしい。むしろそれは私が最後に求めていた答えだ。S君、この二人の社会的地位はどうなの？

**——高い。**

そうだ。リュシダムスは、第三幕で、自分は恋する男なのに、広場まで行って親類の弁護で一日をむだにしてしまったよ、とかボヤいていた。つまり彼らは裁判で弁護士を務めたり、議会で議員として政治をしたりという、そういう階層で、同時にビジネスをやっている。こういう都市の名望家層《めいぼうか》は相互に協力しあう。その関係は本来とっても紳士的《しんし》な関係でなければならない。

領域で力を使うオリュンピオーと、それを使って土地の上に縄張りを張るリュシダムスの関係は、グルっていうか、結託になりやすい。なぜかというと、言葉でも結託することはできそうだけれど、所詮《しょせん》言葉だから、本当にその通りにするか、それは信頼関係に懸《か》かっている。信頼関係は徒党《ととう》ではないよね。これに反して、言葉が明確でなかったり、物や力をやりとりして結び付くと、裏切りや出し抜きが起こりやすい。つまり徒党だね。都市は広場とか劇場とか議事堂とか、言葉だけがものを言う、しかも公開の空間で成り立っています。

そういうわけで、リュシダムスとアルケシムスは本来は紳士的に協力しなければならないのに、それにもかかわらず、二人はどうだった?

——**結託してて、最後には喧嘩しちゃう。**

そうだ。リュシダムスの魂胆《こんたん》があって、怪《あや》しい関係に落っこちた。これを冷静に見ている奥さんのクレウストラタが一計を案じて、二人をうまくはめたら、すぐ仲違いしはじめた。だいたいわかるよね。二人がきちっとした考えを持って協力しあうときには、不透明な部分は作らない。すべてを明確にして進んでいく。しかもオープンにすればもっと揉《も》めにくい。

それに対してこちらは、ぜんぶが闇の中の結託だから、そうするとお互い疑心暗鬼だし、誤解や裏切りが生じてきて、すぐに揉めるということになるわけだ。

この一連の場面は、リュシダムスを皮肉る中で、都市の名望家やそのビジネスは本来どうでなければならないか、ところがそれがどういうふうになってしまう危険があるのか、これを作者が描いているところなんだ。カシーナに手を出すとそうなるぞ、とね。

## リュシダムスの野望をくじくのは何？

ちょっと横道に入りましたが、フィニッシュに入ります。きれいに花火がドカンと上がりますのでお楽しみに。

籤で勝ったリュシダムスはいよいよ野望を遂げようとするのですが、最後の問いは、これを阻《はば》むのは何か、ということです。結局リュシダムスは失敗する。当たり前だよね。リュシダムスが見事カシーナをゲットしました、なんて芝居をかけてごらんなさいよ、お客さんがトマトをバーンとぶつけて、みんな怒って帰っちゃいますよ。

このへんが第一回の『近松物語』とは違うところだ。あのとき、こういう怪しい結託をどうやって解体するのかが法の課題だと言った。だけどあれは日本の話ですから、あの映画においても原作においても、じゃあどうやって解体するの、という話はなかった。でも、今日の二つの芝居は、ローマの喜劇です。どうやって解体するのか、これが主軸になる。われわれの読み方としては、人々はどうやってこのタイプのおじさんの野望をくじいたのか、これを読むことになる。

では何がリュシダムスの野望をくじくのか、これをみんなして言おう。

**――奥さんが騙《だま》して……。**

うん、彼女がブロックした。どんなふうに？

**――カリーヌスが女装して、カシーナ（女性形）がカシーヌス（男性形）になって。それで、隣の家に連れ込んで、リュシダムスがおっぱじめようとしたら、実はそれがカシーヌスだった。で、ボコボコにされた。**

男性形と女性形のところ、よく読んだね。そう、ここは痛快マルカジリだったんじゃないかな。花嫁はすごく大きなヴェールですっぽり覆《おお》われていて、顔とかは見えないんだよ。だからカリーヌスってことがわからなくて、ちょっと触ったら肘鉄《ひじてつ》くらわされて、カシーナちゃんたらやけに強くなっちゃって、てな感じで。で、隣の家に入って、まずオリュンピオーがエッチなことしようとしたら、逆にしこたま痛めつけられて帰ってくる。次にリュシダムスもボコボコにされて、這々《ほうほう》の体《てい》で出てくる。つまり実力がブロックした。奥さんが、息子がいない緊急事態において、カリーヌスを使って、身体でブロックした。仕組んだのは奥さんに違いないけれども、彼女だけ？

**――あ、家中の人が奥さんに味方している。**

そうだ、奥さんのもとに女たちがいるんだね。複数形の女たちがいる。リュシダムスをブロックするのはこの女たちの仕業だ。この女たちは結局何をしたでしょうか？　実力行使？　具体的には誰が出てきた？

**——侍女のパルダリスカ。**

そうです。パルダリスカが出てきて、さかんに、これからあることが始まるわよ、と言っているね。丁度、婚礼の準備で、リュシダムスの気分を高揚《こうよう》させる。リュシダムスはすっかり乗せられて、もうすぐカシーナちゃんをいただけると思って待ちきれない。パルダリスカが、花嫁が花婿をぶっ殺すとわめいていると言うと、私を殺す気か、とか、つい自分の花婿《はなむこ》気分を暴発させ、パルダリスカにちくちくやられる。女たちは食事を出さずに飢えさせ、渇望感をかき立て、同時に彼らを妄想の世界に追い立てる。さてその先には、一体何が始まるのか。

**——芝居？**

その通り、芝居を仕組んだんです。そのあと何をしましたか？

**——見た。**

そう、みんなで見たわけです。これは非常に早い段階からテクストは徹底的に言ってきますね。パルダリスカやミュリーナの台詞《せりふ》です。ちょっと読んでみましょう。

**——「世界中のどこへ行っても、この家の中でやっている芝居ほどわくわくするものはないわ」［行番号 760］。**

さあこれからお芝居のはじまりだ、って女たちが言っている。ミュリーナは？

――「たらふくご馳走を食べていい気分。今度は外に出て、私たちの仕組んだ結婚のお芝居を観ることにしましょう。本当にこんなに笑ったのは、生まれて初めてじゃないかしら」[856]。

そうだ。みんなわくわくして、お月見でもするみたいに、リュシダムスとオリュンピオーがコテンコテンにやられて、ひょっとしたらズボンも履《は》いてないかもしれない、あられもない格好で、「うわあやられた」とか言って出てくる、これをずらりと勢揃いして、場合によってはお月見団子でもそなえて、見ているわけだよ。

ということは、単に実力でブロックしたのではない。そうではなくて、同時に、それをお芝居にして、みんなで見ている。特に女たちが見ている。これでリュシダムスは形無しになるわけだ。

Eさん、お芝居っていうのは、何を使ってやりますか？　パソコンでできますか？

――いえ。たくさんの人で演じます。

演じるのは何で演じる？　Mさんは演劇部だね、基本のトレーニングはなんですか？

――腹筋とか。

その通りだ。まずは身体から行く。腹筋。声を出さなきゃだめだ、さらに運動能力が試される。特にコメディの場合はアクションの要素が強い。だから役者は身体が動かないとどうしようもないよね。身体で舞台に上がるんだ。舞台の上では身体は軽やかに舞ってもう身体でないみたい。初めから言いかえるよ。まず実力でブロックすると言いました。その実力は

身体を要素とする。次の段階で、しかしこの身体を舞台の上に上げて、みんなでこれを見る。すると舞台の上は本物の現実ではないから、本物の身体ではなくなり、結果、本物の実力ではなくなる。でも、また裏返しますが、本物の現実ではないけれども、本物の身体がいるんだよ。その本物の身体が本物ではない空間に入っている。これが演劇だから。

そういうのを「儀礼《ぎれい》」と言います。実力の問題が、つまりパワーの問題が、舞台の上に上がって、儀礼になっちゃっているよ。そして、これがリュシダムスの野望をブロックしている。つまり、実力で一旦ブロックするといっても、本物の実力ではなく、みんなが見ていて、しかも十分に儀礼化されていなければダメなわけだ。本物の実力を呼び出しちゃったら、そりゃ、リュシダムスの権力が勝つよ。

十分に儀礼化されているということは様々なことを意味するけれども、もっとも大事な条件として、現実と、現実の向こう側、その境目《さかいめ》がはっきりしないのはいけない、ということがある。舞台と現実のあいだには幕《まく》があるよね、この幕がはっきりしないとどうなるかというと、ナマの現実がそのままショーになっちゃう。悪質な政治家が扇動《せんどう》するときにする手だよ。芝居の使い方として悪質だ。現実のほうが、舞台にどんどん侵入してきてしまうからだ。現実のほうではリュシダムスは強いんだもん。

## 劇中劇の後

さて、儀礼化された実力でブロックすると言ったけれど、これは一時的なんだよね。だって、婚礼のヴェールをかぶっているのは実はカリーヌスであってカシーナではない。リュシダムスが後でその事実を突き止め、俺を騙《だま》したなと怒り、奥さんだのカリーヌスだのをみんな追放してしまいました――こういう筋書きだってありうる。『近松物語』の以春だったらそうなる。ところが、この話では、どうしてそうならないんだろう。

――なんか話ってこういうものなのかなあと……。

うん（笑）、それでいいよ。

――O君がなにかわかったと言っています。

お、O君どうぞ。

――あ、いや、わかんないですけど、もし奥さんたちが裁判に訴えたとしたら、リュシダムスが負けるから、リュシダムスは結局、奥さんたちを追放できないのではないでしょうか。お芝居が始まる前のところですが、「奥さんにやるべきことをやってもらえば、裁判はこっちの勝ちに決まっている」［509］とカリーヌスが言ってました。

よく気づいたなあ。うんと先回りしちゃったけれどもね。一つひとつ行きます。お芝居はまずは緊急にリュシダムスの野望をブロックするんだね。これが「やるべきこと」だ。けれども、お芝居がはねて生の現実、つまりリュシダムスの権力が戻ってきたら元も子もない。だからまず、芝居の中の芝居、劇中劇がはねてもまだ芝居が続いていてくれないといけない。だからこそ劇中劇にしてある。劇中劇がはねた後にも劇は続く。これが裁判だ。ここでは勝てる、とカリーヌスが言っている。

……と。これは先回りだから、戻ってきいていくよ、Iさん、劇中劇の後どうなった？

**――このあと、クレウストラタは、リュシダムスを許してあげましょうと言っていて、ここで、お芝居と現実の境目の整理をつけた。そしてリュシダムスは奥さんを尊重して、自分の威厳も取り戻した。**

そうです。で、ハッピーエンドになるんだよね。一種の和解だよね。

劇中劇の後の劇がさらにはねる、そのときどうなった？　これはローマの喜劇のパターンになるんだけれど、この劇全体が終わるとき、最後のほうに特徴があるよね。とても面白いなと思わなかった？　この芝居の最後で非常に目立つのはどういうタイプの台詞だろうか？

**――客に向けての台詞。**

そうだ。ちょっと言ってみてくれない？

**――例えば、クレウストラタはリュシダムスに、「許して上げましょう。［中略］だって、お芝居がこれ以上長引いたらお客さんに悪いでしょう」と言ってる［1005］。**

**――あと、最後は、カリーヌスが観客に向かって、こう言ってます。「さて皆様、これから起こることを申し上げます。例のカシーナですが、実はお隣の娘であることが判明し、こちらのご子息エウテュニクスとめでたく婚礼の運びとなります」［1012］。**

完璧だ。観客に向けて話しはじめている。パルダリスカがさかんに観客に向かって、これから面白いお芝居がはじまりますからね、と言い、最後はカリーヌスが、実はカシーナは自由人の娘でした、なんてオチを観客に向かって話している。

そうすると、さっきIさんが言った和解は、劇場の外まで行っているかどうかはわからないけれども、少なくとも舞台の外、観客のほうには行っている。つまり、芝居を作った人、演じた人の観点からすると、せっかく劇中劇のおかげでブロックされてできた舞台上の現実は、本物の現実の中に、こう、降りていったとしても……そのまま保たれていてほしいな、という希望があるということだ。そういう観点がここに存在している。

## 法というシステム

もっとも、この芝居では、舞台の外、さらには劇場の外でも、ブロックが続いてほしいな、という希望が示されただけで、その後のことは描かれていない。実は、劇場の外のくせして芝居が続いて、だから現実なのに実力が排除されて、そのおかげでそこでは実力から自由になった人々がこれはいいというので議論だけで物事を明快に決めて、しかも劇場の外だから決めたことがそのまま現実になって動かなくなる、社会の皆に関わる現実のことを決めるというのに、いろんな権力は完璧に閉め出されてる。決めると言ったって、こういう仕組を立ち上げたり守ったりに関わることだけだ。こういう仕組は権力を排除するから個人の自由を守るためにあることになる。こういう仕組を「政治」と言います。政治という言葉の使い方が特殊だから気をつけてください。もっとも、こちらの使い方が本家で、普通のほうがもぐりなんだけれどもね。

その政治という物事の決め方の一つのジャンルとして、O君が言った裁判があります。二つの当事者の争いについてどちらが勝ちかを自由な人々が議論だけで決める、というジャンルだね。そのうちの一つに刑事裁判があります。政治というこの仕組を壊して徒党を樹立しようとした場合、その主体を排除する政治的決定です。この場合も、どのメンバーも元来は自由なのだから、これを尊重して、一私人の訴追《そつい》者と被告人が両当事者として対等に争います。いや、それどころでない。被告人の勝ちは推定されている。無罪の推定ですね。

さて、法というのは、以上のような普通の裁判をするのでなく、劇中劇をさしはさんでまずは権力をブロックする、そして劇中劇の外の舞台から、舞台の外、劇場の外にそのまま出て、でもそれはまだ政治という仕組の中で、かつその状態、つまりリュシダムスがやられている状態、がとっても有利になるようにして、今度は緊急ブロックではなく、じっくり議論して事柄を吟味《ぎんみ》し、最終的にどちらの勝ちかを決める、そういうシステムです。劇中劇のルールは、必ず徒党が個人に負けるというものだから、原則この結果がそのまま政治、つまり裁判の決定になる。けれどもよくよく調べたら実はそうではなかった、つまり個人のふりをしているほうが実は徒党の手先だった、ということもあるから、場合によってそこを吟味するんだね。

これは今日でも民事訴訟を貫《つらぬ》く原則です。民事訴訟というのは、仲裁《ちゅうさい》とかその他の手続きと違って、必ずまず訴訟要件《そしょうようけん》の審理《しんり》をします。そのあとに、本案《ほんあん》というのだけれど、すべのはローマから近代が受け継いだものです。民事訴訟というのはローマから近代が受け継いだものです。そして民事法が法の中核なんです。だから法学部へ行くと民法をまず徹底的に教わる。憲法や刑法は実はこの法と政治のミックスなんです。

実は以上が徒党解体の秘訣《ひけつ》です。政治のほうは次回もっと詳しく見ます。今日は今お話しした、法のエッセンスが劇中劇だということを見ます。なぜ劇中劇かというと、政治という仕組自体、次回見ますが、実力が完全に排除されて言葉だけが通用する都市の中のさらに特別の空間で展開されます。これが全社会に君臨してすべての徒党が解体されるんだね。さて、そのような空間の内部にさらに特殊な空間、舞台の上に設定された舞台のような空間、そこに舞台の外の現実を取り込んで、身体で演ずるお芝居にする。リュシダム

図9　劇中劇と法システム

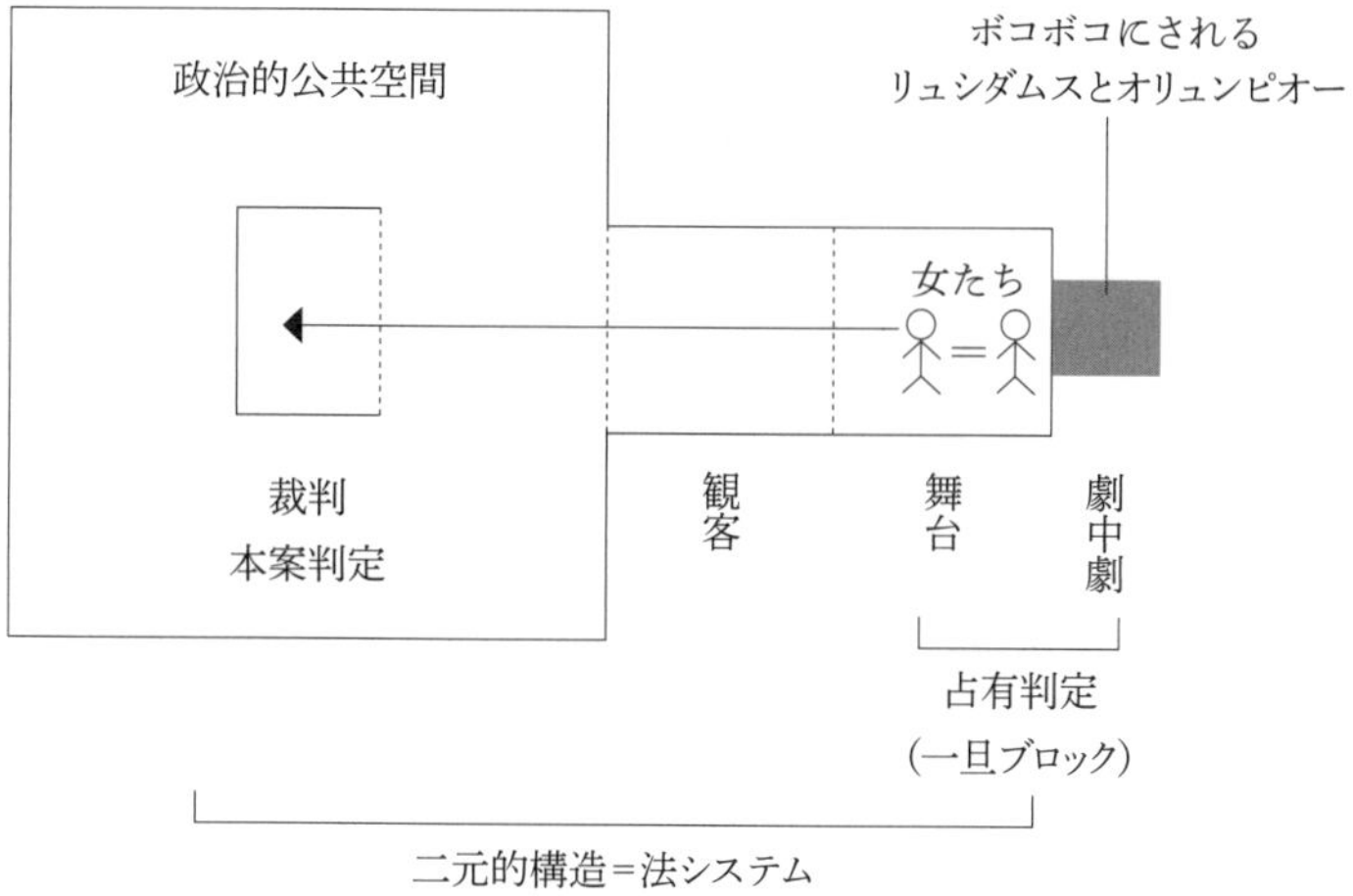

スがカシーナを襲う、これに対して、息子の代わりにカシーナを大事にするカリーヌスが立ちはだかる。そういう身体の動きをやって見せる。つまり劇中劇の中を、前回見た、ブルーノと自転車の関係、あの占有という原理が支配します。

このお話は、カシーナが実は自由人でしたと明かされて終わる。けれどもこのことは最後にそそくさと言われるだけで、クライマックスは劇中劇のほうにあって、そういう、最後の政治の場面で物事を決める方面のことには作者は冷淡です。つまりいくら最後は出るところに出て正義が勝つとしても、その前にカシーナがリュシダムスに食べられちゃったら、息子が帰ってきても後の祭りだよ、というのがプラウトゥスのメッセージです。

だから、君たちは意外に思うだろうけれども、法の立場というのは最後、正義がどちらにあるか、ということにはほとんど興味を持たない。そうじゃなくて、事は緊急だ、とにかく今ブロックしておかないと、まあ最後は裁判で勝てるだろうなんてのんきなことを言っていてもダメですよという、そういう観点を法というものが持っている。あるいは法の核にある占有という原理は、まずは一定の価値を持った状態について、しっかり保全して、そのあとゆっくりどっちが正しいかを考えましょう、と、こういうことをするんですね。これは、法のエキスみたいな、とっても大事な考え方です。今日でもプロの法律家は身に着けています。素人はどうしてもどっちが正しいかを見る。法律家は正しくなくとも緊急に危ないほうを大事にする。

法という概念がないときには、ちょっと悲惨なことになってくるわけ。はじめからそのへんの床屋政談《とこやせいだん》みたいに、ワイワイガヤガヤ、どちらが正しいかやりましょう、となると、たんなる揉め事の調停になる。そうするとリュシダムスみたいな力の強いほうが勝ってしまう。実はこれは法では全然ない。

**――あの、籤《くじ》でオリュンピオーが勝ったということは、どうなったんでしょうか？　つまり、厳正な籤の結果、オリュンピオーとカシーナは、正式に結婚した。そうすると結局正しいのは、権利があるのは、オリュンピオーのほうだということになりませんか。だから本番の裁判になると、やっぱり奥さんは負けちゃうんじゃないですか。**

おお、そこは、えっと、日本の法を考えると、頭がいたいところでね。

実はローマの裁判では、本物の法がそこにはあるので、劇中劇つまり一旦ブロックの段階でこれだけ大恥をかいたら、本当だったら勝てるところなのに、もうそれだけですべての権利を失ってしまって、本案で負けてしまう。一旦ブロックした段階であまりにひどいことがバレた場合は、議論の前に入口で負けてしまう。籤の結果なんぞは吹っ飛ぶ。O君が指摘した台詞はこれを言っている。

籤というのは仲裁的《ちゅうさい》解決で、カシーナが実は自由人だったという実体的解決と並んで、ギリシャ的解決方法なんだ。プラウトゥスの原作はギリシャの新喜劇で、テクストは遺《のこ》っていないから、プラウトゥスから逆算しなければならないのだけれど、おそらく法を知らないから、そういう筋書きだったに違いない。ところがプラウトゥスは占有と法によって大胆に書き換えてしまった。だから、籤の結果は骨抜きにされるし、「実は自由人」も完全に浮いてしまった。

＊＊＊

（休憩時間、Ｋｍ君のまわりに人だかりができている。Ｋｍ君は、どうやら「『ルデンス』には本当に感動した、これは大傑作だ」ということを盛んに言っている。）

それでは、二つ目のお芝居、『ルデンス』に、ゆっくり入っていきましょう。

## ルデンス

### プラウトゥス作（紀元前二〇〇年すぎのローマ喜劇）

あらすじ

幕《まく》が開くと、都市中心を遠く離れた海岸の農場付きの館《やかた》。大嵐の去った朝、奴隷のスケパルニオは館の屋根を大嵐が吹き飛ばしたことを嘆《なげ》く。そこへプレウシディップスという若者が仲間を連れて現われる。二人の若い女を連れた男を見かけないかと尋ねる。そのとき、一同はまだ波の高い海に二人の男が流されているのを発見する。プレウシディップスは、それが例の男だといいがと言って立ち去る。しかしスケパルニオと主人のダエモネスはさらに続いて小舟に乗った女が二人ばらばらに海に投げ出され、岸に打ち上げられたのを見る。

二人が館の中に引っ込むと、まず女たちの一人パラエストラが現われ、もう一人を失ったと思い絶望している。もう一人のアンペリスカも現われるが、こちらも唯一の希望を失ったと言う。しかし互いの独り言を聴き、探し求め、ついにひしと抱き合う。互いに相手を「二分の一以上の自分の分身だ」と言う。二人は館の隣のヴィーナスの神殿に駆け込む。その女神官にかくまってもらうこととする。

第二幕が開くと、プレウシディップスの奴隷トラカリオが主人を追って到着したところである。パラエストラに恋したプレウシディップスは女衒《ぜげん》ラブラクスのもとで不自由の身であった彼女を請《う》け出したのだが、シチリアから来た悪徳ビジネスマンのカルミデスに唆《そそのか》されたラブラクスは代金を受け取ったぎり女たちを連れ、舟で高飛びしようとしたのである。ヴィーナス神殿に奉納《ほうのう》した後にそこでパラエストラを引き渡すと言っていたので、ひょっとしてここへよるものと考えたプレウシディップスは来てみたのであった。

プレウシディップスを追ってやって来たトラカリオは、隣の館に水を貰《もら》いに神殿から出てきた（同僚の芸妓《げいぎ》ながら、出自からパラエストラ、つまり主人の恋人の実質的な侍女《じじょ》役であり旧知の）アンペリスカにばったり会い、難破《なんぱ》のいきさつを聞く。と同時に、実はパラエストラは自由人の娘がさらわれて売られたのであることと、その証拠の品が小箱の中にあるが、ラブラクスに取り上げられ、いま難破によって海底に沈んでしまったことを聞く。この間、トラカリオはアンペリスカに心をときめかす。しかしラブラクスとカルミデスがやって来るのを認めたアンペリスカは急いで神殿の中に隠れる。

ラブラクスはカルミデスの悪巧みに乗ったばかりに難破したのでカルミデスをなじり、二人は互いに相手に責任をなすりつけ合って喧嘩《けんか》を始める。しかしスケパルニオから二人の若い女が神殿の中にいることを聞き出し、狂喜する。なんでも気楽に取引する海の商人カルミデスと、実物を摑《つか》むまでは何も信じない堅実なスケパルニオの面白いやりとりがある。

第三幕はダエモネスの夢語りで開ける。猿がツバメの巣を襲い、これを阻止しようとすると今度は猿が自分に向かってくるので裁判に訴えるという夢である。まさにそこへ神殿の中からトラカリオが飛び出してきて、畑を耕す良き隣人たちに助けを求める。ヴィーナスの神殿内陣に逃れた二人の若い女を女衒が襲っているというのである。ダエモネスは館の中から二人の屈強の奴隷を呼び出し共に神殿の中に入る。中ではアンペリスカが実力行使の恐怖を訴えている。トラカリオはダエモネスの手の者たちがラブラクスを制圧するその隙に二人の女を逃がし、神殿前の祭壇に貼り付いているように言う。

やがてダエモネスがラブラクスを引きずり出してそこへ来る。違法な実力行使をしたと非難されたラブラクスは、自分の物を自分で摑もうとしただけなのにどこが違法か、と居直り、自分こそ違法な実力行使を受けたと主張する。しかしダエモネスはそのような抗弁《こうべん》を受け付けない。自分の物に対してであろうと実力行使を違法とする当地の法律を楯《たて》に取る。女が自由人だから実力行使が許されないとするトラカリオの主張を含め、大論戦が祭壇前で展開される。

第四幕が開くと、ダエモネスの別の奴隷で漁師をしているグリプスが、なにやら金目のものが入っていそうな鞄《かばん》をつり上げたので、こつこつ働かなくとも一攫千金《いっかくせんきん》で自由身分を獲得できるのではないかと皮算用をしている。これを立ち聞きしたトラカリオがグリプスに接近する。その鞄を自分のものにすれば窃盗だが、自分と山分けにすれば黙っていてやる、と持ちかける。しかし鞄は魚と同じだというグリプスとのあいだで論争が始まる。海は皆のものだからてんでに入って摑んだものは自分のものになるというグリプスに対して、海は誰のものでもなく、だからこそ鞄は誰にも摑まれずに元の持ち主に帰属したまま通過するという議論をトラカリオは展開する。

決着がつかずダエモネスの調停に委《ゆだ》ねることになるが、自分の主人だから自分に有利な調停をするだろうというグリプスの思惑《おもわく》は外れる。鞄の中身に今救ったばかりの若い女の自由身分を証明する小箱があると聞いたダエモネスは、本当にそうならば小箱は彼女の物だとして、パラエストラが目隠しで中身を当てられるかどうかテストする。次々に当てるパラエストラ。中の小物に彫られた父と母の名はダエモネスとその妻の名に一致し、母国アテーナイで幼い頃にさらわれた彼らの娘がパラエストラに他ならないことが判明する。

プレウシディップスもアテーナイの出身であるから、ダエモネスはプレウシディップスとパラエストラが結ばれることも喜び、二重の祝宴が準備される。トラカリオは功績《こうせき》が認められて解放される。

第五幕はラブラクスの独白で始まる。ダエモネスに二人の女の捕獲を阻止され、裁判所に連れて行かれた。そこで（契約法に照らして審理《しんり》され）プレウシディップスに負けたのである（契約法上の効果つまり請け出しの結果パラエストラは解放された）。落胆するラブラクスだが、まだアンペリスカが残っていると自らを慰《なぐさ》める。しかもここで、取り損ねた鞄のことをぶつぶつ言うグリプスの台詞を立ち聞きする。そして特定額の報奨金《ほうしょうきん》を誓約し、鞄の現在の所在を教えさせる。二人の間抜けなやりとりが面白い。

鞄を求めてダエモネスの前に出たラブラクスは、小箱以外の鞄の中身が自分のものであることを認められるが、そこでグリプスが約束の報奨金を要求する。しかしこれをダエモネスが取り上げてしまい、ただし半分をラブラクスに返してアンペリスカの解放に当て、取り上げられてむくれるグリプスの解放に後の半分を使う。トラカリオとアンペリスカも自由人として結ばれることになる。こうして大団円。

ダエモネスは最後に観客に喝采《かっさい》を要求しながら彼らを大晩餐会に招く。ただし芝居の中のヴァーチャルな宴会だから食べ物にありつけるかどうか。でもラブラクスとグリプスも招待され、彼らはありつけます。

## 不自由な女性の解放

Y君、話の筋はある程度のみ込めた？

――**いやあ……。**

ちょっと怪しいかな。さっき、Km君が熱弁をふるっていたので、そのまわりの人はだいぶわかったんじゃないかと思うけど、まあ、とっても難しい部分があると思う。翻訳では「女衒《ぜげん》」と訳されている、この言葉自体、説明が必要だよね。日本でも戦前までは身売りというものがあったのを知っているかな。貧しい家の娘が売られちゃうということがあって、こういう娘を買ってきて、それを使って商売をする人のことだ。

ポイントは、この女衒が女たちをまるで家畜みたいに不自由な状態にしておくということだ。この物語の主人公の女性のパラエストラという人は、幼児のころに両親のもとから、さらわれてしまう。それで売られて、結局、このラブラクスという悪いヤツが買って自分のものにしている。

ところがプレウシディップスという若者が現れた。ローマの喜劇というのは必ずこのパターンなんだけれど、必ず不自由な女性が出てくる、必ずかっこいい若者が出てくる、それで必ずこの二人は恋に落ちる。で、このかっこいい若者には必ず奴隷身分の切れ者の従者《じゅうしゃ》がいて、これがいろいろと作戦を立ててこの二人をハッピーエンドに導く。まあ二十本ぐらい残っているプラウトゥスの演劇はほぼこのパターン。さっきみたいに息子が出ないのはあれ一本ぐらいしかない。彼女のほうは女衒の手に落ちているから、高いお金を払って解放しなければならない。解放して初めて二人は晴れて結婚できる。大概しかし若者はお金を持っていなくって、でもお父さんはお金持ちで、頭のいい従者がお父さんを上手く瞞《だま》してお金を出させる、という筋書きが多い。

この『ルデンス』の場合には、お金には問題がないことにされていて、プレウシディップスはすでに手付金を払いました。ところが、ラブラクスは本当に悪いヤツで、手付金をもらっておいて舟に乗って夜逃げしてしまう。女たちともども。というのも、カルミデスっていう商売の相棒がいて、シチリア島というところに行って商売をするともっとうまい汁が吸えるぞとラブラクスをそそのかしたんだ。

## 実力と体の問題

　ところが、そこは天網恢恢《てんもうかいかい》……この四字熟語は国語の時間に習った？　最初に星が出てきて、天の摂理というのがあって、この舟を嵐で粉々にしてしまう。そうすると、這々《ほうほう》の体《てい》で舟に乗っていた人たちが岸に流れ着く。この岸にはヴィーナスの神殿があって、隣にダエモネスという人の屋敷と所領がある。そこに女たちが投げ出されてきた。この話でも二人の女が出てくるんだねえ。ラブラクスに見つかるとこの二人はまた不自由な身になるというので、神殿の中に逃げ込むわけだ。

　こんな感じでスタートする。確認だけど、女衒ラブラクスが女たちに対して持っている関係、これはどういう関係かな？

**――持ち主とその商売道具という関係。**

　そうだね。しかも？　この商売は女性たちをどう使うんだ？

**――えっと……体を使う？**

　そうだ、その通りだ。またこの問題が出てきた。必ず出てくる。つまり実力で、力で体を押さえる、この体を使う、こういう感覚が出てくる。ギリシャ・ローマの劇では必ず力の関係が出てきます。それは大抵、女性に対する力の行使だ。これはどうしてかというと、ギリシャ・ローマの人たちが実力ということをものすごく意識しているからだ。それを強く表現するために、大抵は女性や子供に対して力が使われているということを表現する。すると、見ている人には嫌悪感が出てくるしね。つまり問題設定として、どうしたら社会の中で力の要素がなくなるだろうか、ということが彼らの頭を離れない。だから必ずこういうシチュエーションが出てくるんだ。

では、もう一つ確認だ。カルミデスという人物とラブラクスという人物が組んでいるよね。この二人の関係はどんな感じ？

**——仲が良くない。信頼関係ではなくて、商売として二人を扱っているので。**

その通りです。もうここは問題ないよね。シチリアという田舎に行って、ちょっとダーティな商売を二人でやろうと企んでいる。そこにカジノがあるよ、ちょいとあの女たちを働かせると濡れ手に粟《あわ》だよ、と悪巧《わるだく》みをしているわけだ。こういうタイプの連中は必ず裏をかきあって仲間割れする。この話にもきれいに描かれているよね。ギリシャ・ローマのどの芝居にも必ずグルが出てきます。これも彼らの問題意識を表現している。このグルをどうしようかというのが彼らの問題意識だからですね。

## なぜ嵐が苦手なのか？

A君、この悪巧みの連中が舟に乗って、この女たちを腕力でとらまえて、シチリアに逃げました。これをまず阻止したのはなんでしたか？

**――嵐で舟が壊れてしまって、女たちが逃げることができた。**

そうです。ラブラクスが岸に打ち上げられて、嵐にはやっぱりかなわねえなあ、と散々言いますね。ラブラクスはどうやら嵐が苦手なようですね。どうして苦手なんだろう？

**――その逃げた女性たちが、自分たちは自由だと主張を始めたら、なんていうか、証拠があやふやだから？**

うん、そうだ。君はサッカー部だったね。サッカーのボールって君のチームのものだと決まっているかな？　決まっていないよね。ボールは味方チームのものだったり敵チームのものだったりする。そこで例えば、相手が高速ドリブラーだったとしよう。君はどうやってボールを取り返す？

**――それはやっぱり根性じゃないですか？**

根性だなあ（笑）。じゃあすごいドリブラーっていうのは、足とボールの関係はどうなっている？

**――ボールを自分の手足のように動かしている。**

そうだ。ということはボールを取るときは？

**――足とボールのあいだの隙を見て取る。**

その通りだ。ボールがあんたのチームのものだよと決まっていたらこんな苦労はないんだけど、決まっていないんだね。ボールを事実として支配しているということによってのみ、「私のものだ」というのが機能しているわけです。つまりラブラクスは「この女たちは自分のものだ」とか言っているけれど、ちょっと離れたら取られちゃう心配がある。だから嵐に弱い。嵐がダッとやってきて、ボールが行っちゃったときに、交番に届けて、ボールに名前が書いてあったので無事戻ってきました、とはならない。

それからこの嵐は、同時に岸辺に住んでいるダエモネスの家の屋根を壊しましたね。台風一過の青空が見える。オープンになった。なにかの支配があると、この支配から解放するということを嵐は表しているわけだ。ただしこの場合、ラブラクスの支配も壊したけれども、籠《こ》もっていたダエモネスが出てきて大きな役割を果たす、ということも予感させる。

## アンペリスカとパラエストラ

次の質問です。悪いヤツに囚《とら》われていた女たち、パラエストラとアンペリスカの関係はどうでした？　この二人はまったく同じ立場かな？

**——いや、アンペリスカのほうは、あまり説明されていなかった。**

そうだねえ、よく読んだ。

**——パラエストラには買ってくれる人がいるけど、アンペリスカにはいない。**

そう、パラエストラにはプレウシディップスとの関係があるけれど、アンペリスカにはいないんだよねえ、これは大事なことだ。さらに？

**——パラエストラにはどこかに親がいるけど、アンペリスカにはいない。**

そうだ。アンペリスカのほうはわからないけれども、たぶん身寄りがない。というわけでこの二人、どうやら境遇にギャップがありそうだ。

でも、この二人、仲が良いよな。あ、ここも翻訳がよくなくて、第一幕の後半、嵐で見知らぬ土地に着の身着のまま投げ出されたパラエストラとアンペリスカが、声でお互いを求め合って、ようやく出会う場面で、「なら、お仲間だわ」という訳が与えられています［行番号239］。しかし「ソキア」という難しい言葉（socius の女性形 socia）、同盟者とか、組合という高度なビジネスのための契約のパートナーを指すテクニカルな用語、が使われていて、透明な水平的連帯を指し示しています。組合には出資分に応じて持分ということがある。持ち合うという関係ですね。それをもじって、「あなたは私自身の半分よ、いや半分以上よ」ということが言われている。あなたは私にとって自分以上の存在だ、ということになる。あなたがいないということは、自分の体半分以上が持っていかれたのとおんなじだと言っている。しかも二人は主従であってもおかしくない女どうしだ。それが絶対的に等しく、等しい以上に連帯している。

S君、この二人、なんでこんなに固く連帯しているんだ？

**――同じ境遇を歩んでいて……ほかに頼りがないから、お互いに。**

あ、そうだ。すばらしい答えだ。私の思うところも、S君と考え方が同じだ。この二人はとことん追い詰められて、失うものがない。頼りにするものがない。売られてきて、悪いヤツに捕まって、未来もないだろうし、とことん孤立している。パラエストラには最近彼氏が出てきたけれど、一旦はそういう境遇に陥った。だからこれだけ固い結合の気持ちが生まれるんだと思う。ラブラクスとカルミデスはそうじゃなくて、たくさんお金も持ってそうだし、どっちがどっちを騙して、より多くを儲けるかみたいなすごいゲームをやっている。それに対してこっちは何も持っていない。ここが大きく違っていて、とってもいいコントラストができあがっている。

この話はとってもきれいで、さっき休憩時間にＫｍ君がこっちの話のほうが好きだと言いましたけれど、たぶんみんながそう思う。最高傑作と言われている。

## ラブラクスの野望をくじくのは何？

女たちはヴィーナスの神殿に逃げ込みます。そこは神聖な場所だから、力を使っちゃいけないということになるわけだけれど、ラブラクスなどは神々なんてものを恐れない連中ですから、無視して、力づくで二人を持っていこうとします。この野望をブロックするのは何か。さっきの野望ブロックゲームをまたやります。

ヒントは、神殿の隣に住んでいるダエモネスというおじさん、この人は何をした？

**——女たちに祭壇のところに座らせて、そこを二人の強い奴隷に守らせて、ラブラクスが無理やり女たちを連れ戻そうとしたら、殴りつけた。**

その通りだ。さっきとまったく同じで、まずは実力でブロックしています。いいですか。

非常に単純なわけです。

いま、ラブラクスの足とボールのあいだに、嵐のおかげでちょっとの隙間ができた状態だ。強いミッドフィルダーは何するんだっけ？

——**相手とボールのあいだに体を入れる。**

そう。そのときにルールがあって、足でやっちゃダメなんだよな。腰と、肩も使っていいか。体でブロックするんだよね。これをまずはやっているんだ。

この場面に注目します。このときにラブラクスが文句を言います。なんて言うでしょう？

——**俺の女は俺のものだ。**

そうだよ、俺のものは俺のものだ、と言っている。俺のものは俺のものだから……？

——**自由にして何が悪い。**

自由にするって、この場合どういうこと？

——**えっと、実力を使う？**

その通りだ。このペンは私のものだ、だからこのペンを踏み潰そうとどうしようと私の勝手でしょう、というロジックを使ってくる。ラブラクスはそういう台詞をたくさんこの作品の中で言います。それに対してダエモネスはどういう態度をとっているか。

——**法律がある……？**

うん、そうだ、そうだ。そこで法っていう言葉を出してくる。ここはストレートに出してくるのでとってもありがたい。「いや、法の名においてそれはさせません」と言っているわけです。えっ？と法学部の学生ならば思う。法学入門の教科書に揃《そろ》いも揃って「私のものは私のもの」つまり所有権が法の基本だと書いてあるからだ。ラブラクスも頭に来て、お金を出して買ったんだからこの女たちは俺のものだ、それを奪うなんて、そんなの不当な暴力だ、俺の正当な権利が侵害されている、それが法だろう、とわめいていますね。それに対してダエモネスは、とんでもない、あんた法を知らないの、こっちのほうが法だよ、と言っているわけです。

## この劇中劇は人の自由が優先

ただちょっと注釈が必要なのは、この一旦ブロックもまた、『カシーナ』と同じで、本物の実力ではないということです。儀礼化されている行為です。さっきちょっとやったよね。自由で独立の人たちが議論だけで物事を決めるための空間。劇場の延長。政治だね。争いをここに出してくる。政治の中の一種である裁判だね。その中でも特殊な劇中劇場。それがヴィーナス神殿だ。

政治のための空間は都市にあるんだけれど、都市には神殿がある。神々のために皆が自由にアクセスできる空間だね。列柱があって見通しがよくて、教会みたいに閉ざされていないのを知ってるだろう。元々政治のための空間自体、神殿も上手く利用して出来上がっているのだけれど、このお芝居では、そのエクステンション、離れみたいなものがこの都市を大きく離れた海岸の神殿によって表現されている。そこはさっき見た『カシーナ』の劇中劇の空間と同じだ。だからそこでまず徒党の実力行使、つまり支配が一旦解体される。『自転車泥棒』で見た占有という原理が働くんだね。そこのところが法なんだ、わかったか、そうダエモネスは言っている。

それから、もう一つ。普通は、ダエモネスがきちんとこの女たちを守っている状態、つまり占有している状態が先に作られていて、その後に、これを外から破ろうとするラブラクスたちをブロックするわけですよね。でも、この場合には違う。女たちが逃げ込んでいるところに、あとからダエモネスが守りに入っていく。つまり、はじめからダエモネスがボールを持っていたわけではない。だけど嵐でボールがオープンになったところに駆けつけてきて、ラブラクスの隙をついてボールを取った、これが優先だ、ということです。

この駆けつけブロックは、例外的な場合にのみ認められたんです。どういう例外かというと、人の自由が関わっていなきゃいけない。人身の自由が関わっているときには、誰であろうと駆けつけてきて、ブロックする。その人がまずは優先なんだよ、というローマ独特のルールがあったんです。自由身分の取戻訴訟と言います。本当を言うと、嵐でオープンになってなんかなくっていい。ラブラクスががっちり摑まえていても、「あ、その人は自由人だ」とさえ言えばブロックしていい。「冗談じゃない、証拠あんのかよう」とは言われない。逆に相手が自分のものであることを証明しなければ負ける。

で、この芝居では、この駆けつけブロックがとっても大きいわけね。だって、ラブラクスが「その女たちは俺のものだ」と言ったときに、「ああ、あなた様のものですか。じゃあ調べますので、とりあえずお返ししておきます。で、万が一あなた様のものでなかったら戻してください」と。これ、あり?

**——それだと、そのまま持ってかれちゃう。**

その通りだ。これだと、ラッキーってんで遠くへ逃げちゃって、もうそれっきり二度と戻ってこない。いくらそのあと一生懸命みんなで調べても、まったく無駄になってしまう。だからダエモネスはあのとき、とってもこだわるよね。そのままだ、動くな、女たちに指一本でも触れたらただじゃおかないからな、声をかけるのもダメだ、と言っている。だるまさんころんだ状態になる。そこは厳重にシャットアウトする。この芝居なら例えば、この女たちは恐怖心も持っているし、いままでの経緯もあるし、甘い言葉かなんかで騙される、ということもあるわけだからね。鉄のシャッターでビシッと切らないと、とっても危ない。こういう場面が、法の場合には多いんだね。

ただ言っときますが、一旦ブロックの機能を使えるのは、徒党に対して個人を守る側だけです。『カシーナ』では、妻のほうも組んでいるから微妙だった。しかしオリュンピオーとカリーヌスという二人の奴隷の性質の差があって、辛《かろ》うじてオーケーなのです。考えてみてください。徒党のほうがこの機能を使ったらひどいことになります。そこで現実のローマの裁判では、一旦ブロックの後、たしかに使っていいほうだったかどうか、審査されました。そうでなかった場合、ブロックした側が手痛い制裁を受けます。

## 裁判による解放

いちばん大事なのはこの一旦ブロックだけれど、『ルデンス』には、劇中劇の結果が外に出ても戻らないところ、劇場の外の政治、その中の裁判のところへ出て行っても維持される、そういうところもしっかり描かれている。これ、二つあるんだけど、わかったかな?

——……?

一つ目は、これはお芝居では明確に書いていないから難しかったよね。実は手付《てつけ》の問題で裁判をやっているんです。第三幕の終わりで、ヴィーナスの神殿に駆けつけたプレウシディップスが、ラブラクスを裁判所に引っ張っていっていた。というのは、プレウシディップスとラブラクスのあいだには売買契約が成立していたでしょ、手付まで払っているでしょ、なのにラブラクスは契約を履行していない。だからこうやって一旦ブロックしたあと、プレウシディップスがラブラクスを裁判に突き出して、勝っている。第五幕のはじまりで、ラブラクスは嘆いているよね。あぁ惨《みじ》めだ、裁判所(または仲裁裁判所)に引っ張っていかれて、パラエストラを取られちゃったよお、と。つまり契約法で一個裁判している。

## なんとお父さんだった

もう一つあるよね。これは目立つからわかったんじゃない？

**——パラエストラが自由身分だということ。**

そうだ。これはどうしてわかったの？

**——パラエストラの父親がダエモネスだということが証明されたから。**

そう、なーんと！　誰でも駆けつけてよい特別ルール、駆けつけブロックだと言ったよね。ところが、よくよく調べてみたら、もともとのお父さんだった。

あ、あんまり白《しら》けないでね。えー、そんなの話ができすぎ、とか思った？　思うよなあ。だけど、それを思っちゃうと、例えば『フィガロの結婚』だって——あれを見ると、また同じパターンだ！ってことがわかるんだけれど——あれも、一番の敵がなんとお父さんで、それとグルになっているのが本物のお母さんで、と判明するんだけれど、そこで白けたら、それ以降見られなくなっちゃう。そうじゃないんだよね。そうじゃなくって、「お父さんであってもおかしくないでしょう」ってことが言われているんだよね。

僕とＨｒ君は他人だ、血がつながってないよな。つながっているかな？

**——（笑）。**

つながっているかもしれないよ、ずーっと、線の先で。でも、つながっていなくても別にいいんだよ。ぜんぜん血がつながっていなくても、Ｈｒ君がそこでいじめられているときには、やはり私は、ただじゃおかないと思うから。要するに、血のつながりはなくたって、お父さんかもしれないよ、お父さんだとしよう、という、こういう形の連帯があるということを言いたいわけだよ。

だけどこの場面、なんで実の父親だってわかったんだ?

**——海からトランクが見つかったから。**

トランクの中に何があったんだ?

**——パラエストラの両親の形見。**

**——おもちゃの、お父さんの名前が彫られた刀と、お母さんの名前が彫られた斧。**

そうだ、そういうものって、何?

**——物証?**

おおー、すごいねえ皆さん。その通りだ。物証なんだよ。ブツそのものの証明力。『近松物語』でも言ったよね、物証というのは決定的なんだ。だってそうだよね、この同一の物がここにもあると同時に向こうにもある、ということはありえないわけだから。ブツを使った証明、これは自明になるわけだ、否定しえない、一番強い証拠になる。この物の証明力がここで活きてくるわけ。

## それでも地球は回っている

ちょっと難しくなるけど、人間の連帯《れんたい》にもいくつものタイプがあってね。お互いに考え方が共通とか、たくさんコミュニケーションをしてわかりあって連帯するというのもあるけど、そうでないタイプもあるわけです。そうでないタイプというのは、まず一人ひとりが、とっても、非常に固く自由だ、というものです。例えばこういうふうな言い方をするとわかるかな？　自由でないという状態にはいろいろあるけれども、一つには、今ここに、私が紅茶のカップを持っていますね、ところが、まわりの全員が、違うだろうが、お前はウソを言っている、とか言ってくる場合だ。そんなこと言っても、僕、持ってるんですけど……。ウソを言うんじゃない、お前はなにかの回し者だな、正直に言え、お前はカップを持っていないだろう。うう、んなこと言われても持ってるんですけど……。

——（笑）。

しまいには、てめえ、ふざけるんじゃねえ、とボカッと殴られる。いやあ、でも持ってるんですけど、と言うと、まだわかんねえのか、とお腹に一発入れられる。

それでも、たしかにやはり私は、今カップを握っている——っていう、これは、とっても強い自由の砦《とりで》になる。いいですか。だって、ここに見えているもん、ってことだよね。こういう、きっちりとしたモノの世界に認識の基礎をおいている、ということだ。だからギリシャでも、自然科学なんてこういうところから出てきます。ガリレオが言いましたよね、それでも地球は回っているんだと。んなことあるはずがない！と言われても、ううう、やっぱり地球が回ってんだ、太陽のほうは回ってないんだ、とか言って。

——（笑）。

こういう物証の世界というのは、非常に強い個人の自立と、とっても関係しています。

で、人が連帯するとき、その一つのあり方として、互いのこの固くて明確な拠《よ》りどころを互いに尊重するというのがある。第三者が盗賊カモメのように狙ってきたら、地面の上にスクラムを組んで寄せ付けない。互いに地面に貼り付いて梃子《てこ》でも動かされない連帯だ。

で、ギリシャの市民権という考え方は、この連帯の一つの表現なんです。自分もアテーナイの市民である。自由な市民である。そんなわけねえだろ、と一発殴られる。ローマならば嘘であろうとさっきの自由のための取戻人が出てきて、ダイナミックに取り戻す。ボールがどっちのものかは決まっていない。ところがギリシャの社会は一個一個が固く地に足を降ろした状態を互いに守りあう下部組織からできていて、その連帯に属していることで自由な市民だということになります。そんなわけねえだろ、と一発ぶん殴られそうになると、その連帯の人たちが出てきて、そんなこと言ったって、ほら、根が生えているよ、それが物に刻まれているよ、本人しか知りえないことだよ、と言って立ちはだかるわけです。この考え方がここに流れ込んできていて、これがパラエストラを救う。

さっきも言いましたが、プラウトゥスの作品は必ずギリシャ新喜劇の翻案で、原作があるのです。原作はすべて失われて、内容がわからないのですが、この市民権の部分は、明らかにギリシャ的な考え方が原作から残った部分です。

## オデュッセウスとペーネロペイア

この物証の考え方はとても大事で、紀元前七世紀半ばくらいに成立したホメーロスの『オデュッセイア』に最初に出てくると言われています。『オデュッセイア』というのはどういう話か、皆さんちょっとだけ思い出してくれるといいんですが、オデュッセウスという英雄がトロイアを攻めるために出ていき、トロイアを滅ぼすのに十年かかる。そして帰るのにまた十年かかる。だから二十年経ってようやく戻ってくるわけです。

で、オデュッセウスにはペーネロペイアっていう奥さんがいるんですが、どうせオデュッセウスは死んだだろうということで、その夫の地位を狙ってたくさん求婚者が現れる。こいつら図々《ずうずう》しくて、どんどん上がり込んで、毎日宴会をやって、ほとんどオデュッセウス家の財産を食いつぶしそうなんですけれども、ペーネロペイアは非常に賢い女性で、機織《はたお》りをやって、この布が織り終わったら誰を夫にするかお答えします、とか言って、夜中にこっそり解《ほど》いているものだから、十年経ってもまだ織り終わらない。

――（笑）。

それで、オデュッセウスに帰ってこられては困るから、この求婚者たちはグルになって、彼が帰ってきたら殺しちまおうということになっている。というわけで、オデュッセウスは正体を探られないように、ボロをまとって、変装して、密《ひそ》かに忍び込んでくる。そうして息子と協力して、逆に求婚者たちを皆殺しにしちゃうわけ。そしていよいよペーネロペイアの前に現れて、二十年ぶりにとうとう帰ってきたよ、さあ感動のご対面……かと思うと、違うんですよ、いいですか。

ここからはとっても有名なんですけれど、このペーネロペイアという奥さんはすごい人で、あなたが私の夫のオデュッセウスであるかどうかはわからない、その証拠を見せろ、と言う。「私、オデュッセウス本人です」とか言ってマイナンバーのカードかなんか出してもダメなんです。

――（爆笑）。

さすがに息子はあきれている。お母さん、お父さんがこんなに苦労して帰ってきたんじゃないですか、あなたはなんて人なんですか、と言うんですけど、ペーネロペイアは物証を求める。この夫婦のベッドには、夫婦しか知らない、ある仕掛けがある。これを知っているかどうか。だからストレートな物証ではないけれど、物証を認識しているかどうか、共通の二人だけの秘密の物的認識を持っているかどうかを確かめたんですね。しかも、ベッドになにか仕掛けがありますがあなた知ってますか、みたいなきき方はしないんです。それだと読まれちゃいます。普通の会話の中で、ベッドを改装した、みたいなことをさり気なく言う。そうすると、これは夫婦にとって大事な仕掛けなので、え？　じゃ、あれも壊しちゃったの！とオデュッセウスは思わず言っちゃうわけです。ここで初めてペーネロペイアはああ、と泣くわけです。ああ、私の夫が帰ってきたと。

この場面はギリシャ的なものの考え方をよく表している。こうやって、徹底的に物事はチェックする。何一つ信じない。徹底的に吟味する。その精神を共有する、こういう連帯があって、その中で物事を解決していくのが「政治」というものです。今の政治とはぜんぜん違います。これは次回たっぷりやります。

## 短いまとめ

まとめると、まず法があって、一旦ブロックする。そうしてから、ゆっくり政治、つまりこの場合裁判で正義を追求する。この政治の段階では、例えば市民権で救っていく、あるいはさっきのように契約の正義で救っていく。そのポイントになるのはこういうギリシャ的な固い個の連帯である。だいたいそういう組み立てになっている。

法の一旦ブロックはローマのもので、政治の作用はギリシャからのものです。『カシーナ』では一旦ブロックのことが中心で、政治のことは描かれていなかった。観客の皆さん、家に帰って考えてね！って、いい気分でみんな芝居を見て帰る、というので終わっていたんだ。だけどこの『ルデンス』は、ギリシャの翻案であることを活かして、政治の部分も描かれている。だからこのお芝居はとってもきれいで、この芝居を見終わった人はもっと幸福な気分になれる。

でも一つ確かなことは、プラウトゥスは一旦ブロックの部分をものすごくクローズアップするよう書き換えたに違いない、ということだ。これはすごくローマ的な特徴で、しかも法の特徴なんだね。

## アンペリスカをどうやって救う？

一旦ブロックしました、そしてゆっくり政治に問題を委《ゆだ》ねて、厳密にチェックして問題が解決されて、無事にパラエストラはプレウシディップスの奥さんにもなり、同時にこのダエモネスの娘であるとわかりました。彼女は幸せになりました。でも残っている問題があるよね。この人を見捨てちゃいけないでしょう。誰を見捨てちゃいけないですか？

――**グリプス**。

グリプス？　この人も見捨てないほうがいいとは思うけど？

――**アンペリスカ**。

その通りだ。アンペリスカ。この人を放っておいちゃダメだよね。だって、パラエストラと一心同体でしょ。パラエストラはたまたまかっこいい彼氏が現れて、救われる。でも、このアンペリスカも、なんか急に、彼氏出てきたっぽくない？

――**……？　トラカリオ？**

うん、トラカリオですね。私の携帯メールアドレスです。

――**あはは**。

マニアックでしょう。このトラカリオ、なんか、アンペリスカに気があるみたいだよね。さて、このお芝居の偉いところは、ヒロインだけでなく、低い身分のこのアンペリスカを独自の筋立てでちゃあんと救い出すところです。さて、どうやって救ったでしょうか？

**――グリプスが海でトランクを見つけて、トランクの在《あ》り処《か》をラブラクスに教えるかわりに、ラブラクスから３０００ヌンムスもらうと約束していたから。で、ダエモネスがラブラクスと交渉して、半分の１５００でアンペリスカが解放されて……。**

すばらしい。あとの半分はどうしたんだっけ？

**――グリプスを自由にするために使われた。**

よく読めたね。ローマの奴隷というのは、特にビジネスの面で大活躍している。マネージャー的な役割ですね。地位は保障されていないけれども、しかし自分の才能一つで大儲けすることだってできるから、彼らは却《かえ》って生き生きしています。頑張ってお金を儲けると、自分で自分を解放することができました。

このトランクを見つけた場面で、グリプスとトラカリオは言い争いをしていたよね。

**――グリプスは、海は共有だから、そこで拾ったトランクは自分のものだと言っていた。**

海でとった魚は自分のものだもんねえ。これに対してトラカリオはなんて言った？

**――トランクっていう魚が売ってるか、って。**

それに対しグリプスは、うん、売ってるよ、トランク魚、え、君知らないの？とか言って、観客を笑わせる。

トラカリオは、ラブラクスの肩を持つわけじゃないけど、トランクの中にパラエストラの身元を証明する品が入っていることもあって、拾ったトランクはグリプスのものではないだろう、と主張しているんだね。どういうふうに言っていた？

**——海は共有ということは、海で見つかったトランクも共有なんじゃないか。**

そうだ。ここで「共有」というのは、コンムーニスというラテン語なんだけれど、「誰のものでもない」という意味です。ということは「公共の」という意味です。公共の空間ということは、物がここへ入ったときは誰も取ってはいけない、皆スルーしなければならない。だから物の輸送に使えます。誰のものにもならずに無事に相手のところへ着きます。トラカリオは、海は「誰のものでもない」と主張している。これに対してグリプスは、いやあ海なんていうのはみんなが入っていって魚を摑んで自分のものにしていく、そういう空間でしょ、と言っている。てんでに山菜採りに入る山のようだと。

つまり、グリプスはまたしても実力でモノを摑む、という発想をしている人です。実力支配がすべて。グリプスはダエモネスの郊外の屋敷の奴隷であって、田舎で土地の番をしているような奴隷と近いからですね。これに対してトラカリオのほうは、実は、こういう公共の空間を通じた、オープンなマーケットを表現している。日本で言えば、証券市場とかああいうものだよね。ここでは信用がとっても大事で、お互いの信頼関係でどんどん売買している。だってそうでしょ。硬貨を差し出して、「はい確かに」とか言われて、こちらも「はい確かに」とペットボトルを握りしめる、そういうコンビニの売買じゃないんだから、売ったことにしたり買ったことにしたり、すべてヴァーチャル、ってことは皆の頭の中が一致して、同じ絵を描いて、初めてうまくいく。その基礎には信頼関係がある。

あ、そうだ、『近松物語』でも出てきたね。茂兵衛はああいう状況に追い込まれてもなぜ大阪でお金を工面《くめん》できるんだろう、って考えたよな。主人より手代《てだい》のほうがそういうネットワークには適していた。ローマでもトラカリオやカリーヌスのような奴隷が大事な役割を担っている。

さて、トラカリオのアプローチで物事が進んでいくときには、金銀の詰まったトランクは、この経済ないし信用の循環の中におかれて、そして言ってみれば、お金が回る、みたいになっていきます。だってグリプスが一旦握ったトランクを、トラカリオが言うように、ラブラクスに返してあげます、というときには、それだけでも、ほら、「返す」という循環がミニマムに発生するでしょう。あるいは遺失物の場合でも拾い主に若干のお礼をしますよね、あれでもいいわけです、お金がスッと動いているということですね。

ラブラクスはトランクを取り戻す。その代わりにお金を出す。そのお金でアンペリスカが救われる、というからくりになっている。その間にトランクが海を通るんだけれど、そこでグリプスがインターセプトしちゃうとそれっきりだ。トランクの価値は寝たままになってしまうよ。

## 開かれた海

あ、ここには国連部がいたんだよ、そうだ。国連部は海洋法のこともやるんじゃないか。

――ネパールが海はみんなのものだからといって、インドに対して、海への出入りと通行の権利を主張したんだけど、無視されたという、あの話かなと。あ、すいません、ぜんぜん違う話になっちゃって。

いや、とっても関係している話です。道路とか公共空間が占拠されて塞《ふさ》がれたら生きていけない。塞ぐというのは、ここは俺のものだからと綱《あみ》でも張られて通れなくされるということ。玄関の前でそれをやられてご覧なさい。ネパールの事件のことは私のほうが詳しくは知らないんだけれども、私は、最近の二百海里時代とか経済水域とか、大っ嫌いです。

――（笑）。

だって完全にグリプス・モードだから。海ってのは、「誰のものでもない」から、経済水域だからって、自然資源だって漁業資源だって、基本的には勝手にとってはいけないだろう。お魚はとってもいいけど、とりすぎはいけないだろう。俺の経済水域だ、だから俺がこのお魚をどれだけとろうと勝手だろうが、というのはやっぱりクソだろうと思う。

資源の問題ばかりじゃなくて、君が言ってくれたように、通行の問題です。通行に関しては伝統的に、国際法では海はオープンだということになっている。他方、「閉じた海」がいま流行りの思想で、みんなして、できるだけ海を分け取っちゃおうとしている。二つの点で私はこの考えに批判的です。第一は軍事・平和観点から。第二は自然保護、資源の点から。珊瑚礁《さんごしょう》とかああいう問題ですよね。

## グリプスの経済

――グリプスの閉じた経済と、トラカリオの開いた経済という違いはなんとなくわかったんですけど、でも、グリプスでも、例えば、このトランクの金銀を買い取らせてあげるから、っていうふうにしたら、お金は動くじゃないですか。だから、ええと、違いがよくわからなかったです。

鋭い質問ですね。グリプスのほうにも、流通ばかりでなく貸し借り、つまり信用もある。こっちに信用があり、こっちには信用がない、みたいな言い方は不正確でした。むしろ、同じように見える物事の微妙な質の差を言わなければいけませんでした。トラカリオがトランクを取り返したおかげで、つまりダエモネスが仲裁したその結果として、実現したアンペリスカ解放に至る一連の取引は、それだけ見ればなんの変哲もない取引ですが、お芝居の中ではやはり非常に透明で公開性の高い取引空間というものを表している。そこには、こないだのリーマン・ショックみたいなのを起こさないような、みんなが信頼できる、しっかりした信用システムや金融システムがある。そういう経済と、そうではなくて、実物を握りしめていることだけが確かなことだという取引・信用世界は大分違います。こちらのほうもしかし大規模に発達しうる。場合によって、騙し騙され、誰がババを摑むか、なんて泥仕合をすることになります。日本の経済は実はこちらのほうらしい。

君たちはピノッキオって知っているかな？　嘘を言うと鼻が伸びる。あの話のポイントはどこにあるか知ってる？　鼻が伸びちゃうとき、ピノッキオのそばにどんなのがいる？

――……？

――**ピノッキオとおじいさんしか覚えてない。**

そうだよね。残念だなあ。誰か覚えていないかなあ。おじいさんがコツコツと人形を作るんだよな、そこに妖精が出てきて、ピノッキオは本物の生きた男の子になるんだよね。だけど……？　なにかすると、ただのでくの坊に戻っちゃう。

――**幼稚園で読んだ気がする。**

なにか出てなかった？　事実上の主役とも言える動物がいる。

――**あれ、なんか小さいコウロギが出てこなかった？**

ああ、コウロギ出てくる。よく覚えていたねえ。あれはむしろ味方だ。アドヴァイスしてくれるんだよね。

――**猫？**

そう、一つは猫。もう一つはキツネだ。キツネと猫が出てくる。それでピノッキオをさんざん悪いほうに誘惑するんだ。

――**ああ！**

猫とキツネがそそのかします。やっちゃおうぜとか言ってワルに誘い込む。日本の取引の世界は、この猫とキツネ、うようよいるからね。君たちがポッと経済の世界に出ていくと、何も知らないんだもんね、すぐに騙されて、ピノッキオみたいになっちゃう。知恵をつけなければ、人間はただの木の棒にすぎない。猫やキツネの悪巧みを見抜けなければ、かんたんに元の木の棒に戻ってしまいますよ、という話なんだな、あれは。

## ローマにとっても新しい考え方

最後に強調しておきたいのは、なにがなんでもアンペリスカは救う、という、ここにこのお芝居の結論がある、ということ。パラエストラとアンペリスカ、二人を救うんだ、二人とも救わなきゃ気に入らない。そして二人とも救うときに、この海とお魚のエピソードが決定的に大きな影響を与えているんだ、ということです。

この芝居の二つの大きな狙いとして、第一主題はさっき言ったように一旦ブロックをかっちり効かせるということだね。ここは、君たちにとっては新しいだろうけど、この芝居を見るローマ人にとっては、もう自明でしょう、ちょっと初歩的すぎるじゃん、というような土台なわけだ。だけど第二主題として、最後の「オープンな海」とそれをベースとする信頼に基づく取引という話は、当時はまだ新しかった。ローマの人にとっても、新鮮だった。

これより少し前、紀元前三世紀の前半にローマはカルタゴと西地中海の海の覇権を争い、結局勝ちます。けれども、どちらが海をゲットするかという戦いではなかった。カルタゴは海を通じた貿易を自分のところを一旦経由してでないとできないように取り仕切っていた。

ローマは、もちろん自分がコントロールするんだけれど、それぞれの都市がてんでに貿易できるようにコントロールした。

もっというと、プラウトゥスが見込んでいるのは、そういう自由な海を基礎とする新しい国際取引の空間です。もっとオープンで開放的で信頼に基づいた新しい経済の世界を基礎づけようとする姿勢が彼のすべての作品に認められる。プラウトゥスの歴史的意義はそういう世界を担《にな》う人々の意識を表現したという点にあります。喜劇というジャンル自体にそうした大きな役割を与えました。

そしてこの作品に関する限り、プラウトゥスは、第一主題の占有の原理、これはあなたたちにとっては自明でしょうけれども、これを基礎にして初めて、第二主題の新しい質の国際取引の環境も構築することができるんですよ、この二つはやっぱり関係していますね、とローマの観客を説得しているわけです。これは説得するときの一つのパターンだよね。相手が絶対確実に認めるだろうところに議論の出発点を持ってくる。そして私が言いたいことは、この、相手が絶対に認めるだろうところから、ほら、導かれるよね、その延長線上にあるよね、という。そうすると相手はフンフンたしかに、と思う。そんなような構造をこの芝居は持っているんですね。

こうして、みんなが解放されて終わる。だから、とってもハッピーな気持ちになるよね。最後にラブラクスが懲《こ》らしめられるということもない。それどころか、「今日は家で晩御飯を食べていってくれるかな」とダエモネスから食事に誘われる。ああいう悪いヤツだけれども、最後は手を繋《つな》いで踊ろう、という感じになる。だって、ラブラクスからお金が出て、アンペリスカも救われるんだから。じゃあまあラブラクスをうまく騙して、ラブラクスも許してやろうよ、と観客に呼びかける。グリプスも、それから見物している観客も、大宴会に誘われて、最後はみんなでパーティだ！と、こうやって劇が終わる。

## 政治と根拠

というところで、今日は終わりですけれども、質問があれば受け付けましょうかね。

**——ちょっと、暗い話になるんですけど、例えば、年配の方々の年金をカットして、少子高齢化対策に充てるとか、そういう話があります。ある一定の人を救うために誰かを犠牲にするのは仕方ないことなのかなと思うのですが、それは正しいことなんですか？**

この問題に答えるには、財政全体を論じなければなりませんし、私にはデータもないからなんとも答えることができませんけれども、かわりに言えることは、そういうような、議論の結論みたいなところだけポッポッというのが多いけれど、まずは疑ってかかろうね、というのがアドヴァイスになる。さっきのペーネロペイアじゃないけれど、必ず、こうだと言っている人がいたら、うん、何を根拠にそう言っているんだ、と言うべきだ。

**——そういうことに対しては徹底的にデータと証拠と根拠を追及していい。**

そうだよ。どう破綻しているのか、なんでそうしなきゃいけないのか。どうして？と聞くことだよ。これもねえ、私の個人的な経験なんだけど、最初の留学のときは娘が二歳だったんだけどね。娘がイタリアの幼稚園に行ってから帰ってくると、日本にいたときとは非常に変わって、どうして？と聞き始めるようになった。こんなところで大声出しちゃいけないでしょ、と言うと、どうして？と聞く。親としては理路整然と説明しなきゃいけない。それから本人も、なぜならば、ということを言う。ジュースが欲しいよ、なぜならば、とこういうわけだ。なぜならば、さっきから水分を何も飲んでいないんだもん、とか、こんなに暑いんだもん、とか言わなければならない。

**――なるほど。**

だからなんでも理由を問いただきないといけない。誰が言うことであってもそうだけれど、政治家が言うことは、特に厳重にチェックする必要がある。

議論を「主張（結論）」と「論拠」の二段に分けるという考え方自体が、ギリシャから、つまりギリシャで政治が生まれたから生まれたものです。いくら話しあっても、わいわい主張しあうだけであれば、利益と権力がぶつかりあっているのと変わりありません。政治というのは、自由で独立の人が議論をすることによって物事を決めるということですが、議論しても、主張をぶつけあうだけであれば、利益と利益を調整して結論を出すのと変わりない。考え方と考え方の衝突でなければ透明性は生まれない。さっきの私と娘のやりとりでも、理由を付けるだけで相手を尊重する感じになるでしょ。「こうすべきだ」「はい」じゃ、人格を尊重しあう雰囲気は出ないよな。第一、一旦立ち止まって考えるよね。お互いに、なぜなんだろうと反省する。「フロ！」「メシ！」とただわめくのを利益と言います。「なぜで御座いますか？　一〇〇字以内で説明せよ」とかやってご覧なさい。たちまち少し自由独立っぽくなります。

ほかの質問はありますか。

**――先生は高校時代、どんな勉強をしていたんですか？**

受験勉強せずに、本ばかり読んでいましたね。受験はまだ加熱していなくて、のんびりした時代でした。

**――だからこそ、いまこうやって、先生が鑑賞できている、その鑑賞力を僕たちは持ち合わせていないんじゃないかと思うんですよ。僕たちが見れない視点で見ている。それは、たくさん読んでいるし、考えているし、でも僕たちは受験勉強していることによって……。**

うん、まあ……そこまで悲観しなくても大丈夫だ。

**――（笑）。**

君たちを見ると、少々受験勉強したってぜんぜん衰《おとろ》えていないし、失っていないし、大丈夫だ。あとはピノッキオぐらいを読み直せばいい。

**――（爆笑）。**

ぜんぜん大丈夫だよ。人間、そのくらいでは、なんていうか、若いときは。むしろこの先だよ。この先きつくなるから。勉強がつまらなくなるし、とくに法学部なんて進むと、それでもまあ、法律家にチャレンジしてほしいと思うけれどね。だけど、まあ、たくさんかいくぐらなければならない。猫とキツネがうようよ出てきますからね。

鑑賞力とかおっしゃっていたけれども、古典の力が作用しているだけです。私の寄与分はゼロです。翻訳であってもなお、なにがしかを伝えてくる作品の力が圧倒的なんだね。これで君たちがいろいろ考えることができる。本物の古典の力はすごい。そこはやっぱり人間の歴史の土台を作ってきたものだからね。

すごいのは、たまたま考えついたたまたまの作品というのではなくて、時代を経ているだけあって、反対にこういうものを土台にして、ギリシャ・ローマはもちろん、ヨーロッパの世界とか現代の世界とか、ズタズタになってボロボロになっているけれど、でも、そういう基本の考え方というのが、まだ、とにかくあるわけだからね。自由なオープンな海、これが基本だ、という考え方があるわけだから。それがどこから来たのかというとやっぱり古典から来ていて、古典を土台にして社会が動いている、というのがすごいよね。日本の場合だって悲観することはない、このあいだ見た溝口の作品とかああいうものがあるわけで。だからあれが、もうちょっと教育現場で盤石《ばんじゃく》の土台になっているといいなと思う。

第四回

# 見捨てられた一人のためにのみ、連帯（政治、あるいはデモクラシー）は成り立つ

——ソフォクレスの悲劇

一週間しか間隔がないのに、翻訳とはいえ、重たいギリシャ悲劇を二本（それぞれ中務《なかつかさ》哲郎訳と久保正彰訳）も読んでくるという負担にどれだけの生徒が耐えて今日集まるのか、と思っていましたが、生徒たちは意気揚々《いきようよう》と集結しています。これまでの回の積み重ねが功を奏《そう》しているのでしょうか？

前回からはついに衣の下から見えていた鎧《よろい》が全面露《あら》わになり、内容が急に難しくなりました。このような難物を中高生にぶつけるということを、一体誰が考え付いたのか。どこの誰なのか、興味の尽きないところですが、インタビューするわけにもいかず、唖然《あぜん》として授業の成り行きを見つめるしかありません。

今日の題材は飛び切り高度ですねえ。あらすじは掲げますが、もう、なかばヤケ気味です。これを中学三年生が理解するのか？　ありえなーい、という思いです。

もっとも、今日は老教授も鋭い表情をしています。緊張感が見られます。ま、生徒たちは全くいつもと変わらずけろっとしていますが。

先生が前に立ちましたね。いつものように、いきなりすっと始めるでしょうから、ではまた。

# アンティゴネー

## ソフォクレス作（紀元前五世紀後半のギリシャ悲劇）

あらすじ

幕《まく》が開くといきなり、アンティゴネーとイスメーネー（姉妹）が鋭い議論を交わしている。兄のポリュネイケースは敵方について攻め寄せ、守るもう一人の兄のエテオクレースと相討ちになり、共に死んだのであるが、叔父であり王となったクレオンは、裏切り者ポリュネイケースの埋葬を禁じた。二人の姉妹は、この命令をひどいと感ずる点では一致するが、これに従わずに埋葬しようとするアンティゴネーと、市民たちの決定に基づく命令には背《そむ》けないとするイスメーネーは対立し、イスメーネーはアンティゴネーの協力要請を斥《しりぞ》ける。

クレオンは元老院を招集し、統治の任に就いたその抱負を演説する。親族であろうとなかろうと誰に対しても平等に、国のために、法を厳正に執行するという。だから、たとえ親族であろうとも、敵に加担した者は友＝味方ではないから、彼を何人も埋葬してはならない、という命令を発したのである、という。元老たちは、政治的決定は絶対であり、かつどのように決めようと自由だと答える。

クレオンは、国のことを考えるのでなく自分の利益に釣られて決定に背く者が多いと嘆《なげ》いて見せ、自分の決定に胸を張る。そこへ番兵が現われ、遺体が埋葬されてしまったと報告する。報酬に惑《まど》わされて番兵たちがやったと思い込むクレオンは、わめき散らしながら引っ込む。番兵も出て行く。


その番兵が、今度は埋葬しているところを現行犯で捕らえたと言ってやってくる。この娘がやったので自分は無罪だというのである。その娘はアンティゴネーである。番兵は、アンティゴネーが簡単に罪を認めたという。事実クレオンの問いに対してアンティゴネーは全く否認しない。彼女は、神々の法を前に、人の意向を迎えるつもりは全くない、そのために死ぬとしても、いずれ死ぬ身であるし、そもそも、父を殺し母と結ばれたオイディプースの子であるという究極の不幸を生きる自分にとって死は幸福そのものである、と言う。クレオンは、切っ先鋭いアンティゴネーの論理に、自分よりはむしろ彼女のほうが男のようだと言う。しかし自分と血がつながっていようとも容赦しないと言いつつ、イスメーネーも加担しているに違いないと思い込み、連行するよう命令する。

アンティゴネーはクレオンに対し、互いの考えが全く違うということを強調する。そして市民たちは自分の側だと。クレオンは議決を経ていることを言い、それに考えを合わせろと言うが、アンティゴネーは、市民はただ追従しているだけだと一蹴《いっしゅう》する。かけがえのない兄を尊《とうと》ぶのは誉《ほま》れだというアンティゴネーに、クレオンは、その考えからすると、エテオクレースのほうも兄で、それを倒した者に敵対するはずだと迫るが、アンティゴネーは、共に一人の父と一人の母から生まれたのだから等しい、と返す。敵と味方ではないかに対しては、死ねば敵も味方もないで返し、敵は死んでも味方にはならないに対しては、自分は敵対するためでなく共に愛するために生まれてきた、と宣言する。クレオンは、勝手にあの世で愛し合ってろと捨て台詞《ぜりふ》。

イスメーネーが連行されてくる。彼女も自白し、アンティゴネーを驚かせる。それぞれ生と死という別の道を選んだのではなかったかという分かれ目を強調するアンティゴネーに対して、アンティゴネーなしでは生きていけないと答える。クレオンが、死んだも同然のアンティゴネーになぜ固執するのかと問うと、イスメーネーは、自分の息子の許嫁《いいなづけ》の命を奪うのかと返す。クレオンは、女などいくらも取り替えがきく、アンティゴネーのようなとんでもない女でなく他にいい女はたくさんいる、とうそぶく。

クレオンの息子、ハイモンが現われる。父と息子の対立という線に沿って鋭い論戦が展開される。女などに惑わされずに政治的決定に整然と従うことの重要性をクレオンは説く。しかしハイモンは、その論理がやや独善的になっており、他の考えを理解できなくなっていはしまいか、と遠回しに批判する。しかし息子に諭《さと》されたのを屈辱と捉《とら》えたクレオンは激高する。ハイモンは、だったら誰もいない土地でも統治していればよいと言い捨てる。そしてアンティゴネーを殺せば、もう一人死ぬがそれでいいのか、と言って本当に誰もいなくなることを予感させる。

死に赴《おもむ》くアンティゴネーの長い独白。一人ひとりかけがえのない死者との連帯。生きている者は、夫でも息子でも、別の存在を得るということが可能だが、死者は一人ひとり替えがきかない、と言う。

予言者テイレシアスがクレオンの前に現われ、目を覚まして人々の意見に耳を傾けるように、そして誤りを認めるように、と諭すが、クレオンはテイレシアスがてっきり金目当てに諭しているとしか考えない。それでも最後に折れて、アンティゴネーを解放することに決める。しかしそれは手遅れであった。

伝令がハイモンの死を告げるために入ってくる。それを聴くのはクレオンの妻、ハイモンの母、エウリュディケーである。アンティゴネー解放は間に合わず、彼女の死を知ったハイモンも死を選んだのである。これを発見するクレオンの絶望。しかし戻ったクレオンは、さらに妻の死をも知らされなければならなかった。

今日読むのは、紀元前五世紀のギリシャで活躍したソフォクレスという人の二つの悲劇作品です。前回読んだプラウトゥスの二百五十年くらい前に生きていた人ですね。少しテーマが難しいと思うので、仮にわかりづらくても気にすることはありません。ただ、お話の筋書きはすごく単純なので、一つわかれば全部解ける、みたいな感じですから、今日はそのワンポイントをじっくり行こう。

『アンティゴネー』のほうから始めましょう。

## なぜ埋葬してはいけないの？

クレオンという人が出てきます。この人はテーバイというポリスの政治権力を代弁している。この人が、戦死したポリュネイケースという人のお墓を作ってはいけない、埋葬してはいけない、という命令を出したんだ。この命令に違反してポリュネイケースを弔《とむら》うということをした場合には死刑になっちゃう。これは法律としての効力を持つ、正式の命令なんだ。正規の手続で決定された、つまりは皆で決めたことだから、一人の判断で勝手に破ってはいけないよね。

で、まず考えなければいけないことは、たかが一人の若者のお墓を作るか作らないかなんて、考えてみると、かなりくだらないことだよね。少なくとも皆の運命を左右するようなことではない。しかも、違反したら死刑だと言っている。なんでクレオンはこんな命令を出したの？

――**敵だったから。**

うん。敵だったからだね。だけど、ポリュネイケースはこのクレオンの甥《おい》に当たる。姪《めい》アンティゴネーの兄弟だ。だから、敵だけど、親族じゃないか。それなのにどうしていけないと言っているんだ？

――**親族だけど、裏切って攻めてきて、自分の故郷を破壊した行為がダメだと言っている。**

うん、エテオクレースとポリュネイケースという兄弟のあいだにゴタゴタがあって、ポリュネイケースのほうは追放されて、敵国アルゴスのほうについちゃった。第二回でやったように、家族だったら大丈夫とかいうことはなくて、家族のあいだに恨《うら》みが発生すると、むしろすごいことになりかねないんだ。この兄弟もまさにそのような感じで、お互い憎みあって、相討ちになって両方死んでしまった。ある予言の言葉通りになってしまった。

親族のくせに味方を裏切って、余計許しがたい、みたいな感じかな？　だけど同時に、血はつながっているんだよね。埋葬するのもいけないなんて、クレオン、ちょっと残酷すぎない？　Kw君、このクレオンのものの考え方は、個人というよりは、国家を代弁していると言っていいんだけれど、国家として考えた場合にはどうだろう。

――**家族よりも国を重視するべき、とクレオンは考えている。「親しい者を己れの祖国よりも大事と心得るような輩《やから》も、無に等しい奴だ」とクレオンは言うので**［行番号 183―4］。

いや、すばらしい。そうやってちゃんと肝腎なところを引用できるのはすばらしいことだ。いずれにしても、私の台本でも、このあと君たちにここを開けてもらうことにしていたから。その通り、ここをじっくり読まないといけないんだけれど……「親しい者」は親族と訳さなければならないところです。「祖国」も「自分たちの政治システム」とかのほうがいい。なぜかというと、「祖国」だったら家族と矛盾しなくなる。「祖」は血統の頂点のことだし、「祖国」を表すヨーロッパ語でも必ず「父」を指示する音が入る。ところがこの「国」は近代ならば国家という制度のことだ。だとすると、一つの考え方として、これは真っ当だよね。だって、法や行政に携わっている人が、自分の家族だからといってえこひいきしたら、これはとんでもないことだよね。ある意味では当然のロジックだ。

ただ問題は、さっきの、敵だ、ってところだよね。Hr君、敵はやっぱり死んでも痛めつけなきゃいけないものなの？

——**死んだらそこで途切れるから、もういいんじゃないか。**

そうだよね、だってなんの危険もないものね。それなのに、なんでクレオンは、まだ許せないんだろう。死体を鳥に食べさせるとか言って、徹底的に、死体をもはずかしめようとしている。Tさん、理解できる？　このときのクレオンの感情はどうだろう？

——**なんか、冷静ではなくて**……。

そうだ。坊主憎けりゃ袈裟《けさ》まで憎いっていうのは知っている？　Tさんがいま直感した通り、憎いという感情が高まっちゃって、死体までグサグサにしないと気がすまなくなっているわけだ。

## クレオンの矛盾

しかし、ここまでの話を総合すると、このクレオンという人は矛盾していないか？　難しい質問だからゆっくり考えて。

――……？

片一方は、友が大事で、敵はとことんいじめる、というものの考え方。それから片一方は、親族だからといってえこひいきしてはいけない、という考え方。どちらも一理あるよね。ただ、よくよく考えると、この二つの考え方は矛盾している。どこが矛盾しているんだろう？　解く鍵を握っているのは、親族ってなんだ？ということだ。O君が、Kr君はまあ弟だから許せる、でも木庭先生は許せないよ、他人だもの、とか言ったときに、これは何をしている？

――えー……？

血がつながっているということを何のために使っているんだろう。なんでいちいち区別しなきゃいけないの。大人たちを見てごらんよ、場合によってはDNA鑑定なんかしちゃっているよ。じゃあ、君が給食当番で、今日の給食は手違いで少し足りなかったとしよう。どうする？　親族には給食を出すけど、あっちの他人には給食を出さない？

――**いえ、量は少なくなるけど均等に分けます。**

おお、すごい。じゃあ逆に、親族にしか給食を出さないという人は何をしているんだ?

——**区別、差別。**

何を区別している?

——**人……。**

おかげで人の何が作られちゃった?

——**集団。**

その通り。親族はなぜ区別するか、親族ってものになぜ人間がこだわるか、というと、それは「集団」を概念するためだ。集団を作って区別する。Aグループは私と血がつながっている人、Bグループは血がつながっていない人、とかね。もうちょっと厳密に言うと、Aグループは A さんの子孫、Bグループは B さんの子孫、と、こうやって分けるわけだよ。ちょうど君たちのクラス分けと同じで、社会の中で人を集団で分けるときに、この親族のシステムを使う。

そうすると、もとの質問に戻って、クレオンは矛盾しているよな?

——**「友は大事に」と言っているのに、「友であるべき親族を許さない」と言っている。**

うん、その通り だ。ここはもうちょっと解説しないといけないね。ここは申し訳ないけれどギリシャ語を出さないといけないんだ。いま開けてくれた「親しい者を己れの祖国よりも大事と」の「親しい者」、これは親族を表すと言った。これは目的格でフィロン philon(主格 philos ピィロス)、正確には「ピィロン」というような音なんだけれど、「フィロン」と表記すれば少し連想が働くよね。フィルハーモニーとかフィロソフィーとか、なにかを愛好するという意味が浮かぶよね。さて、もう少し先に「友」という言葉が見える。「この国に仇《あだ》する者は、断じて自分の友とは見なさぬ」[187]。これもフィロンで、実は同じ言葉を使っているんだ。ギリシャ語では「親族」と「友」は同じ言葉なんだ。ギリシャ人だったら、同じ言葉だから皮肉が通じる。親族なんかにこだわるべきではないと言っている、そのほんの数行後に、あれ？ 親族にこだわっているじゃん、敵味方にこだわっているじゃん、と。

つまり、敵味方関係はイケてるけど、親族関係はダサい、とクレオンは考えているけれど、しかしその敵味方関係の内実は、親族関係とあんまり変わらないよね。だって敵味方の発想というのは、集団と集団を作って、このあいだでやったりとったりしましょう、というものだから。結託《けったく》する場合もあれば、暴力の応酬をする場合もあるわけだけれど。結局おんなじだ。ということはこのクレオンというおじさんは、もう初めっから、無残にも矛盾している。内容でもわかるはずだけれど、ギリシャ語を読むと、もっとほくそ笑むというか、同じ言葉を使って反対のことを表現しているから、皮肉がストレートにきく。

いまちょっとだけ、本物の文学の瞬間に触れてもらいました。文学はこういうふうに言葉のあやを使って非常に高度なことを表現する。ギリシャ悲劇は、ローマ喜劇もそうだけれど、こういう高度なしかけが分厚く積み上がっている。だから何度読んでも、いろいろな意味を汲《く》み出すことができるんだ。その序の口のような例を君たちにちょっとだけ味わってもらった。

結局、クレオンは集団思考から抜けられない。その点では一貫しているんだけれど、その集団思考というのは深く内部で矛盾しているんだ。だって、区別ないし差別をする。集団というのは味方の内部は差別するな、という原理で成り立つ。味方の中に敵を作ってどうするんですか。でも、集団思考である以上、区別と差別をしなければ生きていけない。

今日見てもらう政治という組織、ポリスは集団思考の克服、つまり差別なしを表している。特別に差別を禁ずる。「法の下の平等」という言葉を聞いたことがあるよね。行政が親族をえこひいきしたら大変だ。この原理を「味方の内部は差別するな」という原理と取り違えて、「敵と対決するために味方は団結しろ」という方向に混乱し、政治の大原則は敵と味方の対決だ、と誤解しちゃっているのがクレオンなんだ。これはこの作品で鋭く批判される病理だ。そういう批判が紀元前五世紀のギリシャで定着していた証拠だ。悲劇というのはギリシャ全域で、いやその外、ローマやガリアでまで非常によく上演されたからね。二十世紀の、ナツィスに協力した、一部で有力な公法学者もクレオンと同じように混乱したけれども。公権力の単一性と友敵《ゆうてき》関係をくっつけた。ソフォクレスはこの混乱を抉《えぐ》り出した。

## クレオンの悪口大会

Y君、このクレオンというおじさん、だいぶ矛盾しているらしいけれど、ほかにはどこが変だった?

――**人が信じられないような感じ。**

その通りだ。ここはみんなに言いたい放題言ってもらおう。とにかくこのクレオンをボコボコにするというのが（笑）、この芝居を読む最大の楽しみ。悲劇なのに喜劇と言ってもいいくらい面白いから。Mさんはどう、この人？

――**う－ん、なんか強情っぱりというか。自分の意見を貫き通そうとしている。**

そうだ。でもそれは必ずしも悪いことではないよね。自分の考えはあくまで通すっていうのはある意味では立派な態度だ。この強情という点は、さっきも言ったけど、このクレオンという人は実は政治とか国家を象徴しているから、決めたことを簡単にグズグズにしてはいけない、ということを表現している。その点はいいんだけど、このおじさん、その強情の裏腹としてちょっと致命的なところがあるよね？

――**他人の意見を取り入れられない。**

その通りだ！　他人の意見を聞くということ、これがこの人はできない。まず理解することができない。なんのためにそれを言っているのか、何が言いたいのかがわからない。

ほかには？

――**強情と似ちゃうかもしれないんですけど、ひたすら同じことを言っていたわりには、最後にあっさりポキッと折れちゃって……ちょっとイラつく。**

――**（笑）。**

そうだねえ（笑）。一つの考えから離れられないんだね。硬直してしまっている。どういう内容の考えに硬直してしまっているだろう？　例えばＳｚさんがここで木庭先生の授業なんか聞いている、これをクレオンはどう思うだろう。きっと、こう思うよね。あ、Ｓｚさん今日も来てる、どうせ、なになにだろうって。

**――自分の利益を考えている？**

その通りだ、利益、それが決定的だ。だけど利益の中でも？

**――お金。**

お金だ。お金に換算しうるタイプの利益。この人、人を見ると、カネ目当てだと思うわけだ。だからＳｚさんがここに来ているのは、きっと木庭先生がいくらか払っているに違いないと思う。

テイレシアースという預言者が忠告をしてくれたよね。「国がこのように病むのも、あなたの了見のせいじゃ。［中略］死者には譲《ゆず》り、世になき者を鞭打たぬことじゃ。死者を重ねて殺《あや》めるのがどうして武勇かの」［1015–30］というところだけど。「死者を殺す」という語義矛盾が綺麗に皮肉られている。「国」というのはポリスで、政治が病んでいると批判しているんだ。これに対してクレオンはどう言った？

**――せいぜい儲けるがいい、予言者はお金が好きだからな、と。**

そうだ。クレオンは一見、親族だからといって法を曲げるわけにはいかん、とか言っているけど、この利益志向という点からすると、どうだろう？

**――利益優先だから、表ではそう言っていても、裏では、お金をもらったらなんでもする？**

うん、お金に弱いだろうね。お金を批判する癖にね。この人が、埋葬したら死刑だとか言うのも、重い刑罰を科しておけば、きっとみんなやらなくなるだろうという考えがあるからだ。罰金を科しておけば、そんなお金を払わなきゃならないならやめておこうか、となって、誰も違反しなくなるんじゃないか、という……これは今でも、というか、今でこそ、とっても支配的な考え方だ。だいたい人間はすべて利益で動くと想定して、そして法律を作りましょう、という考え方は普通なんだね。でも、利益で動く人々はこれまでこの授業で散々見てきたね。彼らは何を作るんだった?

**——集団とか徒党とか?**

うん。利益ですべてを考える考え方というのは、実は集団と集団が何かをやったりとったりしているときの基本的なものの考え方だ。例えば、ツルんで土地なんかを占拠して、他の集団と対抗する。このときいろいろなことを交換してツルんでいく。分け前をやるから協力しろとか、見逃してくれとか。相手の集団とも時々手打ちをするよね。利益を山分けするんだね。

## 血と土、そして利益思考

でも、ここではクレオンが体現しているはずの政治、まあ近似的に近代に引きつけて言えば国家だね、これが利益思考に固執して他の事を全く考ええなくなっているということがここで批判されている。政治は、集団のこういうゴタゴタした利益交換を払拭《ふっしょく》するためのものだったではないか。それがどうしてこういう利益思考になっちゃうんだ、という問いかけが実はこの作品にはある。

いや、利益思考批判まで利益思考に冒《おか》される。これはどろどろの敵味方思考に陥ることと関係しているのではないか。敵味方思考は究極の集団思考だ。その集団への帰属原理のうち、最も強力なのは血と土、血縁とテリトリーだ。

で、なぜ血と土になるかというと、実はデモクラシーと関係している。デモクラシーについてはまだ何も説明していないので、難しくなるけれど、集団を排除する正しい政治的決定に対してさえ例えば人権のためにノーを突きつけるのがデモクラシーだ、くらいにひとまず考えておいてください。そのノーを突きつけるとき、土地に貼り付いて連帯する、政治的決定に動かされないように抵抗する、「土から生まれた」者、その土地の人という意味だね、そういう人どうし連帯する、という動機が現われる。前回市民権の説明のところで少し触れた。有力者の子分が入り込んできてかきまわすのを排除するために、メンバーを血縁とテリトリーで閉鎖する。団結して自由を守るためだ。しかしこれが政治を駆り立てて、敵味方思考を経て、むしろ民衆が戦争に向かわせる。利益思考と並ぶデモクラシーの病理だ。クレオンは、実は典型的なデモクラシー時代の政治指導者として描かれているんだよ。そういう政治やデモクラシーに対する内側からの反省が当時あったんだ。

血と土は文字通り集団がテリトリーを要求して拡張しようとするから、端的な利益思考でもある。しかしデモクラシーは、どうしても人々を集団思考にするもう一つ別の回路を持っています。デモクラシーは個人を一層自由にします。皆で連帯してボスと集団を解体するぞ、という自由ばかりでなく、一人ひとりが自分の幸福を追求する自由というものをもたらす。ペリクレスというアテーナイのデモクラシーを代表する政治家は豪語《ごうご》しました。アテーナイでは、たとえ他人がどんなに迷惑に思おうとも、その人が自分の幸福を追求している以上は喜んでそれを許す、と。だからもっともっと集団から遠くなったように誰もが思うのも無理もない。

けれども、一人ひとりが自分の幸福を追求する自由というものは、個人を犠牲にしようとする集団をブロックするという自由擁護とは異なって、幸福実現の資源を求め、競合し、それぞれ応援団をえて、結局集団を生み出します。個人の幸福からスタートしながら、そうした幸福追求の集団と集団のはざまで個人を犠牲にしていく。例えば現在の憲法学でも、裁判所でも、幸福追求と幸福追求がかち合ったらどうするか、どちらが優先とも言えないよね、仕方がないから調整するか、デモ行進も大事だが、快適なドライヴも大事だよね、人権も大事だが、他の事も大事だ、どちらも利益と捉えてその間を調整しましょう、などとやっている。個人が飛んでしまう。

利益思考は当時、デモクラシー盛期の紀元前五世紀後半のギリシャの思想において一世を風靡《ふうび》しました。そして同時に、この作品に見られるように鋭い批判をも生みました。

注意しておきますが、利益思考批判というのは、自分の利益を考えずに皆のために奉仕しろというのではありません。まして、一人ひとりの事情を具体的に考慮しましょうということを否定するのではありません。今もちょっと言いかけたように、集団が個人を犠牲にしていくのを批判するのです。まさにこれをこの作品で見ます。ギリシャでも、プラトンなどが少々混乱した利益思考批判をこの後展開していきます。相手は個人なのに、まずは政治システムが優先なのだ、絶対なんだ、という方向に私的利益批判を持って行きました。クレオンと似てるでしょ？　そこに、これは全く誤解なのだけれど、全体のために奉仕するのがよいという思想を勝手に読み込む近代の人がいます。プラトンだってクレオンだって、流石《さすが》にそんなことは言っていない。自由をもたらす政治システムが優先だと言っている。

さて、いずれにせよ、まずはクレオンに着目して、これまでの回で見てきた問題と似たような問題があるね、ということを確認しました。一回目、二回目、三回目と、利益で思考する人々が蠢《うごめ》く集団が出てきた。この集団を解体するにはどうするか、その集団によって犠牲にされる個人を救うにはどうするか、というのがこの授業で考える問題でした。

本当は、『アンティゴネー』は、いま少し言ったように、政治という道具でこの集団を一旦解体した後に、しかし集団がデモクラシーの病理と共に復活してきたのを、どうやってもう一度解体するか、という話だ。けれども、凡《おおよ》そ最初に集団を解体するにはどうしたらいいか、という問題を考える場合にも参考になります。しかも当然、その集団解体は進んだヴァージョンになるよね。デモクラシーにまでなって、集団解体装置を再建するのだから。本当はホメーロスのテクストで解体の秘訣を見なければならないんだけれど、流石に非常に複雑になるから、ヴァージョンアップして高質画像で鮮明になったところをお見せします。

## アンティゴネーは血縁主義？

そのために、次の問いが鍵になる。ちょっと厄介な問いだ。答えは一つではない。三つ四つ答えを積み重ねなければ問題に迫れない。

W君、アンティゴネーは埋葬禁止にもかかわらず、埋葬しちゃうよね。これはどうしてでしょうか？　この問いを考えるということは、つまりクレオンが象徴する集団に逆らった人がアンティゴネーなのだから、この集団をどうやって解体するかということのヒントになるよね。

その最初の手がかりとして、一般的にはどう解釈されているかということを紹介しよう。クレオンというのは近代的な国家を代表している、それに対してアンティゴネーは古い親族を代表している、「国家」対「親族」の大激突である、というのが通説なんです。これは伝統的な読み方で、ヘーゲルなどの大哲学者たちもみーんなそういう解釈なんだけれども、つまりアンティゴネーは、なんのことはない、血のつながった兄弟にいつまでも固執している、単なる血縁主義者なんじゃないか、という疑いがかかっていることになります。どうですか？　W君、やっぱりそうですか？

**――兄というのは、攻め込んできた敵だけど、もう亡くなっちゃっているから……。**

おお。アンティゴネーは、いずれにせよだよ、その意味をこれから考えなきゃいけないけれども、とにかくポリュネイケースが死んでしまっているということを決定的なポイントにしている。死んでしまっているから、という理由付けが一貫してある。このことが説明できない解釈はダメだね。死んでいて、まだ排除するということをすると。それ自体とってもおかしなことだし、非論理だし。それに対してノーと言っているのであり、その限りで、血縁一般を大事にするとかはぜんぜん言っていないよね。

F君、おんなじ質問だけど、アンティゴネーはどうして埋葬禁止に逆らうんだろう。で血縁主義かしらやっぱり。

**――埋葬禁止というのは神々の掟《おきて》に逆らうから、神々の掟にしたがって埋葬しなければいけないと考えているから。**

おお、これも出るねえ、ちゃんと。その通りだ。神々の掟。「あなたのお触れは死すべき人間の作ったもの、そんなものに、神々の定めた、文字には書かれぬ確固不動の法を凌《しの》ぐ力があるとは考えなかった」と[453–55]。

じゃあS君、アンティゴネーはちょっと信心深いおばさんだ、というそれだけの話か？

**――いや、違う。**

違うなあ、信心深いおばさん、という感じはないな、ぜんぜん。S君、F君のフォローに入ってもいいし、最初の質問に戻ってアンティゴネーはなぜ埋葬禁止に従わないかという点について君の観察を述べてもいいし。

**――前の二人の意見はどちらも正しいと思ったんですけど。**

うん、私もそう思う。どっちが排他的に正しいということはない。どっちも大事だ。しかも早くも二つも出ちゃったので。

**――あと二つあるんですか？**

（笑）、なんでわかるの？

**――四つって言っていたから、先生が。**

**――（笑）。**

言った？　うん、じゃあ、それは、言わないはずだった。

**――（笑）。**

生きているのと死んでいるのと、どこが違うかやってみる？

**――いや……。**

やりたくない？　ふふふ。

**――四つの要素が、いま言った二つの中から派生して得るものなのか、それとも、この文章の中に四つバラバラのものとして転がっているのかがわからない。**

なるほど鋭いねえ。ぜんぶつながっているので、前者だ。

じゃあ、S君はきちっと読めるから、血縁主義じゃない、ということの証拠をここから出せるか？　出せるんだよ、わりと簡単に。

**――……？**

本当に血縁主義者だったら？　血縁はなんでもいいはずだよね。

――［Ｋｍ君］もう一人いる……。

うん？　あ、どうぞ。

――**お兄さんがもう一人いるのに、反乱を起こしたほうのお兄さんだけに……そっちのほうを重視している傾向があるから、必ずしも、血縁主義だったら両方とも重んじるのに、下のほうのお兄さんだけをやっているから、血縁主義者とはいえない。**

おおすごい。その通りだ。でもＫｍ君が何を言ったかわかった？　アンティゴネーはクレオンをこう批判している。つまり、クレオンが敵味方のパターンにこだわって、こちらはプィロス、そちらはプィロスでない、とか言っている。プィロスは同時に血縁を意味するから、クレオンこそ血縁主義だ。それが証拠に、とアンティゴネーは駄目を押す。致命的なところを突く。自分は敵についたポリュネイケース個人を問題にしている、たとえ敵であろうと血縁があるから埋葬せよ、とは言っていない、それだと、ポリュネイケースはエテオクレースと一緒だから埋葬せよというロジックになるはずじゃないか。ところがＫｍ君が鋭く言うように、自分はポリュネイケースの埋葬だけを論じている、切り離して個人としてのポリュネイケースを捉え、他を完璧に捨象しているのである、と。

言葉を解釈するときには、必ず何に対して何かということを詰めよう。アンティゴネーは、肉親なのに埋葬しないということに反対しているのではない。敵だから埋葬しないという考えに反対している。だからアンティゴネーは見事に反血縁主義だ。そうに決まってるじゃん、とＫｍ君が言った。その通りだねえ。すごいね。血縁主義なら集団主義で、エテオクレースとポリュネイケースを一緒にして、差別するな、というような線で言うはずだからね。それがアンティゴネーの主要な論拠でないということをＫｍ君は読み取ったわけだ。

ここで君たちに読んでもらわなければいけないのは、行番号で５２３かな、ちょっと読んでみてくれる？

――**「私は憎しみを共にするのではなく、愛を共にするよう生まれついているのです」**。

そう、これはものすごく有名な台詞《せりふ》なんだけれど……ただ、「生まれついている」という表現をすると、いろいろな性質の人が世の中にはいるよね、私はどちらかというと愛が好きなタイプ、とかいう感じになる。こんなことは言っていないんだよ、ぜんぜん。

そうではなくて、ここは、シュンプィレインという、ソフォクレスが作った造語なんじゃないかと思われるような動詞が不定形で出てくるんだけれど、シュンっていうのは、英語でもシンパシーとかシンポジウムの接頭辞になっているよね、「一緒」という意味だ。シュンプィレインは「一緒に愛する」「共に愛する」という意味になる。で、エプィュン（「生まれた」の完了形）をストレートに結び合わせて、「共に愛するべく生まれてきているんだ」と言っている。だから性格論を言っているわけではない。わかるよね、シュンプィレインとは、敵味方のあいだに橋をかける、ということだよ。敵味方の発想をしないということ。分断しないということ。しかも、生まれてきたと言っている。この人はこれから死ぬんですよ、これから死ぬ人が生まれてきたと言っている。この点もすごいです。

シュンプィレインが人間の存在、それも生死を越えた存在の意味だと言っている。デカルトのコギトー（「われ思う」）に匹敵する部分にシュンプィレインが来る。「われ愛を分かち合う、故にわれあり」とアンティゴネーは言ったことになる。私は共に愛するために生まれてきた、というのは、なんという究極の台詞でしょうねえ。ハムレットの「to be or not to be」と同じくらい有名であっていい。

## 鋭い言葉遣い

**――えっと、それから、妹のイスメーネーが、「一緒に埋葬の責任を負うつもりです」と言ったのに、アンティゴネーは、「正義がお前に許さない」と言って拒否している。妹のイスメーネーとも、違う道を行っているので、血縁主義ではない。**

またSzさんに流れを中断して先回りされたなあ。でも大歓迎だよ。イスメーネーのことはあとでやるけれど、アンティゴネーは、誰の考えとも異なる自分の考えを持ってこれを貫くのだから集団主義のことである血縁主義であるわけがない、というのは強力な論理だね。ここに出てくる正義、ディケーというのは真っ直ぐで並行で交わらないという意味だ。

君たちに読んでもらったテクストだと、イスメーネーとの対話でも、クレオンとの対話でも、アンティゴネーはぶっきらぼうで、やけに尖《とが》った喋《しゃべ》り方をすると感じなかった？　これはちょっと翻訳の勇《いさ》み足で、ギリシャ語にはそういう部分はぜんぜんない。そうではなくて、ほとんど論文みたいな難しい言葉で、理路整然とアンティゴネーはしゃべる。情緒的な血縁主義とは正反対。集団に寄りかかったりはしない。

さっきも言ったように、アンティゴネーというのは、合理的な近代国家に対して、オイコスというんですが、家的な、あるいは血の絆《きずな》を主張した女、とされてきました。さらに最近では、ギリシャを古くさく見る方向ではなく、ポストモダンとかフェミニズムの分野で反合理主義や反近代主義の旗手《きしゅ》にされてしまっている。しかし、冗談いっちゃいけない。シャープな抽象能力で、とことんクレオンを理論的に追いつめるような知性の持ち主が、家族とか血縁とかにどっぷり染まった原始的なメンタリティの女、であるはずがない。かえって、或《あ》る種のポストモダンとかフェミニズムは実はただの集団主義ではないかという尻尾を出させる試金石にさえなっている。

アンティゴネーの妥協のない鋭い論理構成はただ一人になっているから出てくるのだけれど、だからクレオンが言うでしょ。「おお、これは女じゃない、男だよ」とか。あ、そうだ、クレオンの悪口大会の中でもう一個、忘れているのがあった。なんだと思う?

――**女性蔑視《べっし》**。

そうね、女性蔑視というか、なんでも男、女で区別する。なにかあると、あ、これは男だな、あ、これは女だな、とか言って(笑)。要するにこれも集団なんだよねえ。男グループと女グループでしか物事を考えられないんだ、クレオンは。個人で物事を考えられない。だからこの場面も笑っちゃうよねえ、どうもあの人は女性が理路整然とものを言うとよくないらしい。

もちろん、男女というのは、クラッシフィカシオン（classification）というのだけれど、この区別から豊富なイマジネーションが湧《わ》き出て、われわれの頭の中を豊かにしている。恋愛小説なんかそうだよね。あ、それどころか前回読んだ喜劇があるね。女たちの連帯が大きな役割を果たしていた。男女の区別のシステムが記号として働いて、社会の中の自由という大事な事柄を説明していた。あれは決して女性解放の劇ではない。紀元前二世紀の女性の台頭を背景にはしているけれども、もっと高いレヴェルのことを言っている。アンペリスカは高い理念を体現している。男女の区別が活きている場面だ。でも反対に、一人ひとりを捕まえて、おまえは男だろ、だから男集団に属していろ、とか言われると腹が立つよね。男らしくしろ、とか、男でござる、とか。女とだけ恋愛しろとか。もっとも、この反発から記号としての男女の区別まで攻撃する旧式のフェミニズムも集団主義になっているのだけれども。二つの集団を設定して、対等に扱えと言っていることになるからね。

## 死ぬとどうなるか

おっと、横道にそれたから、W君やF君が言ってくれた点、Km君やSzさんが言ってくれた点、を基礎にしてまとめていこう。

さて、ポリュネイケースは死んでしまっているということがどうやら重要らしい。テクストで言うと、行番号900を過ぎたあたりかな。Kw君、そのあたりに、アンティゴネーの台詞で、なぜ死んでしまった人が大事なのかが書いてある。やっぱり親族主義ではないということがはっきりするんですが、なんで死んだお兄さんは特別なのかな？

**――「夫ならば、たとえ死んでも別の夫が得られよう。子にしても、よし失ったとて、別の男から授《さず》かれよう。しかし、母も父も、冥界《ハーデース》にお隠れになった今となっては、また生まれ来る兄弟などありえぬのです」**［909–12］。

その通りだね。こういうロジックを使っている。正式の政治的決定を斥《しりぞ》けるどうしようもない論理の力があるということを言っている。「夫が死んでもまた別の人が夫でありうる。子が死んでも別の夫から得《え》うる。しかし父母が死んでいる場合兄弟はもう現われない」という極めて乾いた論理的演算を行っている。これは何を言っているかわかった？

**――うーん、ここからだけじゃないんですが、アンティゴネーが死にたがっているのかなあ、みたいな、そういうふうに考えたんですけど……。**

うん、でもその死の意味だね。

**――……いま読んだところから考えると、死後の世界というものを信じていて、そこに行けば兄に会えるとか、そういうことを言っている。**

うん、だけどここは、解釈しなければいけないところだね。なんでそんなことを言っているんだろうか？

一つの解釈は、さっきと同じで、アンティゴネーは信心深くって、死後の世界を信じている信者なんだから仕方がないよ、というもの。だけど、この答えはあまり正しいと思えないよね。だって、だったらアンティゴネーは信者集団にでも属しそうだけれど、ところがアンティゴネーは強烈な個人だ。アンティゴネーが死を選ぶということについては、別の解釈を考えなければならない。死というものをどういうふうに考えるか。

Tさん、人は死ぬとどうなるかな？　生きている人と死んでいる人とはどう違うだろう？　僕がばったりここで死んでしまったらどうなる？

**——それは、意識を失って……え？**

まあ、気持ち悪いよね（笑）。ギャーッと叫んで救急車呼ぶよね。

**——（笑）。**

私が死んで横たわっていると、今の私とは違う。死んじまったら？

**——もう動かない。**

何をとりわけ動かさないだろう。私は授業中、いろんな先生の中でも、わりと何かを動かすタイプだよな。何を動かすタイプ？

**——手足。**

そうだ、死んだら手足が動かない。手足が動かないと何ができないだろう？

**——戦えない。**

すばらしい。戦うというのはどういうことだ？

**——蹴ったり殴ったり。**

それは、なんだ？

**——暴力。**

暴力をふるえなくなるんだ。暴力をふるうのは何？

**——力があるやつ。**

そう。力があるやつが暴力をふるう。でも、レスリング部？　ボディビルのチャンピオン？　違うなあ。ふつう何が暴力をふるうんだ？

**——集団？**

そうだ！　んなこと言ったって、一人だって暴力をふるっているよ、と言うかもしれないけど、あれはまあ、一人の集団がやっているんだ。しかも一人でやっているように見えても、安心してやっている以上は、誰かが後ろにいたりする。バックに集団がいたりする場合が多いわけだ。だから、実力、暴力は、必ず集団でやる。体があって、手足で組んで、それでやる。

**——暴力をふるえない。**

そうすると、死んでいる人は生きている人と違って？

さらに？

**——集団も組めない。**

集団も組めない。無理に組ませることもありうるけれどね、観念的に。しかし、少なくともアンティゴネーの頭の中では、一人の人が死んでしまっているということは、集団から切り離されて、一人になっているということを意味する。もう集団に加わって、戦ったりはしない。だから弔《とむら》いたいと言っている。一人だから。

## 埋葬の意味

そうすると、Y君、さっきKw君に読んでもらったところの意味が少しわかってくるよね。子供ならまた出てくるかもしれない。配偶者だって替《か》えが出てくるかもしれない。でも死んだ人は？

——**替えがない**。

その通りだ。一人であるばかりか、いや、一人であるからこそ、この人は替えのきかない一人だ。歴史の時間の中で、ずーっと長い時間軸の上で、一点、ユークリッドの幾何学みたいな点がポツンとあって、ここは替えがきかない。死んじゃうとそうだろう、というわけだ。生きていればまたつながったりするわけだよ。だけど死んでしまっているので、ただの一点だ。死者を悼《いた》む気持ちはここから来る。集団の一人が減ったね、などとは誰も思わない。誰とも違うあの人がいなくなった。このことがとてつもなく悲しい。誰とも違う、ああいうところがあったよね、こういうところもあったよね、と止めどもなく思い出されてきて痛切だ。その人の埋葬をする。

埋葬をするというのは、ここは難しいんだけれど、死んでしまったこの人に、小さな小さな、よく区切られて、地上げなんかされて組み込まれたりしない、居場所を与えるということだ。一旦死の世界、つまり現実でない世界に行っているから、これを再度現実化すれば、それは儀礼になる。儀礼は現実の中によく画《かく》された空間をもたらす。しかも現実の側からの実力が届かない。なにしろ現実を超えた現実だからね。それで死者を尊重しうるというわけだ。これが埋葬するという意味。

これを尊重するということは、相手も当然尊重するだろうから、尊重しあって連帯するということをしたい、とアンティゴネーは言っているわけだよ。だけどアンティゴネーのほうはどうだろう。これはさすがに生きているんだから、集団を作っているかな?

**——いや作っていないです。**

どうしてだろう。

**——同じ考えを持っている人がいない。**

すっばらしい。Szさんがさっき先回りした点だけれど、このことはすごく重いことだ。気がついたかどうかしらないけれど。

アンティゴネーの考え方の特徴は、他の全員の考え方と自分は違っているだろうと思っていることだ。迎合しない。絶対にしない。国の命令が出ていても自分の考えをあらためない。陳腐な普通の考え、いや、どうせ皆がそう考えているだろうと勝手に決め込んだ考えに独りよがりで追随することばかり考えているクレオンと対照的に描かれている。

それで神々の掟が出てくる。そういう意味だ、神々の掟というのは。わけのわからないとところから権威が降ってくるというのでは全然ない。そこで絶対的に切れているということ。その先がない。その先があれば、「だって」とか。「まあ、いいじゃん」とか、「あれもあるし」とか、混ぜっ返したり、懐柔《かいじゅう》したりできる。いや、その先はなにかの権威につながっているかもしれない。どうしてこうなった？　誰のせいだ？　と喧々諤々《けんけんがくがく》やっていても、神々の仕業《しわざ》だから仕方がない、となると、そこで話は終わってしまう。まあ、ギリシャの場合、この絶対の神々をも文芸化して批判の対象としはしたけれども。

Szさんが言った通り、アンティゴネーはいちばん親しい妹のイスメーネーとさえ、考え方が違う。しかも、イスメーネーの考えも尊重している。ああ、あなたは向こうに行くんですね、いいですよ、私はこっちに行きます、と。

本当はここはもっとすごい背景があってね。アンティゴネーのお父さんはオイディプースという。これもギリシャ神話で有名だと思うけれども、オイディプースはこのテーバイというポリスを救うんです。そして救ったがために請《こ》われてそこの王様の未亡人と結婚して自分が王様になる。ところがこの未亡人は、なんと自分のお母さんだったんですね。知らなかった。しかもある事故の中で、その夫、つまりお父さんを、知らずに殺していた。したがってオイディプースは知らず知らずのうちに、お父さんを殺して、お母さんと結婚するという、極悪非道の人間であった。しかもこれを自分で追究して暴き出した。自分でもなにかおかしいというので、調べて調べて調べまくって、まさか、まさか、あー、やっぱりそうなんだ、自分が犯人なんだ、と。

このオイディプースは、ソフォクレスの作品では、デモクラシーの最も高貴な知性の持ち主として造形されている。デモクラシーの精神というのは、単に厳密な議論で物事を決定するというだけでは足りない、その前に厳密に調査してデータを取ったり、データの信憑《しんぴょう》性を吟味したりとか、二重三重に厳密にする。だからここから歴史学や哲学が生まれる。これらがギリシャで生まれたという話は聞いているはずだと思う。

だからソフォクレスもデモクラシーを批判するために書いたのではありません。その究極の問題点をなおあぶり出そうとしました。デモクラシー万歳で安住するようなのはデモクラシーではないということです。デモクラシー自身について徹底的な病理分析の手を緩《ゆる》めない。これがデモクラシーだという誇りがある。

そのオイディプースの結末についてはいろいろなヴァージョンがある。自分で目をつぶしたとか、自分で死んでしまったとか。この芝居では死んでしまったヴァージョン。というわけで、アンティゴネーはこういうオイディプースの言わば穢《けが》れた結婚から生まれた。したがって差別を受けかねない、受けている、というふうに設定されている。そうするとアンティゴネーはその観点からしても、死にたがっているとさっき言ってくれたけれど、ふつうの意味の「死にたい」ではないよね。まあ、この世というものに、いっさいの希望を持てない人物として描かれている。いずれにしても完璧に一人になっている。で、こっちの死者も、完璧に一人になっている。デモクラシーを突き詰めるからこそ生まれる病理をアンティゴネーは体現していることになるけれども、すごいのは、これが反転してデモクラシー存立《そんりつ》の基礎になるところだ。

その基礎として、生死をまたぐ連帯が提示される。だってそうでしょう？　アンティゴネーにしてみれば、ポリュネイケース、つまり死者が生き返ってくれればいいけれども、そうはいかないので、連帯のためには、アンティゴネーが死ぬ以外にない、と。いや、ポリュネイケースは死んだからこそ一人になったのだから、どうしても死の世界のほうに行くしかない。一方通行だ。ということは、死の世界は、究極の一人になった者、そう、敢《あ》えて言えば窮極の一人になって生きていく者、その世界を意味している。これは『近松物語』を観たからわりとわかる発想だよね。本当だったら、ギリギリまであの二人も一緒に生きていく。いや、最後の馬上の二人の晴れ晴れとした表情は、まさに生きることとして考えている。死を礼賛してなどいない。

ギリシャの文学というのは、こういうオイディプースとかアンティゴネーのような、ものすごく強烈なキャラクターというのを生み出して、こんなのに触れると、どうしても物事を一生懸命考えざるをえなくなるわけだね。

## 神話の文芸化

ついでに言っておくと、「ギリシャ神話」というのは神話ではないから。神話というのは、皆が漠然と信じていて、人々がそれに動かされている、そういうものです。ギリシャの人々は徹底的にこれを解体した。宗教と神話は違いますが、宗教をも解体しました。

ホメーロスの叙事詩がもうすでにそうですが、わざと特定の話を拵《こしら》えて、これを徹底的に文芸化し、共有した。フランス語のことを「モリエールの言語」と言います。フランス国籍を与えるかどうかのテストについて、「モリエールの言語」の能力を試すなどと言います。同じように、ギリシャ人というのは、たくさんの独立のポリスに分かれていますが、ホメーロスの韻文を共有していて、これが唯一のメルクマールです。庶民に至るまで暗唱していたと言われています。だって、本になっていない。口頭で伝えられていたんです。

その内容が、荒唐無稽《こうとうむけい》で、全然現実と関係のない、ただの作り話です。登場人物は模範《もはん》にならない。極端に欠点だらけです。神々さえそうです。神々は自由ですから、嬉しそうです。人々も神々も大変に魅力的です。ゼウスの奥さんである女神ヘーラはお肌の衰《おとろ》えなんか気にしていて、サンパ！　ホメーロスの筆は肌の衰えなどを残酷に描写します。いずれにせよ、人々も神々も非常に個性的で一度味わうと忘れられない。これを意識の中に共有するということは、全然お手本でない、ああしろこうしろのお説教とは全然反対の言語、ひたすら反省的批判的にのみ作用する言語、つまりなにか現実を規律するところが全くない言語、を共有するということですから、皆で反省と批判を戦わせる材料だということになります。そういう媒体ができあがった。

だから、ギリシャの文学はこのコードを必ず使います。勝手なところから素材を持ってくることはなしです。実は、政治を可能にする新しい性質の社会組織が出来上がるときに、この文学が決定的であった。これが政治を成立させた。だからこそギリシャの人々のアイデンティティーは血統とか宗教とかではなくてホメーロスの韻文になる。

紀元前八―七世紀のホメーロスから時代を経て五世紀になると悲劇というジャンルが成立します。悲劇になると、単に参考にならない面白い人物というのでなく、救いがたい人物、救いがたい境遇に置かれた人物が登場します。それをどうするか、という一段高度な問題を政治に突きつけます。個人の自由を実現するシステムである政治にさらに。ホメーロスのメッセージに強烈なノーを突きつけ、政治をヴァージョンアップしてデモクラシーを立ち上げているのです。実際、ホメーロスのテクストに精通していなければ悲劇は一行たりとも読めません。要するに、悲劇を普通の神話だろうと思うと、とんでもなく間違えます。そもそも、ギリシャ神話ではこういう話になっている、というのは嘘です。文学ですから、ありとあらゆるヴァージョンがあって対立しているのです。だから、そのへんで行われているギリシャ神話の解説に気をつけましょう。

## イスメーネーはなぜ姉につく?

さて、さっき先回りされちゃったイスメーネーの話に行こう。アンティゴネーとイスメーネー、この二人、そういうわけで考え方が違う。だけどイスメーネーは、これも単なる妥協とか日和見《ひよりみ》とかでは全然ない。一応政治が決定したことにはきっぱり従わなければいけない。それにむやみに逆らってはいけない。そんなことしたらとんでもないことになるからね。そういう考え方なんだ。皆の考えには従いましょう、逆らうと碌《ろく》な事はない、というのとは全然違う。一個の自分の考えだ。この二人は冒頭の場面でとってもしっかりした論戦をやっている。姉妹なのに全然情緒的に話をしない。お互いの立場というものを理論的に見通している。

というわけで、アンティゴネーとイスメーネーは、きちんとお互いの個人としての考え方の違いを区別しうる存在だ。それにもかかわらず、アンティゴネーがこれから裁かれて処刑されるというときに、また例によって、クレオンは、人を集団で見るからイスメーネーもグルだとか言うよね。このときにイスメーネーは、いや、私はグルではありません、埋葬の手助けはしていません、と本当のことを言うチャンスがあった。それなのに、いや、私も姉と一緒です、一緒にやりました、その責めを負います、と言っちゃうんだね。Mさん、これはなぜだろう。びっくりした?

**——うん……。でもなんか、最初の論争のときも、姉のことを思って言っていたから、イスメーネーはお姉さんを大事に思っているんだろうなあ、と思って。最後のほうで、自分も埋葬したと言ったのは、そういう優しさもあるんじゃないかな。**

そうだね。まず言えることは、姉のほうに連帯するという道を選んでいるということね。Eさん、それでも、死んじゃうんだよ。しかも、アンティゴネーだって言っているじゃない、あなたは生きていなさい、と。それなのに、いや、私はお姉さんと一緒に死にます、とこう来るよね。これはなんでだろう。理解できた？

**――なんか、イスメーネーが、マルチリウム（自己犠牲）みたいな考え方？　自分の大事な人が死ぬから、ならば私も一緒に死にたいという、じゃないかな、と考えたんですけど……。**

そうかなあ？　でも、そう考えたくなるのはよくわかる。Szさんは、どう？

**――えっと、その、あまり私はイスメーネーが好きじゃなくて。**

（笑）。

**――あの、最初のほうで、けっこう矛盾点が……。**

そうだよ。あるんだよね。

**――……イスメーネーは、お父さんも死んで、お母さんも死んで、お兄さんも死んじゃって、私たちも次に殺される番だから、黙っていようよ、みたいに言っていたわりには、その次は、「町の人たちに逆らってまで、できない性分なの」［79］というふうに、自分の保身のためなのに、町の人たちに責任転嫁していて、私はあんまりいい人とは捉えていない。**

うん（笑）。「町の人」という訳が悪い。"to de biaa politoon draan"という非常に難しい言い回しで、「執行力を伴った市民たちの、つまり民主的正統性を持った、正式の決定に実力で立ち向かう（ことはできない）」という意味です。現代の行政法の専門用語を使ったのだけれど、そうでもしなければ訳せない切っ先鋭い問題提起です。さっき言ったように、皆できちんと決めたことに反する行為を軽々にすべきではない、という意味です。特に実力行使はいけない。言論で反対しなければというのです。どうぞ。

**――……それで、イスメーネーの台詞で、「どうぞ、お姉さん、あなたと一緒に死んで、死んだ兄の供養をする資格がない、などと仰言《おっしゃ》らないで」[544]と書いてあって、私が最初にそこを読んだときに考えたのは、このままイスメーネーが生きていたら、まわりの人は、敵であるはずの兄を埋葬したアンティゴネーのことは素敵な人だと思うけれども、イスメーネーのことは、兄を見捨てた悪い女、というふうに見るじゃないですか。それがいやで、イスメーネーは姉と死のうとしたんじゃないかなあと。**

なるほど。非常に純粋でいいと思う。もうちょっとイスメーネーのためによく言うと、今も言った通り、ただの迎合ではなく、政治的決定ということの大事な原則をイスメーネーは代弁しているのだけれど、Szさんの言う通り、イスメーネーがこのまま、自分はアンティゴネーとグルじゃありません、自分は無実です、とか言って生き延びたとしても、このイスメーネー、幸せになれるかどうか。『近松物語』でも出てきたけれど、あのときも、もし一人で生き残ったとしても、そのあとの人生はむしろ地獄じゃん、みたいなことをSkさんが言ってくれたよね。それと同じで、ここまで話が詰まってくると、クレオンか、アンティゴネーか、どっちに行くか、白か黒か、あいだは一切なし、妥協なしだ。ズバッと。これはギリシャ的な思考の特徴だけれど、完璧に、スイカをきれいに割るように、白か黒かなんだ。そのときにイスメーネーにとって、アンティゴネーに従わないのは、自分の考えに忠実だから、だけだったんだけれど、そのまま続けると、そういうことでなく、クレオンのほうについたという意味が生じてしまう。状況が変わって、政治的正統性を尊重したのではなく、違法な権力にただ迎合したということになっちゃう。

しかしこのイスメーネーの問題は簡単ではない。政治的決定には従うという、一つの筋を通す行為が、しかし状況の中で、デモクラシーが崩れたのに迎合することになってしまうとき、自分の筋を通すか、結果として悪い意味を持つことを遮断するか、微妙な問題だ。もっとも、ソフォクレスはこの問題をも超越してくる。そういう難しい立場に立ったイスメーネーさえも、立場の違いを超えて、最後にはアンティゴネーに連帯していくのだということを言っている。

## ハイモンはなぜ死ぬか

さて、では最後の問題だ。ハイモンというアンティゴネーの許嫁《いいなづけ》が死んでしまいますが、彼はどうして死んじゃうの?

**――結局アンティゴネーが殺されることになって、父のクレオンに訴えるんだけど、聞いてくれない。それで、自害した。**

そう、父と息子だ。アントニオとブルーノ、リュシダムスとその息子のことを思い出そう。クレオン、言うじゃない、お前脅しているんじゃないか、と(「よくもぬけぬけと、そのような脅しまでしくさるか」[752])。言うこと聞いてくれないなら私死にます、とハイモンが言ったら、お父さん困って、わかったわかった、ごめん、アンティゴネーは助けるから、となればいいけど、みんなが言う通りクレオンは強情だから、そんなこと言わないよね。

もっとも、実はクレオンとハイモンのやりとりはこういう感じではない。短い論理的な台詞の応酬で、鋭くて火花が出るようだ。議論の内容もまたなかなかのものだ。君たちも知っている通り、哲学というのはギリシャで生まれたもので、いろんな考えのソフィストたちがいて、民主政論だったり政治論だったり、理論が猛烈に発達していたんだけれど、ここは実は、そういう高度な議論を、それぞれが引用しているところだ。

その前の場面で、お父さんはこんなことを言うんだよ。ハイモンとアンティゴネーは許嫁だ。その許嫁の命を奪うつもりですかとイスメーネーに聞かれて、「他の女の畠《はたけ》を耕せばよい」［569］と。あの子が処刑されても、ほかにも可愛い子がいるよ。それは畑とおんなじだ、土地とおんなじだと言っている。また買えるよ、と。これは説得力あるかな？

**――お父さんは、ハイモンが「アンティゴネーが死ぬなら、もうひとり死にますよ」と言っていることに対しては、脅すなと怒っているくせして、アンティゴネーについては、自分と意見が違うからといって、ささっと勝手に殺しちゃう。命の重さじゃないけど、なんか、それが違うということが、ハイモンは頭に来ているのかな、と。**

おー、すばらしいねえ。その通りだねえ。ハイモンがなぜ死ぬかというと、クレオンに、あなたがしていることはこういうことですよ、と突きつけているということだ。それは非常にはっきりしている。つまりアンティゴネーをまあ簡単に殺す、いいでしょう。しかしそれが何を意味しているか、あなたわかっているの？　それは自分の息子、ハイモンを殺すのと同じことですよ、と言っているわけだ。

そうすると？　アンティゴネーを殺すことと自分を殺すことは同じことですよとハイモンは言いたい、ということはどういうこと？

**——えっと……ハイモンは、人間みんな一緒なんだから、アンティゴネーを殺したら僕も殺されることになるんだよ、と言った。それで、パパを更生させようとした。**

そうね。クレオンにとって、アンティゴネーは、一応姪だけど、法を破ったんだから死んでもしょうがない、そんな存在だ。でも、ハイモンは？

**——いてほしい息子。**

そうだ、かけがえがない、ということだ。取り替えがきかないということだ。一人ひとりは取り替えがききませんよ、だから、アンティゴネーも取り替えがきかないんですよ、ということをわからせるために、この人を殺すということは、私を殺すということと同じことですよ、とハイモンは言ったんだね。これに対して、クレオンの立場は、もちろん当時有力だった利益で思考する立場だ。利益で思考するというのは、様々なことが換算できるということだ。交換すればいいという考えだ。

さらに、クレオンの妻、つまりハイモンのお母さんも死んでしまうわけだ。だって、お母さんにしてみると、息子は自分にとってとりわけ不可欠な人だものね。つまりハイモンのロジック自体二重になっているけれど、お父さんにとって私はかけがえがありませんよね、その私にとってアンティゴネーはかけがえがありません、だから私はアンティゴネーについて一緒に死ぬんだ、と言っている。AとBの間にかけがえがない関係があって、BとCの間にかけがえがない関係がある、ということは、AとCにもかけがえがない関係があるんだ、と。お母さんも同じことを言っているわけだ。

だからずーっと連鎖すると、おおよそ、われわれは全員、互いにかけがえがない関係というこことで、つながっていってしまう。TさんとO君はお互いにかけがえがないとは思っていないかもしれないけれど、TさんとKr君はそう思っていて、Kr君とO君がそう思っていたりすると、TさんとO君がつながって、理論的には全員そうだと。だからクレオンに向かってハイモンは言うわけだね、誰もいない荒野でもあんた治めていなさい、と。

そうするとここには、ちょっとすごいものが出てきちゃった。びっくりせざるをえないわけだ。非常に特別な、ある連帯がイメージされている。文学的なイメージとしてだけれどね。ある種の人と人とのつながりが、ここにわーっと現れてきている。雲の上から富士山が見えたみたいに、あー、見えた、ということがあるわけ。はっきりこの作品はそれを見させてくれている。この作品はこういうものを提示して、そして、クレオンが言うところの人のつながりと、クリアに対比している。白と黒みたいにきれいに分かれて、全面的に、この二つがぶつかっている。

## 孤立した人々の連帯

これで前回少し見たことの正体がわかりましたよね。占有は集団が個人を犠牲にするのを即時に一旦ストップする。しかしそれを皆が見ている公開の場に持ち出して、一旦ストップが一旦ではなくて最終的だとならなければならない。本番の裁判ですね。そこではボスがいてグルがあるということが絶対ないようでなければならない。リュシダムスが生き返るからね。ということは、一人ひとりが独立して自由だということだね。そうでなければ透明でなくなる。ボスの勝手が通る。人がつるんでなければ、物事は隠せないよね。『カシーナ』の女たちは、決してつるんでなかった。たしかに絶妙のコラボをしていたけれども、オープンで、それが証拠に、近所の人々や劇場内、劇場外の人々を次々に皆呼んできて見せる。これが政治だということを示唆しました。ではその政治はどのような成り立ちをしているか。

ソフォクレスは、実を言えばデモクラシーの問題を扱っているのであり、政治を端的に論じているのではない。けれども、デモクラシーというのは政治がもっと高度になったもののはずなのに、いつの間にか友と敵だの利益だのという発想になっていて、原点を忘れているんじゃないか、という角度から切り込んでいく。アンティゴネーをガツンと突きつけるときにそういう意味を込める。だから、逆の方向から透かして見ると、政治というのは元来どういうことかということが見えるんです。そこでいま君たちにそれをイメージとして持ってほしいと思いました。徒党とかグルとかに汚染された社会組織原理を解体して、なにかにとって代わらせるときに、どういう原理が基本になるのか。

ポイントがいくつかある。第一に連帯が大事だということになります。しかし第二に、やたらと肩を組んで、そのへんの飲み屋さんで演歌かなにか唄《うた》っちゃう、とかいうのは、連帯でもなんでもない。なにせ、グルとは正反対でないといけないのだから。大事なことは完璧に一人ひとりが削《そ》ぎ落とされて、孤立して、一人になっている、ということだ。ほとんど追い詰められていると言ってもいい。だけど人間は、よくよく見てみると、それぞれは孤独な一人だね。そうなって初めて本当の連帯が可能になるよ、ということを、このイスメーネーとかハイモンとかお母さんのところが表現している。この劇の主題は明らかに、こういう孤独な一人のあいだの連帯で、そこに次々に、私も、私も、と入っていく。

そのへんの解説本にあるように、合理的な国家に対して、古い親族の観念に固まったアンティゴネーというおばさんが一人で反抗しているよ、みたいな話ではありません。だって作品がはっきり示しているでしょう。次々に、私にとってかけがえのない人が殺されたら生きていけない、と言って死んでいってしまうのだから。これは文学として表現されていますので、そうかそうか、これがお手本かといって、みんなやたらと死ねばいいということではありません。それは別のことを表現している。クレオンを断固として拒否する、アンティゴネーに連帯する、中間はない、なぜならば次々に我々はかけがえがないからだ、ということを表現している。

というか……そうですね、ここも注釈を加えなければなりませんね、なんでアンティゴネーが埋葬しなければならないんだろうか。自分以外にはいないからですね。どういうことかというと、先ほどもこの比喩を出したけれども、君たちも幾何学を中学校で勉強するよね。直線というのがあって、これには幅がない。それから点というのがあって、これは延長がない。こういうユークリッドの点と点みたいな関係が、ポリュネイケースとアンティゴネーの関係だ。全員が見捨てているんだから私がやるしかない。ポリュネイケースは完全に一人になってしまっている。私が埋葬しないで誰が埋葬するのか。

この一点と一点とが結び合っていると、ここをつなぐ線は一本に決まるよね。直線Aと直線Bの点$\alpha$と点$\beta$のあいだの直線は一本しかない。そういう単一性がある。あるいは、ここに二本の線があって、この線を出生の系譜のことだとしましょう。ジェネアロジーっていうんですけれど、先祖から子孫に向けて人が次々に死んで生まれて死んで生まれてと続いていく、そういう線。アンティゴネーや

図10　ユークリッドの点と線

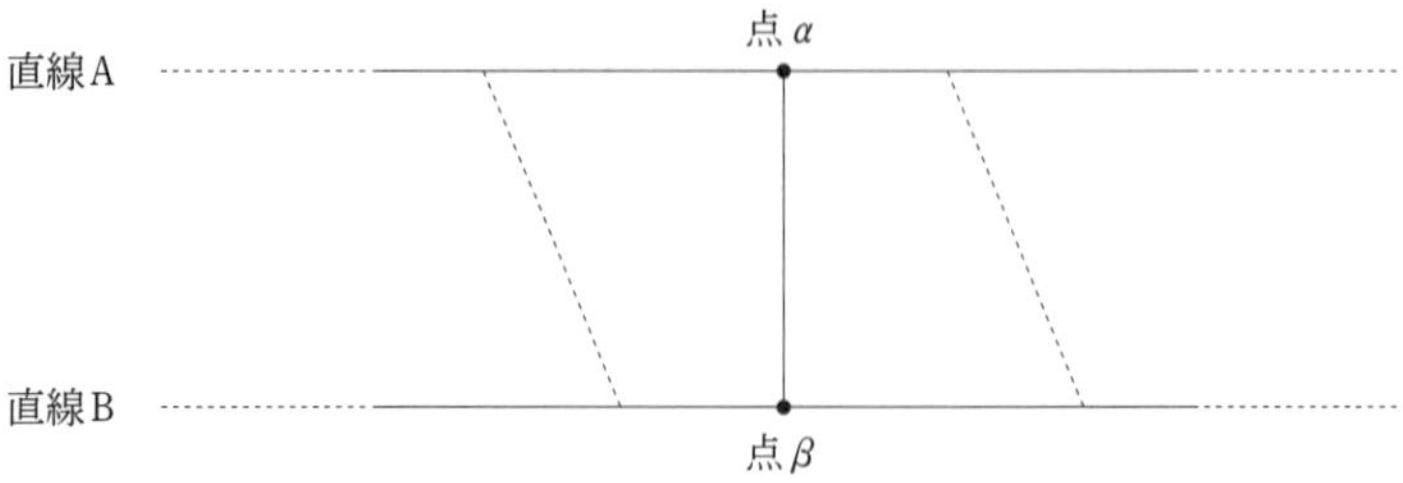

ポリュネイケースは、そのうちの歴史的な一点だ。そういう点と点とが結び合っている。この場合は兄弟だけれど、かけがえのない一点とかけがえのない一点とのあいだの、唯一の線ということを意味しているだけだ。DNA鑑定してみたらやっぱり違ったから、連帯するのはやめたという話ではない。血縁とか親族というのは、アンティゴネーの頭の中では、かけがえのない一点を表すものだということになっている。カレー屋さんのカレーの絵はプラスティックでできているからといってカレーがプラスティックでできていると思う人はいないよね。それは記号だから。

要するに、私は一人しかいないし、T君も一人しかいない。交換はきかない。一人ひとりだ。これが連帯する、しかも生死を超えて連帯する。ということはつまり、歴史を超えて連帯するということだ。そして、これ以外には本当の連帯はない、という強烈なメッセージがある。それ以外だと偽物になる。

＊　＊　＊

さて、休憩後の後半は『フィロクテーテース』です。

# フィロクテーテース

## ソフォクレス作（紀元前五世紀後半のギリシャ悲劇）

あらすじ

トロイアを攻略すべく戦っているアカイアの人々は、もう何年も経つのに攻め落とせず苦戦している。その中、フィロクテーテースが保持する弓によるのでない限り、成功しない、という予言が下る。

しかし実はアカイア軍はトロイアへ赴《おもむ》く途上、フィロクテーテースを絶海の無人島に置き去りにした。業病《ごうびょう》に取り憑《つ》かれた彼は、発作が起きると聴くに堪《た》えない声を出して苦しみやがて意識を失う。これが軍事規律にとって不可欠な、音声を生命とする儀礼を成り立たなくするというので、その島で発作が起きたのを幸い、一人取り残して出発したのである。しかし島は岩だらけ、辛《かろ》うじて弓矢で獲物を獲得して生き延びる以外にない。そのフィロクテーテースを、しかし、連れ戻さなければならなくなったので、オデュッセウスとネオプトレモスが派遣される。

アカイア軍は、アキレウスなどの真っ直ぐに考える武人タイプと、オデュッセウスなどの計略に優《すぐ》れる知将タイプ、の二派に分かれる。フィロクテーテースはアキレウス派であった。だからこそオデュッセウスはアキレウスの息子、まだ若いネオプトレモスを同道しており、彼が戦線離脱して帰るところだと嘘を言ってフィロクテーテーテースを連れ出す作戦である。フィロクテーテースの弓矢は無敵であるので、置き去りにされ敵意を抱いているはずの彼に迂闊《うかつ》には近付けないのである。

オデュッセウスは若いネオプトレモスに対してそのような作戦を指示するが、しかし若者は、なぜ正々堂々と力で行って破れるのではいけないのか、なぜ堂々と説得しようとしないのか、と激しく反発する。オデュッセウスは、崇高な任務を完遂《かんすい》すれば計略によろうともそれは栄誉だというロジックで説得に成功する。

フィロクテーテースの洞窟の前でネオプトレモスが待つと、そこへフィロクテーテースが帰ってくる。フィロクテーテースがネオプトレモスを見て望むのはギリシャ語を聴くことである。聴いて感動する。剰《あまつさ》え、それがアキレウスの息子だと知り、一気に身の上話をほとばしらせる。他者つまり言葉、や生活手段等一切の人間たるを剝奪されて獣の条件にまで突き落とされた者の絶望。アカイア軍を率いるアガメムノンとメネラオス、そしてオデュッセウスへの怒りを募《つの》らせる。ネオプトレモスも彼らへの反感を語る。アキレウスやアイアス等々廉直《れんちょく》を信条とする者たちがことごとく倒れ、アガメムノンらばかりがうまい汁を吸っていることを言うネオプトレモスの台詞は演技の中の真実の言葉であるが、これを聞いてフィロクテーテースはますます憤慨《ふんがい》する。そうしたアカイア軍の状況がネオプトレモスの戦線離脱の理由だと知り、フィロクテーテースは一緒に故郷へ連れて行ってくれと必死に懇願する。それが聞き入れられた時の喜び。さて何を持って行くか。薬草は欠かせない。そして弓。有名な弓である。フィロクテーテースは感謝の印としてネオプトレモスに弓を手に取らせる。観客はどきどきする。

洞窟を後にしようとしたその時、突然例の発作が訪れる。フィロクテーテースはネオプトレモスに弓を預《あず》ける。決して誰にも渡すな、と。そして、昏睡《こんすい》の後はたしてまだネオプトレモスはそこに残っているだろうか。これだけが気がかりである。何度も何度も念を押す。フィロクテーテースが意識を失うと、物陰から出てきた従者たちが、今のうちだとささやく。しかしネオプトレモスは、そうやって成功しても恥辱《ちじょく》しか残らないと拒否する。

かくして目を覚ましたフィロクテーテースの目の前には、まだネオプトレモスがいるではないか！　ところがこの時ネオプトレモスが急に浮かない顔になる。まさか連れて行かないというのではあるまいな、と心配するフィロクテーテース。しかしそうではなく、ネオプトレモスは嘘にもう耐えられなくなったのである。正直に話し、そして一緒に戦線に復帰しよう、と提案する。怒るフィロクテーテース。またしても瞞《だま》されたのである。弓を返せと言う。どうしていいかわからなくなったネオプトレモス。

まさにその時、物陰から見ていたオデュッセウスが現われる。ネオプトレモスに弓を渡すよう命令する。そういうことだったのかと、一層深く瞞されたことを知ったフィロクテーテースは同道だけは拒む。するとオデュッセウスは、他に弓を引ける者もいるさ、勝手にしろ、とフィロクテーテースを切り捨てる。弓は唯一の生存の手段である。すべてを失ったフィロクテーテースは、島の自然と動物たちに向かって歌う。残った最後のレファレンスの対象である。弓がないからお前たちはもう恐れなくてよい、自由だ、と。そして従者たちに命を絶つための道具を渡すよう懇願する。

この自然とのやりとりを遮《さえぎ》るように、いきなりネオプトレモスが戻って来る。くるりと突然踵《きびす》を返したのである。これをとがめながら追って来るオデュッセウス。ネオプトレモスは弓を返すというのである。オデュッセウスは愚かさをなじるが、ネオプトレモスは正しさが勝ると反撃するので、ついにオデュッセウスは政治的決定に背《そむ》けばそれは反逆であるということを言う。委細構《いさいかま》わずネオプトレモスはフィロクテーテースにもう一度話しかける。一緒に行こうと呼びかける。フィロクテーテースは二度と瞞されまいと全く受け付けない。しかしここで奇跡が起こる。ネオプトレモスは弓をフィロクテーテースに渡したのである。渡した瞬間、オデュッセウスが止めようとする。直ちにこれを射抜こうとするフィロクテーテース。それを必死に止めるネオプトレモス。そうしておいて、ネオプトレモスはあらためて言葉を使う。一緒に行くのは何もアカイア軍のためばかりではない。何よりも病を癒《い》やすために正しい治療を受けるのである、と。

言葉の力によりフィロクテーテースは迷いに迷う。引き裂かれる。言葉は心に響く。しかし不信はどうしても消えないのである。それでも、ネオプトレモスが友として二人だけ故郷に帰ろうと提案するに至って、フィロクテーテースの心の天秤《てんびん》は信頼に傾く。

突如そこへヘーラクレースが現われ、トロイアに向けて共に出発するという方向へと仲裁がなされるが、決着はついていたと見ることができる。最後にフィロクテーテースは、波の音を聴かせてくれた海と、呻《うめ》き声をこだまで返してくれた岩のために感謝と別れの歌を歌う。

## トロイア戦争

知っている人も多いと思うのですが、このお芝居の前提となっているお話をします。
ある集団があって、これはアカイア軍といって、いくつかの集団の寄せ集めなんですが、そのボスをアガメムノンと言います。アガメムノンには弟がいて、メネラオスと言います。

で、メネラオスの奥さん、これは有名なヘレネ。これはヨーロッパだと歴史上いちばんの美人だということになっている。

こっち（トロイア）にもう一つ集団があって、集団の原理はちょっと違っているんだけれど、やっぱりいろんな小さな集団が絡《から》まりあって出来ていて、ボスがいる。このボスの息子に、これも世紀のイケメンと言われているパリスという人がいます。この世紀のイケメン君が、この人は相当な遊び人というか、こう、あっちに行ったりこっちに行ったりしているんですけれど、てけてけとここ（アカイア）に来ました。で、この二人、ヘレネとパリスは恋に落ちました。そして二人で駆け落ちしてトロイアに来ちゃうわけだ。で、今は二人ともトロイアに住んでいます。これはものすごく有名な話で、聞いたことあると思う。

それで怒ったアカイアはですね、大動員をかけて戦争を仕掛けるわけです。ヘレネを返せ。不当だ。奥さんを奪っていった悪い奴らだ、ということで攻めます。で、このときに、このへんのいろいろな中ボスや小ボス、この連中に動員がかかっちゃって、戦争しなければならない。でも、何？　ボスの弟の奥さんが浮気した？　それで、なんで戦争しなくちゃいけないの？　そりゃ君たちだってぶーたれるよな。なんで？　お前勝手にやれよ、って感じ。なんで俺たちが。

だけどアガメムノンは、たいへんな不名誉をこうむった、だからどうしても相手を攻め滅ぼさなければならない、ってんで皆を率いて船出する。今の世界地図で言うと、ギリシャがあって、エーゲ海を隔ててこちらにトルコがありますよね。このトルコのほうにトロイアがあるという想定です。

　ところがその途中、或る無人島によるのだけれど、ここで主人公フィロクテーテースが置いてけぼりにされる。他の人たちはみんなトロイアに着いてこれを包囲する。しかし苦戦でなかなか勝てないんですね。一生懸命攻めているんだけれど、もう次々にみんな戦死していく。トロイアにはヘクトルというリーダーがいるのだけれど、これも王子の一人で、ギリシャ神話の中で最もかっこいい人物。自分の兄弟がこういう浮《うわ》ついたことをしてくれたがためにとんでもないことになってしまった。でもリーダーとして戦わなければならない。すごく責任感が強くて、敵のナンバー1、半分は神様で勝てるわけないアキレウスとの一騎打ちを引き受ける。そして死ぬ。ただまあ、彼もぶんむくれていて、ヘレネに対して文句を言うわけですよ、この性悪

図11　トロイア戦争

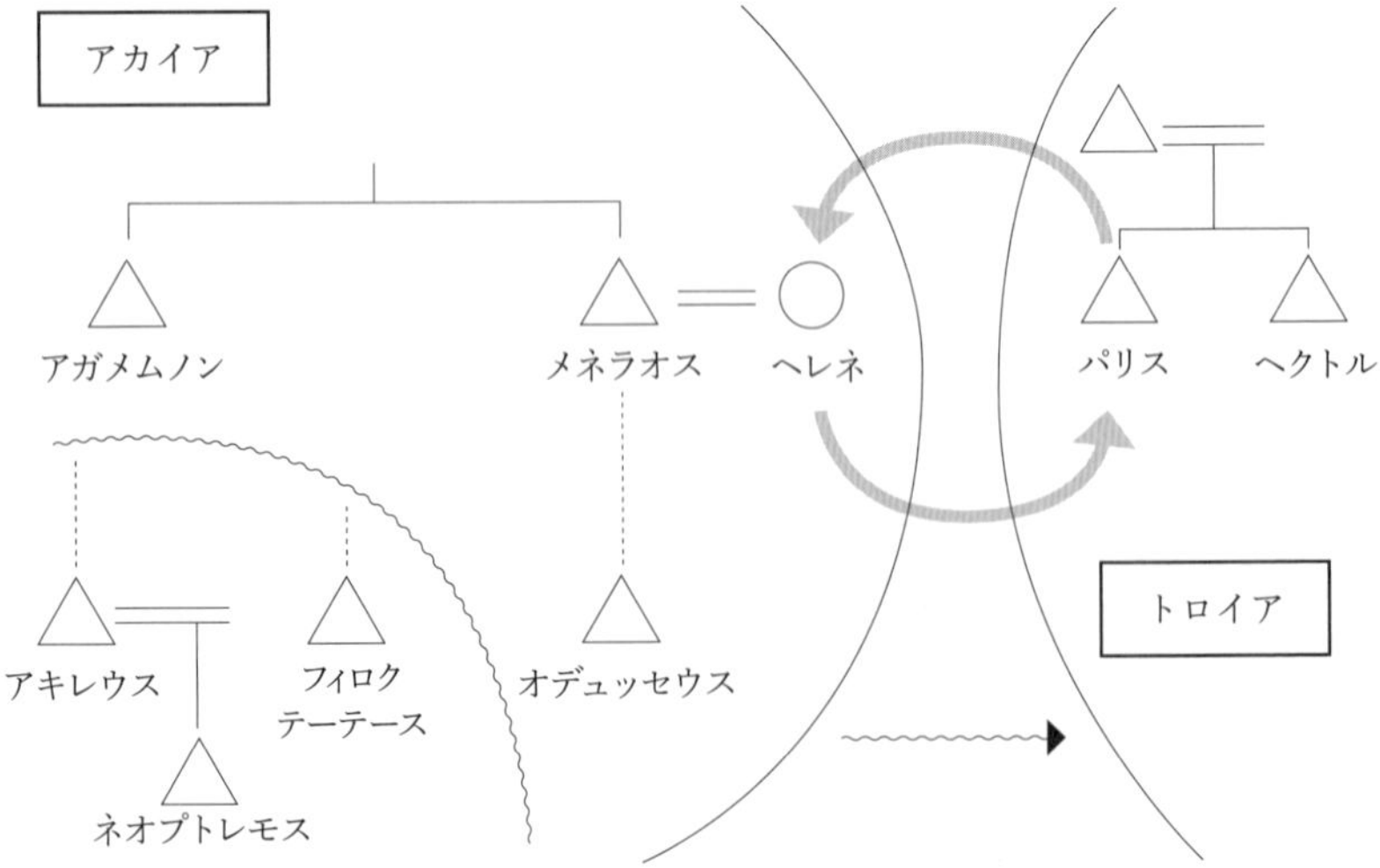

女、こんな破廉恥《はれんち》なことをしてくれたがために、こんな戦いを強いられて滅びなければならないかもしれない、いったいどういうつもりだ、と詰問する。

ただヘレネも負けてないんですよね。これは『イーリアス』というホメーロスの叙事詩の中でのことですが、胸のすくような啖呵《たんか》を切る。私は私がしたいようにしただけである。あなたたちもあなたたちがしたいようにすればいいだけ。あなたたちが勝手に戦争しているんじゃないの。私になんの責任もないわよ、と。たしかにそうだよね。私はパリスがかっこよかったから、メネラオスときた日にはちょっと、犬顔とか言われてるけど、あんまりかっこよくない。こっちはもう世紀の美男子でしょ。このブ男を捨ててハンサムを選んでどこが悪いの、って言って。この啖呵も大好きなんですけど。そりゃそうだよね。誰でも自分の行動は自分で責任を持たなきゃならないよね。ヘレネは自分の好きなようにやっただけであり、この人たちはある意味では勝手に戦争を始めた。ヘレネは言うんですね、あなたたちは自分の意志で勝手に戦争をしているだけだよと。私のせいじゃないから。これもすごい。

## オデュッセウスの作戦

さて、始めましょうか。W君、攻めていくこの人たち、この集団を見てみましょう。ここに徒党があることは疑いえないですね。ボスがいてみんなで攻めている。集団があって、いつも見るように集団間でやったりやられたりしていて、この場合には戦争なんだね。そうなるとこの中の人たちのものの考え方、こういう人たちは大体どんなふうな感じで動くような人たち？

**——王様の命令に従う人たち。**

うん、整然と従いますか？

**——整然とは言えない。**

整然とは言えないけれどもまずは従う。それは大事なことだ。この場合もこの集団は非常にまともな国家ないし政治システムであるというふうに想定されています。文学的に。だからここからの命令は国会で議決された命令と同じように、なかなか逆らえない。

しかし、実際にこの人たちのものの考え方や動きというのは、なかなかすっきりしないよな。例えばこの取り残された人、フィロクテーテースを戦いのために必要だというので連れてこないといけないんだよね。連れてくる役がオデュッセウスという、ホメーロスの詩の中ではヒーローなんだけれど、ここでは全然ヒーローでもなんでもなくて、とっても嫌な人間として描かれている。政治が徒党に変質した。徒党に戻った。

横道に入りますが、ホメーロスは想像力だけでやはりこの同じ徒党を素材にして、その惨《みじ》めな一局面だけをすぱっと切り取って冷たく精密に描きました。残酷に分析していく。そして徒党をとことん分解しながら、そこから這《は》い出していく、まだまだ欠点だらけの、個性的な人物たちを離陸させる。これらの人物が考え方の上でとことん対立する。その中には神々も含まれました。世界観や原則というものが激突させられる。このようにして政治という営《いとな》みをする人々の深い意識を準備しているのです。その政治を初めて立ち上げるために、徒党を解体するシステムを用意している。

ソフォクレスのような悲劇作家の課題は、同じ解体をホメーロスと鋭く対抗的な仕方でして見せるということでした。さっきから言っているように、デモクラシーの問題を追究しているんですね。政治システムからさえ取り残された、全く絶望的な個人をこそ基礎にして連帯しなければならない、単に普通に自由で独立の人々が議論しているだけでは足りない、というのでしたね。だから、悲劇はどれもシャープなホメーロス批判を含んでいます。この作品におけるオデュッセウスの描き方などは典型です。皆の利益を冷酷に追求するデモクラシー段階の政治権力とその理性と言語を表しています。

そのオデュッセウスがフィロクテーテースを連れて行こうとするときのやり方というのは、どういうものだろう?

**——大切なものをむりやり奪って、ついてこさせる。**

これは困った。それは次の次の次くらいの質問の答えだったんだけれど、ズバリと出ちゃった。いや、そうだよ。そういうやり方をする。相手の大事なものをギュッと押さえて、これまでも出てきた、これで否応なしに言うことをきかせる。卑劣《ひれつ》だね。

S君、もう一つの面、一見それとは対照的な側面があるよな、オデュッセウスには。力を巡らせると同時に?

**——策略を練《ね》る。**

すばらしいその通りだ。策略だ。非常にずる賢く、企《たくら》みをする面がある。N君、どういう企みをしただろうか。

**――ネオプトレモスと仲良くさせて連れてくる。**

その通りだねえ。こういう徒党は必ずそうなんだけれど、大体二派に分かれている。いつもいつもいがみ合っている。それから功名心がみんな強くて、例えば戦利品を誰が取っていくか。アキレウスという有名な武将がいるんだけれど、この人が戦死する。その鎧とか甲《かっ》冑《ちゅう》を誰が引き継ぐか、そんなことをいつもいつも争っているわけ。利益と名誉をめぐっていつもゴタゴタしている。そのゴタゴタの中で大体二派に分かれている。一方は利益を目指して企みをやっている。これはオデュッセウスが代表だ。片一方はアキレウスとかアイアスとかなんだけれど、これは逆に力に任せてただ真っ直ぐ進む人たち。正直だけれど、ただ少々暴力的なんだ。オデュッセウスのほうは言葉を巧《たく》みに操る。この二つのブロックに分かれるので、オデュッセウスはこれを明確に認識していてここへ付け込む。

ネオプトレモスというのはアキレウスの息子で、死んだお父さんのものの考え方をよく受け継いでいる。だから真っ直ぐ進むタイプで、オデュッセウス側のことはよく思っていない。オデュッセウスはまさにこれを利用する。自分に対する敵意を自分のために利用するのだからすごい。フィロクテーテースはアキレウス側に属しているので、このネオプトレモスという少年を差し向け、オデュッセウス憎しで盛り上がらせて仲良くさせる。それで連れてこさせようというわけだ。高度な政治的理性。なぜか徒党そっくり。

ネオプトレモスにとっては、正直に振る舞えばいいだけだから演技が楽で、そこもオデュッセウスは計算に入れています。自然にやればもう引っかかるはずであると。ネオプトレモスは自然に悪口を言っていて、もう、アガメムノンなんか嫌になったから引き上げる、家に帰る、その途中なんだ、と言います。だから一緒に帰ろうよ、とか言って連れ出して、実は、最前線に送り込もうという、これがオデュッセウスが練った芝居で、その通りに場面が展開していきます。デモクラシー段階の政治は緻密な計算を得意としますが、そういう計算が大事なことを踏みにじるという暗転が突きつけられている。

## ネオプトレモスの転換

そういうわけで、こういう作戦を立てて、ほとんど成功するんだけれど、最後のところで失敗しちゃうよな。どうして失敗したんだっけ？

——**最後、ネオプトレモスが裏切った。**

そうだ。まず大事な弓矢がある、これは神々のほうから来たもので、必殺の弓なんだ。ある予言があって、この弓がないと勝てない、となり、この弓を取ってこいというわけで、その弓を引くフィロクテーテースを計略で連れてこようとする。でもその計略にフィロクテーテースが気づく。ネオプトレモスが嘘に耐えきれなくなって打ち明けるからね。ただ、ネオプトレモスを信頼して弓を渡したところだった。オデュッセウスがそこでストップをかけ、そのままネオプトレモスに弓だけ持ち去らせる。フィロクテーテースを置き去りにしていく。ところが、ネオプトレモスはくるりと向きを転換してフィロクテーテースのほうに帰っていってしまう。オデュッセウスは何しているんだ、待てよ、それは命令違反だぞ、とか言って追いかけるんだけれど、委細構わずフィロクテーテースのところに戻るわけだ。このくるりと振り向くのはなぜか、というのは厖大《ぼうだい》な文献があるくらいで、専門の学者たちが喧々諤々《けんけんがくがく》争っている大きな問題ですが。

Tさん、ネオプトレモス君は戻ることにしたんですが、戻るというのは、ネオプトレモスにとって、何の立場から何の立場に、戻るないしは移ることを意味しているのか。つまりネオプトレモスはそれまでは何のつもりでやっていたのが、今度は何をしようと急に考え方を変えたのか。わかった？

――……。

最初はフィロクテーテースを騙そうとした。今度は？　ゆっくり考えてみて。

――**なんか、騙して連れてくるんじゃなくて、本当のことを言って**……。

すばらしい、それでいい。「本当のことを言って」というので完璧な答えだ。Ｋｒ君、「本当のことを言う」ということはどういうことだ？

――……。

このタイプの質問、難しいよね。私の質問では、だいたいこういうのが多いけれど。答えにくい。「ってことはどういうことだ」としつこい。でも大事なんだよ。いつも私の授業で、必ず一回は皆に言うんだけれど。「ってことはどういうことだ」というふうに考えることは人間にとってとても大事なことなんだね。

よく私が授業で例に出すのは、黒い雲が出たということはどういうこと？「黒い雲が出た」って、そりゃ、「黒い雲が出た」ってことでしょ。「ってことはどういうこと？」「黒い雲が出た」ってことでしょ、とずーっと同じ平面にとどまっていると、ダメなんだな。そうじゃなくて「黒い雲が出た」ということは、うん、雨が降るってことかな。じゃあ雨が降るってことはどういうことなの。うん、川の水があふれるってことかな。川の水があふれるってことはどういうことかな。これは避難しきゃいけないってことかな、とかこういう感じね。今のこれは因果連鎖なんだけど、そうじゃなくて解釈ということもある。さっきも盛んにやった。ここでアンティゴネーがこう言うってことはどういうことかな、なぜかな、というように。だからだいぶ迷惑をかけているけれども（笑）。

**――なぜ言い換えが大事なんですか？**

記号論という分野があって、そこでの私のテーゼになるけれども、パラデイクマのparadigmatique な作用を paradigmatique に分節することによって、個人間の関係が分節的になるからだ。「右向け右」とわけもなく言われたとしよう。軍隊だね。君は「なぜですか」ときく。一度言ったよね。論証を要求することが大事だって。理由付けだね。それだけで命令したほうの権力は大いに攪乱《かくらん》される。論証でなくとも、それ、どういう意味ですか、右に向いて、さらに右へ一歩とか、右のやつ、こっちをむきやがれ、ほらそこの右、とか怒鳴っているのか、A説が正しいかB説が正しいか、解釈論を展開せよ、とか延々とやっていたら、その間は君は自由だ。この言い換えをうんと体系的にして議論を交わす仕組が政治だということになる。

それはともかく、本当のことを言う、というすばらしい答えが出た。本当のことを言うってどういうことかなあ。どういうことだ？

——**心を許す。**

心を許す、悪くないな。O君、本当のことを言うってどういうこと？

——**自由になった。**

お、それはどういう意味？

——**えっと、オデュッセウスに縛られていた。支配されていて、自由を縛られていて、その上でやっていたのが、オデュッセウスの家来じゃなくて、自分一個人として、なんていうの、呪縛をバッと。**

おぉー、すごい、これは、君たちの言葉を使うと、鳥肌が立つってやつだな。これは想定していなかった。想定しているよりも、もっといい答えが出てきちゃった。

すばらしいね。本当の言葉というのは自由な言葉。これはメモしておいてもいいくらい。その通りだ。

T君、オデュッセウスの何に対して従属している？　もちろん権威に従属しているところもあるけど、もうちょっと具体的に言うと？

――力？

うん。ここに言葉っていうのがあるんだけれど、これに力が加わって、従属していた。しかしそうでない言葉に転換した。いままでも言葉を使っていた、だけどそれはオデュッセウスに従っていた。オデュッセウスからああ言え、こう言えと言われてその通りに言っていただけだ。だからここをズバーッと切って、自由って言葉さえ、O君は発見できている。

ここに加わっていたオデュッセウスの力ってなんだろう？　あんまり暴力的な力ではないよね。ネオプトレモスだってけっこう強いもんな。オデュッセウスが怖いから、ハイそうです、って言っているわけじゃない。だってオデュッセウス、一生懸命説得しているもん。こうしなきゃダメなんだって。結局それはいいことなんだ、われわれ全体が戦争に勝つためには必要なことなんだ、だから頼むよ、ここは一つ、君の考えは、こういうの嫌いだってことは知っているよ、君は真っ直ぐなのが好きなんだよな、わかってるわかってる、でもここはちょっと曲げて、やってくれないかな、とこう言っている。

**――えっと、言葉に従っている……言葉とか気持ちに？**

そうね。たぶん、意思ということが言いたい。オデュッセウスの意思がここに入り込んでいると。うん、それも一つだな。Km君、この二つの言葉はどう違うかな？

**――えっと。まずオデュッセウスは全体のためということを言って、ある意味仲間を人質にしたみたいな感じで、さらにもう一点付け加えるとしたら、一応ネオプトレモスに対して、名誉をあげるみたいなそういう交換条件を出していること、それがネオプトレモスを縛って**

**いた。それを切ったのが、ネオプトレモスの良心。**

いいねえ。つまり、自由が問題なのだけれど、必ず何から自由か、と考えなければいけない。それで何から自由かというと、ネオプトレモスに加担しろと言っている、いつもの集団の利益交換だね。ここからの自由だ。集団の利益交換のロジックが策略になっている。これをシャットアウトできるかどうか。これがこの場合自由な言葉の問題だ。

T君に何をきいていたかというと、利益交換の言葉から、自由な言葉に移ったと。後者が本当の言葉ってやつだ。これで初めて言葉が機能する、とギリシャ人は考えた。前者は言葉が機能しているようにみえて機能していない。言葉だけで言ってないから。実は後ろの思惑とか利益とか力とか、こういうものが実際には作用しているわけであって、言葉だけではない。それはO君の言葉を使うと自由な言葉ではないということだ。自由な言葉なんてのは、ギリシャ人がとっても好きそうな言葉だ。

## フィロクテーテースはどんな人？

Y君、フィロクテーテースに対して自由な本物の言葉を使わなければいけないというわけだね。フィロクテーテースっていうのはどういう人だろう。つまり、誰に対して本当の言葉を使うのかという問いが立つわけだ。フィロクテーテースに言葉を使うということはどういうことを意味しているかな？　また例によって、「というのはどういうこと？」みたいな質問で悪いけど。フィロクテーテースって普通の人？

**――裏切られた人。**

すばらしい。裏切られた人だ。裏切られた人に言葉を使うのは難しくないかい？　難しいなあ。I君、裏切られたといってもいろいろあるよな。フィロクテーテースの裏切られ方ってどんなんだった？

**――置いて行かれた。**

その通りだ。単に置いて行かれたの？

**――いや、怪我をして、足が折れているのになんの処置もせず放っておいて、切り捨てた。**

切り捨てた、その通りだ。怪我で足が折れたのではなく、病気の発作が起こったんだけれどね。Mさん、どうして切り捨てられたの？　連れて行ったっていいじゃない。

**――使い物にならなくなった。**

使い物にならない、そればかりじゃないよな。この人のなにかがじゃまになるよね。何がじゃまになるんだっけ？

**――あー、あの、傷によって苦しむ声が耳障《ざわり》だから。**

その通りだね。ときどきものすごい音を立てる。この軍隊が進んでいくためには、いろいろな儀式とかをやらないといけないんだけれど、すごい音を発するために、肝腎の儀式がやれない。だから士気が落ちる。統率が乱れる。単に役に立たないだけじゃなくて有害だから置いていく。

Eさん。しかし、置いていくにしたって、あなた、有害ですから、悪いけど置いてくからね、じゃあここで別れよう。せめて一年分の食料を置いていくからね、なんてことしましたか？

**——してなくて。船から引きずりおろして、寝ている間に。本人が知らない間に置いていかれていて、食料とかも少しの分しかなかった。**

その通りだ。発作が起きるんだね。発作が起きて意識がなくなっちゃうんだ、ときどき。こういう病気ってあるよね。その隙を狙ってみんな行っちゃったわけだ。そうすると、目が覚めたらとんでもない状況に置かれていた。これはこたえるよな。これはこたえる。普通の裏切りとは違う。こういうところもギリシャ悲劇はすごくて、こういう場面をよく考えつくよなっていうぐらい、ぎりぎりの場面を設定してくる。だからこそ我々に訴えかけるものがあるというか、強烈なパンチ力を持っているわけだ。

こういう人に言葉を使うのはとっても難しいんだけれど、こういう人に言葉を使わざるをえないんだよな。どうして使わざるをえないんだっけ？　再確認しようか。

**——戦いに勝つために、その……。**

そうね、誰が勝つために？

**——オデュッセウスの軍勢が戦いに勝つために、フィロクテーテースの弓が必要だったから。**

そうね。この集団、と言ってもこの場合本当は政治システムだけれど、その利益が懸かっているから。あるいは集団の存立《そんりつ》とでも言うべきか。さっきは集団が集団として行動していく、その妨げになったんで切り捨てた。今度は集団が集団としてうまくやるために、急に必要になったんだよ。だから今度は急においでと言っているわけだ。そうするとＫｙ君、これはありかな？

**――ありというのは……。**

仕方ないか。

**――組織としては仕方ないって考えになるかもしれないけど、個人からすればひどく身勝手でいやだなみたいな。**

そうねえ。これはたまらないな。なかなかこういうふうに見事に場面というのは設定できない。完璧に見捨てられた人。とことん見捨てられた人。この人がいないと、社会が成り立たない。今さら気づいて、今度は急に手練手管《てれんてくだ》で連れてこようとしている。

## 弓の意味

それでＳｋさん、ネオプトレモスが自由な言葉を使おうとした。うまくいくはずがない。だってこんな騙し討ちにして、急にあなたが必要です、とか言われたって困っちゃうよね。でもネオプトレモスは、まあ、最後はヘラクレスの一押しがなければならなかったけれども、ひとまず成功します。どうして成功したんだろう。

**――どうして……？**

つまり言葉が勝ったんだ。自由な言葉が勝った。そのためには条件がある。ネオプトレモスは何をしただろう？　これがポイントになるけど……。フィロクテーテースはネオプトレモスのことを迷いながらも信用するよね。なんで？　いったん裏切っているよ、ネオプトレモスは。

**――……？**

うん、わかった、難しいと思う。少し前に戻ろうか。W君、フィロクテーテースは企みに気づいたんだけれどももう遅いよね、どうして？

**――反抗できる弓矢をもう取られているから。**

そうだ、弓を取られていた。この弓はものすごい威力なので、オデュッセウスといえどもフィロクテーテースがこれを持っているあいだは近づくこともできないんだ。だけどそれを、取られているんだ。だから気づいたところで地団駄《じだんだ》踏んで悔《くや》しがっても、もう遅いんだね。いいかい、少し振り返るよ。どうして弓矢を取られちゃったんだっけ？

**――発作のあいだに弓を取られた。**

うん？　そんなに単純じゃないな。ネオプトレモス、そんな悪いやつか。発作のあいだにかっぱらってやれとか。

**――いや、そういう人じゃない。**

じゃあどうだったんだ？

**――奪ったというか、見せてくださいと言ってから。**

見せてくださいと言って？

**――ずっと大切に持っていた？**

そうだ。ずっと大切に持っていた。ということは預《あず》けたということだ。N君、預けたということはそこには何があるんだ？

**――信用。**

その通りだ。信頼して預けたんだ。だから目が覚めたとき、フィロクテーテースは感激するよな。どうして感激するんだ？

**――あ、ああ。何に感激したかでしたか？　行でいうと、860よりちょっとあとの「おまえがここにとどまり、わしを看《み》とってくれた。こんなにやさしい同情をうけようとは、思いもよらなかった」って言う。**

そうね、その通りだね。ということはこの場面はどういう場面だ？　発作が起こって、弓を預けるんだけれども、フィロクテーテースにとっては何が不安なんだ？

**――その弓を奪われてしまうこと。**

そうだ、しかも？

**――置いていかれる。**

その通りだ。これはトラウマになっている。だって前に発作から覚めたら誰もいなかったんだから。また肝腎なところで発作が来ちゃった。まあネオプトレモスは信頼できそうだ、大丈夫そうだ、でも、あのときの心の傷は忘れられないよな。目が覚めたときにネオプトレモスはいてくれるだろうか、と思いながら意識がなくなるわけだよ。で、目が覚めた。ところがいるんだ、まだ。弓を持って、ちゃんとそこにいる。これはやっぱり感激する。だからあっという間にそこで信頼関係ができあがるわけだ。だから、信頼して弓をネオプトレモスにあらためて持たせる。それで、良心の呵責《かしゃく》に耐えかねてネオプトレモスは真実を言ってしまう。けれども、その瞬間をオデュッセウスは見逃さなかった。

結局、信頼関係は本物ではなかった。ネオプトレモスは意識がない間にもそこにとどまって弓を持ち去ったりしなかったけれども、後ろのオデュッセウスの命令には従わざるをえなくて、結局持ち逃げするんだから。

この劇では、その前にも、この弓、ちょっと持っていいよ、なんて場面があるでしょ。あいうところとかすごいスリリングなわけだよ。『自転車泥棒』の自転車と同じ。この弓をどっちが持つかによって観客がハラハラドキドキして、ああ渡しちゃだめだよ、みたいに思って見ているわけだ。あ、渡しちゃったよ！とか。返ってくるかな、とか。つまりフィロクテーテースにとってこの弓は、敵を倒すために決定的であるのと同時に、もう一つ。これは聞いておこうかな。Ｈｒ君、もう一つ大事だよな、どうやって暮らしているの、この人。

**――弓を引いて、獣とかを獲って暮らしている。**

そうだね、ここは誰もいない離れ小島で、農業とかないわけだ。だから弓で狩猟だけやって暮らしているわけだ。ということはこの弓を取られたら生きていけない。食べ物がないので生きていけない、ということだ。これも自転車と同じ。

で、回り道して、ようやく考えることができる。最後でネオプトレモスが一旦成功するのはなぜか？　ネオプトレモスがフィロクテーテースを説得するときにしたことはなんだ？　いったん弓を奪っちゃったんだよね。でオデュッセウスはしめしめというので弓を持っているネオプトレモスを連れて、それで行っちまおうと。オデュッセウスはすごいことを言うよね。弓を引くフィロクテーテースと弓をセットで連れていく計画だったけれども、フィロクテーテースが嫌だと言って反抗的である。すると、いいよお前なんか、ここで死んでろ、他にだって弓を引けるやつはいるさ。本当に引けるかはちょっと微妙なんだけどね。すごい強力な弓なので一人か二人ぐらいしか引けないわけだ。でもどうせ、替えがあるさ、と。ほらまた替えが出てくるよね。替えがある、お前だけじゃないよこの弓を引けるのは、とか言ってる。弓さえあればお前なんか要らないと、こう来たわけだよ。これは大変残酷だ。フィロクテーテースにとっては生活の手段を奪われたことになる。オデュッセウスの憎らしさったらないよね。これが文学の力です。

でもネオプトレモスはくるりと振り向いて帰って来た。で、説得に成功する。どうしてうまくいったの？

**――弓を返したから。**

そうだ、弓を返したからだ。弓を返した。これは重大なことなんだ。オデュッセウスからするととんでもないことをしてくれたということになる。どうしてかっていうと、弓を持つ

とフィロクテーテースは無敵になる。無敵になった人物は普通もう誰の言うこともきく必要がないよね。ところがネオプトレモスはこれを持たせて説得に成功する。どうしてだろうか？　返した弓って何だ？

**——生活の……。**

そう、しかし単に生活に必要というだけでなく？

**——かけがえのないもの。**

ううう、その通りだ。そうすると、かけがえのないものをこの人が持っているわけだ。それを返してあげるということは？　返すっていうことはどういうこと？

**——預ける。**

預けるもいいけど？

**——認める。**

おおお、その通りだ。認めるんだ。認めるといってもいろいろなニュアンスがあるけれど、大事にする、皆が大事にするんだ。この人が弓を持っている、この関係を絶対に侵害しない。出発点にする。アプリオリにする。

これは自由の条件です。はだかの一人を、大事なものを剝ぎ取っておいて、あんた自由ですよ、離れ島で自由にしていていい、あなた、永久バカンスです、ギリシャの海で自由にしていてください、はいさようなら、自由です、とか言われてうれしいと思う？　こんなのは自由ではないということだ。自由っていうのはなにかというと、あるいは対等であるとはなにかというと、不可欠で、なくてはならないものと、この主体が、しっかりした関係を持っている。これをみんなが承認して大事にする、互いにね。僕はなにか大事なものを持っているし、Mさんはまたなにか大事なものを持っている。これをお互いに尊重しあいます。こういうことがあって初めて言葉が機能する、とこの作品は言っている。だからこの弓をめぐる、どっちが持つかのスリルで、ずーっと作品が続いていく。

## 自由な言葉の条件

自由な言葉とはなにか、それはどのようにすれば機能するかということについて、O君が本当にいい言葉を言ってくれたけれど、このことをギリシャの人たちはとことん考えていた。これもそれを考え抜いた作品の一つだ。われわれのように、憲法があるから、表現の自由で、言葉は自由だ、って、もうそこで考えを止めちゃって、ああ、自由だ自由だ、自由なはずでしょ、とかは、流石にギリシャの人たちは、そんなふうには考えない。もちろん言論の自由というのはギリシャから来る原理でとっても大事にしたんだけれど、そこにとどまらず、実質、言葉の自由が、どうしたら社会の中で実際に実現して、本当に自由なのか、ということは、この作品ばかりじゃなくて、いろんな作品にとことん書いてある。

そしてこの場合も、ここでできあがったこの信頼関係は、新しい人間関係を作っている。新しい組織原理になって全体を解体して、ぜんぶ塗り替えちゃう。少なくとも文学的イメージとしてこれが可能なんだ。それはホメーロスがしたのとも違う新しいヴァージョンだった。他方、『アンティゴネー』とは似ている。追い詰められて孤立した個人に焦点があてられているからだ。

ただしさっきのアンティゴネーのイメージと微妙に違うよ。いいですか。さっきのは本当に幾何学の点みたいな人たちが連帯するというのだった。今度は、なんか大事なものをその追い詰められた人が持っている。ところがデモクラシーが今やそれを剝ぎ取る方向に行ってしまっている。その病理を解明する。そして各人のかけがえのないものをアプリオリに承認して連帯する、そういうイメージを提出している。

それだけではない。弓はフィロクテーテスにとって不可欠だ。しかし今や皆にとって生き残れるかどうかを分けるものになってしまった。第一に、追い詰められた個人をないがしろにすれば、そもそも社会全体が破滅ですよというメッセージがここにはある。そのような人を切り捨てたからこそすべてが上手くいかないのですよ、ということだ。

第二に、じゃあ、ということで、今更その人を利用するか。そうはいきません、ということがある。そういうアプローチは切り捨てたのと同じですよ、とこの作品は言っている。

第三に、皆の存亡が懸かっているからといって、その追い詰められた人から大事なものを奪うことはできません、という新しい原理をこの作品は伝えてくる。そんなことをすれば、またも犠牲にする行為を繰り返していることになる。この社会の呪いは解けずに同じ失敗を繰り返すだろう、と。弓だけ持って行っても、なにか不都合なことが起こって失敗するでしょう。予言は解釈し直さなければならないでしょう。

## なぜ故郷に帰らない？

これで今日の授業は済んだようなものだけれど、追加の質問をしておこうか。プラスアルファの質問だ。ヘーラクレースがなんで出てくるかに関係するけれども、ネオプトレモスとフィロクテーテースが連帯して故郷に帰って、それでもうこの集団からはおさらばしちゃう、そういう結論でもよさそうじゃないか。ところが最後、そうなりそうなのにヘーラクレースが出てきて、やっぱりアガメムノンのところに戻って、そして立派に働きます、みたいなことになって、ちょっと白《しら》けなかった？　ヘーラクレースなんて余計なのが出てきちゃって。

**――白けるというか……いや、まあ、そういうものかなと。**

うん、そういうのもありだと。

**――神とか結構出てくるので。**

そうね、まあ別に、だよな。もちろん、ヘーラクレースが出てきたっていうことは、微妙だってことで、両方ありかなあ、この問題は、引き分けだということだ。とことん問題を追究しさえすれば結論は二の次というギリシャらしい発想だ。

もしこの二人、故郷に帰っちゃったらどうなった？　ネオプトレモスはフィロクテーテースに弓を返し、それで言葉が通じて、一緒に手を携《たずさ》えて、連帯が成立した、それでそれぞれ故郷に帰る。もうこんなくだらない戦争の場面に復帰するなんてうんざりだ、もう帰ろう、と言って、帰ればよかったじゃん。アガメムノンだのオデュッセウスだのとんでもないやつらだよな。くだらない。奥さんがイケメンと逃げちゃったばっかりに、一人また死んで一人また死ぬ。なんで俺たち、こんなヤツのために戦死しなければならないんだ、ってなるよな。逃げちゃえばよかったのに、なんで逃げなかった?

**——今まで作ってきた信頼、努力がなくなる。**

**——ヘーラクレースが出てきたところで、解決が超越的になった気がする。**

おお、そうだね。まあ、考えてみれば、故郷に帰っても集団対集団の対立が再現しちゃうよね。単純な分派活動と似てきちゃう。だからヘーラクレースがもっと高次の立場に立てと言っているという解釈は、故郷に帰るというありうる選択肢を暗に批判しているという解釈だね。それと、そうではなくて、せっかく築いたこの関係を全体に還元しなきゃいけないんだ、システム全体を変えるのがあなたたちの使命でしょう、そういう感じの締めくくり方なんだというもう一つの解釈。どちらもあるよね。さっきと同じだ、敵味方関係をどう克服するかというのがポイントなんだとすると、それを再生産しているよ、ということになるのはできれば避けたい。

## 自然に対する歌

最後に、これは問いというより味わっていただけたらなあ、というものです。フィロクテーテースが歌を歌うところが二回ありましたね。弓を奪われてしまった。ネオプトレモスはオデュッセウスと行ってしまった。そうして絶望して歌うとき、自然に向けて、あなたたちを射落とす弓も持っていないのだから私を恐れる必要はありませんよ、と呼びかけていた。ちょっと読んでみて。

――「おお島の群れ、眼の光る獣の群れよ！　この島の野山に住むものたちよ！　今日からは、隠れなくてもいい、ねぐらを追われることもない！　昨日とかわって、わしの手には弓も矢もなくなったのだ、おお、いまこそ、わしは惨《みじ》めだ。だが、おまえたちは自由なのだ」［1145-52］。

それから、最後の歌はやっぱり感動的だよね。

――「船出にさきだって、この島に別れをつげよう。さらば、さらば、夜を語り明かした岩屋のすまいよ！　ごきげんよう、水々しい牧場にすむニンフたち！　磯《いそ》べによせてはかえす大海原《おおうなばら》の重い重いとどろきよ、南風に吹き散らされた大波が、岩蔭のわしの頭《こうべ》をいくたびかうちぬらし、悲しみに狂うた呻《うめ》きの声に、ヘルマイオンの岩肌が、いくつも、いくつもこだましました」［1452－59］。

フィロクテーテースは、いままで、完全に一人になっていた。すべてに見捨てられていた。このときに残るのは自然しかないわけだ。で、ネオプトレモスが来たときに、ギリシャ語が聞こえたので感動するよね。おお、これはギリシャ語じゃあないかって感動するわけだ。いいですか、音に感動するんですよ。響きに。その区切られ方に。つまり人間は言葉を使って誰かとお話ししなきゃ生きていけないわけだ。

しかし完璧に一人になって無人島に取り残されたときにも、こだましか返ってこないかもしれないけれども、ギリシャの島のことだから断崖《だんがい》があって、岩があるよね、あそこで声を発する。あるいはそうではなくても心の中で自然と対話する。自然の形とか変化、これに対して反応する。あ、雲がかかったとか、晴れたとか。鳥が飛んだとか。こう、自然を見ている。自然を見るとそこにはいろいろな形とかがあるわけだ。それは変化するし、それから区切りもある。こういうものと対話しながらじゃないと、人間というのは生きていけない。最後に自然というものが残るわけだね。最後追い詰められたら自然と対話するしかない。

逆に言うと、自然をその人から奪ってはいけないということだ。最後どんなにその人を追い詰めても自然を奪ってはいけない。なんで自然が大事かということだ。自然がなくなっちゃうと、われわれ、いよいよ一人になって追い詰められたときに本当にゼロになってしまう。人間、のっぺらぼうでは生きていけないんだ。だからなんか区別がないといけない。言葉というのは音の区別だ。音が区切られていて、いろいろ区別できる。ミョウオウ〜〜〜というような、こういう音ではないわけだ。クリアに区切られている。だから言葉を聞くととってもいい感じになる。まあ私の言葉なんかを聞いてもいい感じにはならない。でも詩を読むとか、歌、歌の言葉はとてもきれい。詩とか歌はとっても大事だ。だからこれなしではやっぱり生きていけないということだ。こういうことが表現されている。

この作品にも、コーラスの部分や歌の部分がある。台詞の部分もかなり音楽的なんだけれど、もちろん韻律がある。ここにオペラ好きな人はいるかな?

**――えーっと、『トゥーランドット』とか。**

おー。すごいなあ。プッチーニには必ずとてもかわいそうな女の人が出てくる。この授業と同じだね。元来オペラはアリアと、レチタティーヴォという、チェンバロかなんかで、喋《しゃべ》るように歌う、歌うように喋る、みたいな部分がある。この交互のリズムでオペラって成り立っているんだけれど、この劇もそうだ。アリアの部分と、合唱の部分と、それとちょっと音楽的だけれども会話みたいな部分とがある。この最後のフィロクテーテースの歌はきれいです。きれいなアリアです。

# 種明かしのためのミニレクチャー

一回目で問題を設定し、二回目で解となる概念の核心部分を感覚的に摑《つか》み取ることにチャレンジした。三回目では解の実像を提示し、四回目ではその前提を例解することにした。

しかしながら、三回目と四回目のアプローチは、授業の中で再三示唆したように、間違ってはいないものの、時間と素材の関係から無理を内包している。つまり、授業の展開にはトリックが潜《ひそ》んでいる。この点をまとまった形でもう一度明らかにしておくことは、とりわけ論理的な明晰性を好む若い頭脳には不可欠であると考え、第四回の後に、簡単なレクチャー部分が付加された。この部分をも再現するのでなければ、読者に対して衡平《こうへい》ではない。

ただし、物事の正確を期《き》すというタームに移ってみれば、その場では一応の成功を収めたものの、書かれた言語は反復してなぞられるだけに、あのミニレクチャーはこれに耐えるものではない。かくして、授業の脈絡を離れて、言わば欄外に出て一から書き直すこととした。

## 1　政治

今回の授業の最大の難点は、大前提である政治の成立を主題としえない点である。そのためには、ホメーロスとヘーシオドスを複雑な手続で読みこませなければならないが、これはギリシャ語を通じて、そして複雑な解釈手続を通じて、かつ厖大《ぼうだい》な時間をかけて、のみ可能である。これができない以上は、不正確で近似的な伝達を余儀なくされる。

とはいえ、近似的な手段として、決して低く見積もれない有力な媒体をわれわれは持っている。政治がデモクラシーへと高度化する時、しかしながらそのデモクラシー固有の病理を鋭く見つめたソフォクレスがいる。彼の処方箋は、政治の原点に存する連帯を遥《はる》かに高度にして与えるというものであった。デモクラシー、そしてデモクラシーの構造に対応する悲劇という媒体の性質上、常にネガにのみイメージを提示することで政治を裏に成り立たせるホメーロスのテクストとは違って、端的なイメージが提示される。そしてそれがあまりにも強烈であるために、翻訳によってさえ（ただし、若い頭脳の頼もしさで、授業後、二、三人がギリシャ語を勉強したくなった、と熱く語ったので、読者諸賢もぜひともギリシャ語を始めてほしい）伝わるのではないかと思えた。これが、『アンティゴネー』と『フィロクテーテース』を選択した理由である。

この授業では、問題は明確に設定されたと考えうる。他ならぬこの明晰な頭脳の生徒たちはそのように感じた。権力と利益を巡って蠢《うごめ》き個人を犠牲にする集団の解体である。第一に、この問題を設定するかどうかは大きな分かれ目であり、設定したくない人にそこから先おつきあい頂くのは時間の無駄である。むろん、われわれの溢《あふ》れるイマジネーションはそれでもコミュニケーションをやめはしない。彼らを見捨てはしない。ただ、「こっちの水は、あーまいぞ」と見せつけ誘惑するのみである。第二に、凡《おおよ》そ問題を設定する、つまり凡そ疑問を感じ解決しようとするということ自体、大きな分かれ目であり、決定的に重要なアプリオリである。かつ、その場合の問題設定は結局この授業の問題設定に行き着く。なぜならば、凡そ現実の総体を批判的反省に晒《さら》し、取り組む、という伝統が、徒党《ととう》解体の伝統と重なるからである。徒党解体のための手段はそのようなトータルな省察《せいさつ》以外にない、ということを意味する。

凡そ現実の総体を批判に晒《さら》すという営為、正確に言えばそのような営為によって社会を営《いとな》むということ、は紀元前八—七世紀のギリシャで始まった。少なくとも今日こうした営為はここに始まる伝統を引く。ホメーロスとヘーシオドスの韻文は、そのことを証明するし、この韻文を共有することによって人々はトータルな省察ということを社会の基礎に据えて全く新たな組織原理を樹立したのである。このトータルな省察は文学に他ならない。少し後に歴史学や哲学等々が文学ジャンルとして分化していくが、文学は定義上教養ではない。トータルな省察の結果であってもそれが教養の体系のようなものであれば、その教養の体系が権威を持って批判の外に置かれるから、トータルな批判にはならない。つまり自分をも批判させる媒体が文学である。

かくして、徒党解体を体系的に遂行して個人の自由を保障する社会組織は、文学によって樹立されたが、その社会組織、あるいはそうした社会組織を営む具体的な活動、は政治と呼ばれる。その営みを表面的に記述すれば、完全に（上下関係を排除して）水平に結合した独立自由な諸々の個人が、特別に厳密な言語の使用によって議論をして社会の基本枠組みを決定し、すべての個人が絶対を意味するこの決定に自発的に従う、ことであると言うことができる。その決定は、個人の自由を脅《おびや》かす徒党の形成を阻止《そし》したり、阻止するための装置を設定したり、といった内容に限定された。さもなくば、決定が却《かえ》って個人の自由を侵害するからである。決定に際して言語のみを使うのは、権威や実力が決定を左右してはならないからであり、言語の使用が特別に厳密でなければならないのは、ただの言語使用は、必ずそこに集団や利益が入り込むのであり、むしろ権威や実力の手段となるからである。厳密な言語使用の大まかなイメージは、主張を明確な決定内容とその論拠に分節した上で議論し、自由なメンバーに対する説得力を競うというものであるが、諸々の具体相を例解することはできない。単純な事柄ではなく、ホメーロスやヘーシオドスの韻文に込められた深い思索を意識に内蔵していないと実践できない。また、政治的決定が絶対でなければならないのは、なにかによって曲げることができるならば、それは権力や利益、したがって徒党の介入であるからである。強制されて決定を履行《りこう》するのでは、権力や利益の存在を肯定することになる。

## 2　都市と領域

デモクラシーは法ないし占有原理の論理的前提ではない。しかしそれに替わるものである。したがって、デモクラシーについて説明しておくことは、法ないし占有の理解をヨリ容易にするであろう。そして、デモクラシーについて説明するためには、政治が出来上がった時に同時に抱え込まれた或る問題について述べなければならない。こちらのほうは法ないし占有原理を理解するためにも不可欠である。その問題とは、都市と領域という二元的構造の問題である。

政治の中核には議論があり、それはなにか一義的内容を決定することへと導かれているが、その決定はもちろん徒党を解体して個人の自由を保障する体制を構築することを理念としている。議論の過程と決定の内容に集団の利益が流れ込んではいけないのは当然のことであるが、これを排除すると、真っ白なキャンヴァスの上に何一つ制約なしに真っ直ぐな論理を思い切り自由に伸ばすことになる。将来に向かって想像を豊かに展開するということでもある。例えば政治的決定の大事な内容の一つとして、自立できない個人を経済的に支えるということがある。支えなければ徒党の餌食《えじき》になり、徒党がのさばるだろう。犠牲を払って支えれば、将来彼が貢献する番が必ず来る。こうしたことを構想し、未来に託《たく》すというのは、理念の産物である。

さて、言語でこれを育《はぐく》むにも、しかし具体的な空間が必要である。具体的な空間、つまり地面の上は、しかし議論には向かない。土地は縄張りつまりテリトリーの奪い合いの対象であり、常に徒党を発生させている。なぜならば、具体的な土地を目がけて働きかけなければ果実を取得することができず、果実を取得できなければ生きていけないからである。しかしこれを巡ってまさに徒党や支配従属関係が発生する。かくして政治を成立させるとき、第一に、テリトリーでない空間、言語しか通用しない空間、果実を取得するための活動が禁止される空間、を厳密に区切って用意しなければならない。これが都市である。都市空間の設計はまた、政治的決定の最も典型的なものでもある。理念に沿って白紙に描くという政治の性質をよく表す。都市計画、つまり真にオープンな空間の創出、はギリシャを母国とする。

徒党がいやならば、すべての空間を都市にするか？　そうはいかない。議論では食べていくことができない。したがって、都市でない空間の存在を容認しなければならない。とはいえ、そこで展開されてくる利益を巡る集団の蠢《うごめ》きを完全に放任することはできない。勢いを増してやがて都市を襲ってくるであろう。かくして第二に、都市の外の生産についても、存在を認めざるをえないその徒党状態を極小化することが行われる。よく区切られた小さな土地片を個人が耕作し、誰も介入しえない、というイメージである。家族とか最小限の従者とか、小さな徒党は払拭《ふっしょく》しえないが、政治と都市にとってひとまず無害化されたと評価しうるであろう。政治的決定はそのような状態を保つことに腐心する。そのようにコントロールされた都市の外の空間を領域と呼ぶ。

都市と領域のこのような二元的構造は、政治機構の面にも反映される。議論可能な人数は限られる。では、少人数で社会を構成するか？　しかし少人数では政治は成り立たない。政治的決定の内容が自分たちに直接かかわる案件に近すぎるからである。遠くへ理念を伸ばすことが政治の生命線の一つである。政治は集団を解体することに向けられている。少人数で社会を構成すると、それ自身が一個の集団になってしまい、個人が解放されてこない。政治を構成するためには一定の規模を必要とすることは古くから認識されてきた。とはいえ、そうすると、実質的な議論をするということが難しくなる。かくして、政治機構は必ず、実質的な議論をする評議会のような合議体と、その議論の結果を批准《ひじゅん》する全個人から構成される民会のような機関、という二元的構成に基づく。都市内にいてもっぱら政治に携わる階層と、領域にいて民会のときだけ都市に集まる階層、という二つの階層の分化にも対応する。

その結果、都市の政治機構は領域から遠くなる。前述の第二の課題、つまり領域における土地の上の支配服従関係を極小化するという課題、を前にすると政治的決定の内容上の密度が足りないということを意味する。かくして、領域の人々は領域を区分した上で、それぞれ第二次的な政治システムを形成する。そこでもう一度横断的に結合し、自分たちの中に徒党が発生しないようにチェックするのである。

ただ、まさにこの政治システムは不完全である。狭すぎて個人の自由の観点からは問題が多い。多数派と紛争《ふんそう》になった個人は圧迫される。まさにそのような場合のために都市の裁判が存在する。もっとも、脅威に晒《さら》された領域の個人が都市で裁判をしてもらうためには、訴訟代理人になってもらうなど（リュシダムスの活動を思い出してください）都市の政治的階層の者を頼らなければならない。そこにどうしても「なにかを得てなにかを返す」という、政治にとって危険で従属関係を発生させやすいチャンネルが生まれる。まさにこの場合に備えて、領域の第二次的政治的連帯が作動する。都市の階層が、裁判で弁護してやったではないか、あれを寄越せ、と言っても、その物の移転には第二次的政治システムの裁可《さいか》が必要だ、と言って立ち塞《ふさ》がる。この最後の局面において肝要な、領域の個人の不屈の自由の意識を高らかに謳《うた》うのがヘーシオドスの韻文であり、凡そ政治の原理を裏で示唆してくるホメーロスの韻文と対抗的な包括的世界観を強烈に打ち出す。プロメテウスのようなヒーローの名とともに、今日までこの和声のバス・バリトンの部は常に響き続けている。

## 3　デモクラシー

ギリシャで政治を成立させた社会は多数にのぼり、それぞれが独立のポリスであるということになるが、紀元前六世紀の後半になると、てんでにその政治の構造を変化させ、デモクラシーへと舵《かじ》を切っていく。今や、領域の第二次的政治システムが主役になる。ここから、民主政の場合には籤《くじ》で、貴族政の場合は選挙で、評議会で議論して直接政治に携わる人を選出するようになる。都市中心の裁判の陪審《ばいしん》も第二次的政治システムのメンバーから選ぶようになる。第二次的政治システムへの帰属は自由になり、連帯は閉鎖的でなくなる。人々が自由に動くようになるということである。

そしてなによりも、領域の個人の自由のほうがアプリオリになる。政治自体、私的権力を徹底的に解体するものであり、個人の自由のためである。しかし個人の自由のためには、逆説的だが個人の自由を犠牲にしなければならない場面が不可避な場合があると考えられた。

今、それも許されない、個人の自由を犠牲にしないで個人の自由を守る方法をもっと考えろ、となる。政治も、アプリオリの個人の自由に手をつけられなくなる。政治的決定の質が問われ、それがこのアプリオリを意味する前提条件をクリアしていなければならなくなる。このため、前提的審査がなされる。別の言い方をすれば、論拠《ろんきょ》に制約が課される。論拠にこの要請が織り込まれていなければその論拠は提出しえない。政治的議論において、なんでも主張しうる（自由を侵害するような内容は議論の中で自《おの》ずから排除されるにとどまる）ということでなくなり、個人の中核的自由を侵害するものでないか、入口でチェックされ、入場を制限される。

この精神を、われわれは二つの悲劇作品を通じてつぶさに見たことになる（例えばクレオン批判、オデュッセウス批判として）。この新しい精神は二つのヴァージョンを持った。一つはやがてエウリピデスが鮮《あざ》やかに展開していくヴァージョンである。彼の作品はすべて子殺しを主題とする。デモクラシーの色々なメカニズムが子殺しを強《し》いる、つまり個人の最も大事なものをその個人自らが犠牲に供《きょう》するよう追い込まれる過程をこれでもかと解剖する。裏を返せば、ここでは新しい自由は、個人がそのかけがえのないものを絶対に侵害されないこと、それを犠牲に供するほうへと追い詰められないこと、として捉《とら》えられている。これに対してわれわれが読んだソフォクレスは、追い詰められて幾何学の点のようになった個人が、まさにそういう個人のために、連帯することを新しい自由と捉えた。アンティゴネーを核とする連帯、フィロクテーテースとネオプトレモスの間に辛《かろ》うじてかかった橋、である。

これは同時に、新しい次元に、政治とは対抗的な、政治的な連帯を再構築するという構想であった。デモクラシーに政治的連帯の高貴さを取り戻す、否《いな》、一層の高貴さを実現する、という考えであった。だとすれば彼がかくもクリアに提示するイメージには政治的連帯そのものが濃縮されて詰まっているはずである。これを中高生の諸君に受け取ってもらって、なんとか、政治とは本来なんなのかについて考えるきっかけを提供しようと思った次第である。

## 4　法または占有原理

ローマは、紀元前五〇〇年頃、ギリシャからの強い影響で、言わば輸入するようにして政治を成立させる。政治の成立は必ずそれまでの社会のあり方との断絶を伴う（それまでどうであったかをどうでもよくさせる、その意味で普遍的である）が、ローマの場合には外からのイムパクトという外形をも伴ったことになる。もっとも、輸入の場合はどうしても性急になり、不完全になる。ローマの場合、領域の第二次的政治システム、ヘーシオドスの不在として欠陥が現れる。そうするとデモクラシーへは移行しにくい、ということに留意されたい。

それでも、ローマはデモクラシーを目指した。伝承は、紀元前四五〇年頃に第二のイムパクトがギリシャから加わって第二の断絶が生じた、と言ってくる。これが十二表法の制定という事件である。かつ、政治の構造が不完全であるという初期条件のハンディキャップのために、デモクラシーは、もうデモクラシーとは言えないほど、全く独創的なものとなる。それが法である。今日最もよく受け継ぐのが民事法であり、民事訴訟である。

法は、占有という原理を持つ。どういうことかと言うと、第一に、領域の個人に固い独立の基盤を持たせるのであるが、これを巡る争い、ギリシャならば第二次的政治システムが自治的に解決していた問題、を都市中心の裁判で争わせるのである。しかし、両当事者の主張を分け隔てなく聴くという政治システムに相応《ふさわ》しい審理《しんり》の方法を排除する。第三回において繰り返し説明したように、その基盤構成物（土地など）が本来どちらに帰属するのかということを度外視して、まずはその時点で一方はその物と固く結びついていたのに、他方が暴力的に奪おうとした、と設定してしまう。後者がブロックされ、前者に占有が与えられる。後者は、実力行使をやめて、原告として、かつてむしろ自分のほうが実力でその物を奪われたのであることを延々と立証しなければならない。前者はその占有によって被告となり、その勝ちは推定される。手続に圧倒的な不衡平《ふこうへい》が内蔵される。これは今日でも民事裁判の基本原理であり、常識であるが、紀元前四五〇年のローマに発すると言ってよい。

われわれにとって重要であるのは、裁判という政治的決定において、主張に前提的な制約が課されたということである。徒党をなしたままでは原告にさえなれず、実力行使をしてしまえば、どんなに正しくともすべてを失って前提手続で葬《ほうむ》られるのである。されたほうが占有訴訟の原告となってそのことを主張して勝てば、巨額の賠償とともに相手の破滅をもたらしうる（占有訴訟では一旦ブロックする側が訴えるので原告となり、通常訴訟と入れ替わるが、証明の必要はない)。この前提資格審査は、政治的空間＝裁判の空間に付属の空間が横付けされることによってなされる。政治的空間自体、神話の再現実化つまり儀礼によって画《かく》され、一種の舞台であるが、その前に、領域での出来事をそのまま再現する小さなミニ舞台が設置される。ここで占有ないし訴訟要件が審理される。ここを通らないと大舞台たる裁判には行けないのである。

授業では、以上の占有原理を直接伝えるウェルギニア伝承を取り上げたいところである。ところがこれは儀礼(手続)の設立伝承を残すのみであり、文芸化されていない(元々儀礼依存＝公法依存という政治システムの特質からして文学が支えるという側面が限定される——儀礼とその縁起《えんぎ》伝承のセットによって支えられる)。どうしてもインパクトが弱くなってしまう。そこでまたしても便法《べんぽう》を用いざるをえなかったのである。紀元前二世紀初頭のプラウトゥスの喜劇である。

法ないし占有原理はその後発展し、とりわけ紀元前三世紀後半に飛躍的にレヴェルアップする。ローマは広く地中海世界の諸都市の間の通商交易を庇護するようになっていくが、この関係に民事法を適用するのである。ポイントは、信頼関係に基づいた契約である。あるいは、信用を生命とする金融である。諸々の都市の階層は政治的連帯の伝統を有していて、これが新しい信用にとって資源となる。が、同時に彼らは頭を大いに切り替えなければならない。しかしそれはしばしば難しいから、喜劇の中の父親はいつも混乱している。まさにこれを笑うことによって新しい意識が醸成《じょうせい》されうるのである。

その新しい意識も、むろん、基本の占有原理を踏まえて成り立つ。占有原理を備えた領域の個人は決して実力や徒党に向かったりはしないであろう。既に領域は透明である。都市の階層が信用に基づいて取引をするときには一層である。裏切りや不透明は徒党のものである。それは、オレのものはオレがどのようにしようと勝手である、という実力支配の動機と密接につながっている。都市空間ではこれが自ずから排除されている。今その都市空間での取引に高次の占有原理を適用して新しい民事法を築く。都市空間のおかげで取引が便利になった、物資を高速で取引できる、いくらでも儲けうる、ということで、物事を勝手に動かしうると勘違いする父がどうしても出てくる。喜劇はこれを様々な形で諌《いさ》めていくが、中で、原点の占有原理こそがあなたの礎《いしずえ》でしょうに、それを忘れてどうすんの、という主題が再三現れる。そこには占有の精神がよく現れており、見事に文芸化されている。それは既に純正の占有原理を示すものではないが、或る意味ではもっと濃縮されているとも言える。かくして授業ではこれを取り上げることとした。

特に『ルデンス』においては、占有原理の高度な発展形たる、自由のための取戻訴訟が登場する。誰でも、それは自由人だと言いたてて行けば、占有原理に基づいて正しいということが推定され、相手は絶望的になるから、どんどん奴隷が解放されてしまう。取引上の不正をするよからぬ商人は、取引対象を尊重する良好な関係を築けていない、これを打ち砕くのは占有原理である、その精神は自由、とりわけ人身のアプリオリな自由である、というのが、自由のための取戻訴訟を舞台の上に上げた『ルデンス』の作品意図である。実際、単なる手続の記述と異なって、その精神が美しく造形されている。

＊以上は、私の三冊の本の要約でもある。Ⅰ『政治の成立』（一九九七年）、Ⅱ『デモクラシーの古典的基礎』（二〇〇三年）、Ⅲ『法存立の歴史的基盤』（二〇〇九年）、いずれも東京大学出版会、である。『カシーナ』『ルデンス』については、Ⅲの第三章で、『アンティゴネー』『フィロクテーテース』についてはⅡの第一章で詳しく論じられている。関連の研究文献に対する批判も見ることができる。さらには、ホメーロスやヘーシオドスについてはⅠの第三章で詳しく論じられている。言い換えや論証がなぜ重要かという理論的分析、あるいは言語について、はⅠの第一章、部族社会の構造や社会人類学の学説史や構造主義批判についてはⅠの第二章、さらには三部作全体にわたって言及されている。

三部作への入門として、『笑うケースメソッドⅡ　現代日本公法の基礎を問う』（勁草書房、二〇一七年）の序章、そして（ローマに限らずギリシャについても）『新版ローマ法案内　現代の法律家のために』（勁草書房、二〇一七年）のとりわけ第一章と第二章が役に立つ。

扱った判例については、『笑うケースメソッド　現代日本民法の基礎を問う』（勁草書房、二〇一五年）第一章、前掲『公法の基礎』第五章の参照を乞う。

憲法九条については、『憲法9条へのカタバシス』（みすず書房、二〇一八年）で詳しく論じられている。

近松作品については、桑原朝子「近松門左衛門『大経師昔暦』をめぐって（一）（二）」（『北大法学論集』64・2-3、二〇一三年）を是非読んでください。

国家と宗教、そして精神の自由については、福岡安都子《あつこ》『国家・教会・自由――スピノザとホッブズの旧約テクスト解釈を巡る対抗』（東京大学出版会、二〇〇八年）が必読ですが、著者は英語版（Atsuko Fukuoka, *The Sovreign and the Prophets. Spinoza on Grotian and Hobbesian Biblical Argumentation*, Brill, 2018）のほうを薦めるでしょう。学問の一つの頂点ですから、是非せめて手に取ってみましょう。

あとは、例えばマキャヴェッリなどの初期近代の古典、二十世紀の社会人類学の古典、などを読むことですが、いずれもここに掲げた私の著書の中で推薦されています。生徒たちとの質疑で話題になったのですが、先立つものは（日本語を含め）語学力（あるいはテクスト解釈力）なので、なるべく原文で読めるように、勉強しましょう。生徒たちは非常に意欲的でした。

第五回

# 日本社会のリアル、でも問題は同じだ！

――日本の判例

最終回は日本の最高裁判所の公式判例集のテクストを中高生に読ませるという試みらしい。それ自体、かなりの冒険であるが、それより心配なのは、これまで名作を読んできて感動してきた彼らがここで奈落《ならく》の底に突き落とされることです。準備の段階で白《しら》けてしまい、授業自体も低調を極めるのではないか。

しかし集まった生徒たちはこれまで培《つちか》われてきた信頼関係があるのか、あまり様子が変わりません。むしろ老教授が浮かない顔をしていますね。大丈夫かなあ。

流石にあらすじを書いても干物《ひもの》をさらに日干しにしたようになるので、投げやりですみませんが、判例集テクストの相当に恣意《しい》的な抜粋を以下に掲げておきます。法律家の皆さんは顔をしかめるでしょうが、あしからず。

# 三

## 占有保持請求本訴ならびに建物収去土地明渡請求反訴事件

**最高裁判決昭和四〇年三月四日民集十九巻二号一九七頁**

○「第一審判決の主文、事実及び理由」より抜粋
（なお、生徒には判例集テクストの全文が与えられた。）

［理由　二　反訴について　2　本案について］

別紙目録（一）の記載の土地はAの所有に属していたところ、Aは昭和三十二年四月十一日これをBに売り渡し、Bはこれを被告［Y］に対し代金二十一万円で売り渡し、Yは同年七月九日青森地方法務局乙供出張所受付第八五二号をもってAからYに所有権を移転する旨の所有権移転登記手続を経由したこと、原告［X］が同年十一月二十二日頃右土地へ別紙目録（二）記載の建物を移築して現にこれを所有していることは当事者間に争《あらそい》がない。

［中略――だが、XはABY間の売買契約は解除されており、しかも登記はYがAの不在時にその妻aより騙取《へんしゅ》したものであるから無効であり、かえってXがAから土地の売渡を受けていると主張している。一方Yは、「売買契約は解消しているものではなく右登記は原告の承諾を得て中間省略の方法により正当になされたものである」と主張している。］

Bは前述のように本件土地をAから買い受けた後代金二十一万円でこれをYに売り渡したのであるが、その売渡の日は昭和三十二年四月十八日であり、代金は内金五万円を前払いし残代金は所有権移転登記手続をすると同時に支払う約であった。そして、右売買契約成立の日A、B、Yの三名がY宅に集まった席上において、Aは自己においてBに渡しておいた乙第二号証の登記済証がBからYに交付されていることを了知の上B、Y間の売買契約を承認し、かつ所有権移転登記手続は中間省略の方法により自己から直接Yあてになされることに承諾を与え、直ちに自己の印鑑証明書を取り寄せさせた上これをYに渡し、その印鑑は翌日Yに託する旨約した。Yは翌十九日Aの妻aから右Aの印鑑を預かり、右印鑑証明書およびBから交付を受けていた前述登記済証を持参の上司法書士C方へ赴《おもむ》き、同人に依頼して乙第十一号証の委任状その他の所有権移転登記申請書類を作成したが、Yの住民票謄本《とうほん》が必要だというのでその日は登記手続をしないまま帰宅した。YはBに対し売買契約成立と同時に金一万円を、その翌日金四万円を支払ったが、登記ができなかったため残代金の支払をしなかった。Bは金員を必要とする緊急な事情に迫られていたところ、登記の早急な実現、従ってまた売買代金の早急な入手が期待できないものと考え、一方においてYに対し既に受領した金五万円を返還して売買契約を解消すべき旨を申し出で、他方においてAに対しYとの間の売買契約は取り止めにするから自己とAとの間の売買契約も解消されたい旨申し出るとともに別途金策方を相談し、ここにおいて同月二十一日頃A、B間の前述売買契約は両者合意の上で解除され、両者間においてA所有の本件土地に健在する建物を金二十四万円、B所有の建物を金五十万円と各評価した上これを相互に交換し、AはBに対し差額金二十六万円を支払うこととする取りきめがなされた、Aはその頃本件土地を代金二十六万円で原告［X］に売り渡し、同代金を受領してBに支払った。この間にAはYに託したその印鑑の返還を受けていた、他方、YはBに前渡代金五万円の倍額の返還方を要求してその売買契約解除の申出に応ぜず、同月二十三日頃住民票謄本をも用意して青森地方法務局乙供出張所へ赴いたが、登記簿上における原告の住所の番地に記載の誤りがあって登記手続をするに至らず、その後同出張所職員が同地方法務局長の許可を受けて右誤りを更正するのを待ち、同年七月九日あらためて申請手続をして本件所有権移転登記を得るに至った。Yは同日自転車一台を金一万円に見積ってB方へ持参するとともに金十五万円を送付した。

○「第二審判決の主文、事実及び理由」より抜粋

［理由　本訴について］

右土地はもとAの所有に属し、同人から同年十一月二十一日控訴人［X］に引渡されたものであるが、被控訴人［Y］はその以前にAからBを経て右土地を買受け、既にその所有権移転登記も済ませていたので、控訴人の右建物移築を黙視することができず、これを阻止しようと考えてyにその阻止の実行を依頼し、yは翌二十二日Yのほか暴力団風の者の男一人を伴い右移築工事現場に至り、控訴人の夫xに対し、右移築の建物を明日午前中に取片づけるように申し向け、応じなければ右移築建築物を撤去する為暴力を行使するかも知れないような気勢を示し……

＊　＊　＊

訴訟の経過を記せば、（1）XがY側の圧力に対して保全処分を求め、これに成功し、（2）対応する占有の訴えを提起したが、Yは所有権に基づく明渡し請求の反訴を提起し、一審は反訴請求のみを認容し、（3）控訴審は、Xの本訴請求を認容したものの、反訴請求認容は維持した。（4）これに対してXは、占有訴訟においては本案の訴えを反訴として受理することはできないと主張して上告したが、最高裁は、反訴は認められるとしてこれを斥けた。その理由は、「民法二〇二条二項は、占有の訴において本権に関する理由に基づいて裁判することを禁ずるものであり、従って、占有の訴に対し防御方法として本権の主張をなすことは許されないけれども、これに対し本権に基づく反訴を提起することは、右法条の禁ずるところではない」というものであり、かつこれが理由の全文であった。

---

今日は日本の最高裁判所の判決を二本、読んでもらいます。これまでの四回はぜんぶ映画を含めて広い意味の文学で、しかもフィクションだった。今回はストレートに日本の社会のリアルです。

では一件目から行きましょう。一つ目の判例は、不動産を争っているんですけれど、まさに占有を扱うものです。

判例はそもそも読むだけでも非常に難しかったと思う。

## 事件の発端は？

――**同じ日本語とは思えなかったです……**。

そうだよね。しかもこの一件目は事案が複雑だからなおさらだ。

まず、事件の端緒《たんしょ》をききましょう。事件にはきっかけがある。このきっかけが摑《つか》めれば、あとは芋《いも》づる式に、セーターをほどくように、きれいに全部ほどけていくから。ヒントを言うと、発端は、誰かがちょっと困ったことである場合が多い。玉突き事故みたいに様々な人が巻き込まれていく。（手が挙がり）どうぞKm君。

――**X（原告）が建物を建てたら、そこにY（被告）が来て、やめろと言われた。**

うん、裁判所に持ち込まれたきっかけはそうだった。そこはむしろ事件全体のクライマックスだ。それに至ったのはなぜ？　どうぞ、S君。

――**Aが、なんていうんだろう、二枚舌をしていた。**

大学でも「二重売買」と整理される事件なんだ、これは。けれど、ここに行くまでにも事情がある。どうぞKm君。

――**えっと、AがBに土地を売った。**

うん。AがBに土地を売った。なぜだ？

——**Bがお金がなかったから。**

おおー、そうだ。Bがお金を必要とした。これが事件の発端だ。それがなんでかは、残念ながらわからない。この判決には書いていない。だけどやや緊急にお金が必要になったんだね。家族が病気だったのか、サラ金に追及されたのか。

二番目に行くよ。それで、次、Bはどうした？

——**被告の人（Y）に売った。**

ううん、その前に？　一つひとつ行かないと、このセーターがほどけないんだな。とにかく困ったなあってBが……そのとき考えたことはなんだい？

——**Aを頼ろうとした。**

当たり前だねえ。Aを頼ろうと思った。Aさん、なんとかなりませんか。はいわかりました、と言ってAさんはBさんにお金を貸してあげましたか？

——**ただ単に貸したわけじゃない。**

そりゃそうだ。ただ単に貸すことをしていない。なにか妙なことをしたんだな。これからみんなで解明していく。

## お金がない

だけどどうしてAは、じゃあわかりました、お金がいるんですね、貸してあげましょう、人助けじゃないですか、Bさん持っていってください、とお金を渡して、借用書を書いてもらって、そしてBさんはやがてAさんにお金を返しました、という物語に、ならないんだろう？　わかる？　ちょっとトンチっぽいんだけど。推理が必要だよ。なんでそうならないのか。想像しにくいと思うけれど。

**――うーん……。**

じゃあちょっと横道からいくよ。AはBに頼まれて、困ったなあ、と、Aも困っちゃうんだね。それで何をさせることにしたんだ？　結局？

**――Y。**

その通りだ。Yに頼ることにしたんだ。なんでYに頼るんだ？

**――土地を買ってくれるから。**

なんでYに土地を買ってもらわなきゃいけないんだ？

**――お金がほしいから。**

お金がほしいから、ということは、Aは、お金を渡せばいいのに、できないんだね。どうしてだ、単純じゃないか。

**――Aにそのお金がないから。**

その通りなんだよ。現にその通りなんだ。土地は持っていても、たぶん預金がない。あったとして動かせない。すごく単純なことだ。Bにお金がない。Aにお金がない。だからYに出させるしかない、わけだ。

だけどYは、そうですか、Aさんお金ないんですか、Bさん困っているんですか、じゃあ私が代わりにお金を出してあげますよ、という、Yさんはとってもいい人でしたか？

——**……（首を振る）**。

ぜんぜんいい人じゃないねえ。Yはどういうふうに考えただろうか。今日は、大人の考えることだから、特に日本の大人の考えることだから、とっても難しいよね。日本の民法学者もこういうことはあんまり考えないんだよ。とっても奇妙なことをするな、と思わなきゃいけないんだけど、誰も思わないんだね。でも君たちにしてみればここだけは確かだよね、なんて奇妙なことをするんだろう、この人たちは。

じゃあヒント。先回りというか回り道で、出口から入ってみよう。Aにお金がない、Bにお金がない。じゃあYにはお金はありましたか？

——**なかった**。

どうしてそれがわかる？

——**一度に払いきれなかった**。

その通りだ。その上？　気づいたかな？　とってもおかしな、取り引きの社会としてはあってはならない、とってもばかげた行動をYは取ったんだよ。

——**とりあえず一万円払った**。

うん、それはある。さらに？　翌日に四万円で、とりあえず五万円だねえ、持っていったんだけど。もう一つ。

――**自転車。**

――**（大爆笑で授業ストップ）。**

その通りだ（笑）。この授業はどうしても自転車になる。

――**あはは。**

――**自転車を一万円に見立てて持ってきたみたいな。**

そうなんだよ。中古の古自転車をね。お金がないんだ、ここにも。だからこれで我慢してねと言って。よく考えてくださいよ。君たちお金がないと言ってサラ金に借りに行った。サラ金のお兄さん、お金がないんだよ、この古い自転車、ここにあるからこれを持っていって。これを適当に現金にかえてって、アリか？

――**ナシ。**

ナシだよねえ。これじゃまるでモリエールの『守銭奴《しゅせんど》』の主人公アルパゴンじゃないか、とあとで『守銭奴』を読んだ上でもう一度笑ってください。二度楽しめるよ。

そうするとYにもお金がない。部分的にしかないわけ。それで問題が発生していくんだけど。このAさんとBさんはたぶん古くからの仲良しだよね。だからBさんはAさんにお金を借りたいなと思ったんだ。だけどお金がなかった。でAさんは、Yに頼むしかないかなあと思ったわけだ。

反対方向を見ろ！

で、実際にYさんはいいよと言ったわけだ。でもお金がないので、出てこない、にもかかわらずYさんはいいよと言って……ここがポイントだけど、単純にただ貸しますよと言ったかな。言わなかったよね。それはもう君たちが言った。何をしたんだっけ？　どういう形でお金を渡すことにした？

つまりお金がこっちにこう……今の自転車もそうだよね、お金が、少なくとも部分的に入ったよね。これはなんのお金？　貸してあげますよと言ったのではなくて？

**――もう一回質問いいですか？**

うん。結局Yがお金を出すことになったんだけど、このお金はなんでぴゅっと出てくることになったの？　貸してあげますよということだっけ、違うよね？　代わりに何か動いていない？

――……？

うん。物事がこう［黒板に矢印を描く］、右から左に行っているときには、何を見なければいけないんだ？　おお、動いているよ。特に金目のものがこう動いているときには、何を見ようか。例えば私が万年筆を持っているとして、君にあげるよ、と言ったときに、ラッキーと言ってもらうと、とんでもないことに……。

——**［Ｏ君］登記じゃないですか。**

すごいねえ、その答えは。うん、そうだ。ちょっと万年筆のほうを先に（笑）。

——**（笑）。**

万年筆君にあげるよ、と言って、大事なことなんだけど、ラッキーと思って素直に受け取っていいかい？　危ないよね。なんで危ないのか。もちろん木庭先生が悪い人だから危ないんだけど。

——**もらうに値する代償《だいしょう》を。**

その通りだ。代償がある。当たり前のことだね。必ずこういう動き［黒板に反対方向の矢印を描く］が予定されているので警戒しなければならない。そうするとI君としては、このおじさん何をさせるつもりだろうと、とっても気をつけなければならない。女子学生なんていうのはもっと気をつけなければならないわけ、いいですか。

それでO君が言ったように、この場合には反対方向に登記が動いている。登記が動くということは、早い話、Yは何を狙っている？　登記は何を示しているのかな？

——**所有権。**

違うんだけれど、今はまあ、土地そのもののことだと考えてください。土地を買います、だからこれは売買代金です、ということでお金が来る。素直に貸さないんだ。お金を土地の売買代金として、さしあたりBだけど、こちらに払うんだ。さてここは難しいよ、なんでこんなことをするんだ？　素直に貸してあげるということをどうしてしない？

――**担保《たんぽ》が大事だから。**

おおすごい、その通りだ。わかる？　担保。つまり返してもらえるかどうか、ということがとっても不確かなわけだ。そんなのに貸せるか。本当に返す気？　あなた。じゃあ質《しち》を取っておこうと。担保の土地を預からせていただきますよ、と言って、担保を取った。

## 四月十八日は晴れていましたか？

さらにおかしなことがあるよね。これは誰か気づくかな？　ちょっと難しいけど。私の話、ここまで一貫してとっても曖昧だよな。どこが曖昧だ？

――**全員お金がない。**

全員お金がない、というのはあるけど……Yがお金を払った、自転車を持ってきた、というとき、私のこの発言はとっても曖昧だよ、どこが曖昧だ？　君たちは、そうかYはお金を払ったのかと感心してぼーっとしてちゃいけないよ。

――**あ、誰に。**

そうだ！　Kr君その通りだ。誰に！　誰なんだ？　誰と言っても二人しかいないよな。どっちなんだ。Aに払ったのか、つまりAに貸したのかBに貸したのか。

――**B。**

Bですか。そうですね、まあBだよな。Bだけど、これ、Bの土地ですか？

**——あ、そっか。登記自体はもともとAにあってそこからYに移っているから、もともとBが持っているものではないから、Bにお金を渡すのはおかしい。**

おかしい。その通りだ。だけどBにどうもお金が渡るようだね。なんでそんな妙なカラクリになるんだ？

**——Aと建物を交換した？**

うん、それはこのあとの話ね。これも面白いよ。宣伝しちゃうけど。

**——（笑）。**

だんだん面白くなってきたでしょ。とっても退屈だったよね、読むとき。寝ちゃったよね。寝ちゃったけど、今みたいに考えるとだんだん面白くなってきちゃって、夜も寝られなくなってきちゃうよ。

**——ふふ。**

今の問題だって不思議じゃあないか。Aか

図12　事件の全体図

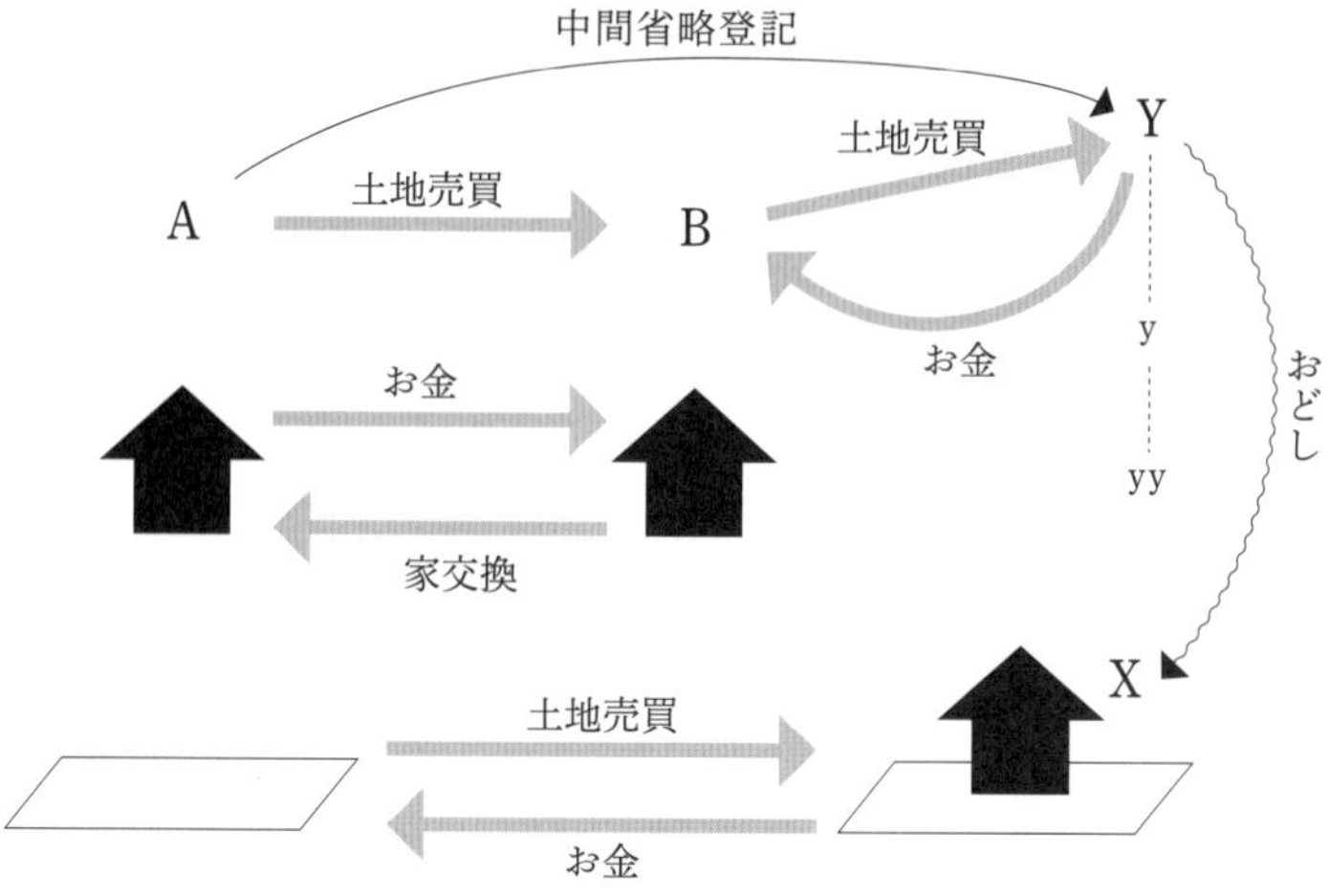

Bかどっちですか。Aの土地だよ、でもお金はBに来ている。どうしてそういう変なカラクリになるんだ。

**――登記の移動を省いたから。**

その通りだ。登記の移動を省いた。裏から言うと？　登記の移動は、ここ（A）からぴょーんと飛んでここ（Y）に来るんだよ。しかし、だったらAとYだけで勝負をつけて、お金がYからAに来ました？　来た来たお金がといってBさんに貸してあげました、ってやればいいじゃないか。しなかったねぇ、そういうふうには。どうしたんだ？

**――中間省略した？**

そう。ということは裏から言うと？　中間省略したということは？　論理的に？

**――曖昧にした？**

そ、その通りだあ。曖昧にしたんだよ、わざと。いいかい。わざとAかBかわからないようにしているんだよ。もうちょっとちゃんと言うと、中間省略ということは実際の売買はA→B、B→Yと二つある。しかし登記だけはここ（A）からぴよーんと、こう（Yに）いった。こういうことを考えたのはいつですか？

**――四月十八日。**

すばらしい！　その通りだ、四月十八日だ。すぐに出てくるところがすごいな。四月十八日、この人たちは何をしていた？

**――集まって……。**

集まったというところがポイントだよ。いいですか。この連中、集まっているんだ、四月十八日に。それで、これで行こうと話し合った。これは本当に、私なんか興奮するほど面白い。怪《あや》しいことをやっている。私は歴史学をしていますからほんとに人が悪いので、なんといってもご馳走は、実際の現実の人間の社会の人たちが奇妙奇天烈《きてれつ》なことをやっているところ。このときには必ず、獲物がいるんだよ、そこには。必ずそこは追及します。釣り糸をたれる。そうすると、おっきな魚がぐぐっとかかってくる。

さて、お金を出すYの心配は？

**――お金が返って来るかどうか。**

そうだよね。それでどうした？

**――土地を担保に取るために、登記を移転した。**

土地を提供するのはAだよね？　代わりにお金が来る。ところがそれをBに渡さなければならない。略して、AをスルーしてYはBに直接渡すだろう。いや、それどころか、BがYに売ったことにする。そうするとBが代金を受け取ったっておかしくないよな？　で、いま心配なのは誰だ？

**――Aです。Bがお金を返すか、わからない。**

そうだよね。AとしてはBに圧力をかけたい。ジャックはおかあさんから雌鶏を売っておいでと言われて御遣いに出たよね。途中でお金の代わりに豆なんかと交換して叱られる。でもジャックはおかあさんに豆をちゃんと渡そうとした。帰る途中で自分で食べてしまわなかった。だから、庭に捨ててしまい、ということになって、空まで伸びる蔓《つる》が生える。食べてしまえばこういうことは起こらなかった。ジャックはなぜ食べてしまわなかったのだろう？

**——おかあさんがこわいから（笑）。**

でも、ジャックのお母さんはとても優しかったんだ。知らなかった？

**——あ、物が返らないとうるさい。**

そうだ。おかあさんは豆一粒では見合ったものが返っていないと思った。でもとにかく物の返る力をあてにしていた。そう、神秘的に言えば、物には返る力がある。ジャックはこの力に挟み込まれている。だから物と一緒に返る。Bにしてみれば、挟み込まれている。どうしてだ？

**——Aから土地を買って、これをYに売ったというのでない。**

その通りだ。そうだったら、Aに代金を支払っていなければならない。Aの土地を売らせてもらった。あるいは、後払いにしてね、ということでYに売った。先払いしていれば、AとBの間の移転も登記されたはずだ。しかしそうでなく、Bはサンドウィッチになっているだけだから、中間省略になった。そうしておくと、Aの土地の見返りの、お金の流れの強い濁流がAに返る。Yから出たお金はBのところに一度立ち止まるけれども、どうしてもその後にBからAへと流れる。中間省略登記は、流れはちゃんとAからYだぞ、覚えておきやがれ、という意味です。これでAはBを縛ったつもりです。

## 第二スキーム

しかし、四月十八日に決めたこのスキームはボツになりますね。だからこそ二枚舌を使うんだもんね。つまりAから見ると、土地を、Bを経由してYに売りますよ、という契約をしておきながら、あ、こりゃダメだな、やめとこう、別のやり方をしよう、ということになった。まず、せっかく作ったスキームは、なんでダメになった？

**――緊急にお金が必要だったのに、Yはぜんぜんお金を払わないから。**

その通りです。埒《らち》が明かないよ、と言って、このやり方は諦《あきら》めるわけだ。そうして次に選んだのが、どういうやり方？

**――X（原告）に土地を売ろうとした。**

Xはどうだったでしょうか？

**――すぐにお金を持ってきた。**

その通りだ。これは普通の売買だね。Xはすぐにお金、しかも現金を持ってきた。Aとしてはよかったよね。はいはい、やっとお金が来ました、じゃあBさん貸してあげますよ、と言って、単純にBさんにお金を貸したでしょうか？

**――……（首をふる）。**

またなにか変なことをやったなあ。

**——AとBが建物を交換して、Bにお金が行くようにした。**

その通りだ。AとBの建物は同じような建物ではないんだよな。

**——金額が違う。**

うん、なぜかお金に困っているはずのBは少し立派な建物で、Aのほうはボロ屋なんだ。ボロ屋といい建物を交換する。そうすると実質的に？

**——AがBの建物を担保として持つことになる。**

そうね、実質的にお金がAからBに動く、なおかつAがBの物を取っているので、担保を押さえている形になる。返せなくてもいいよ、返せなかったらBのよりよい家を自分のものにできるから、というわけだ。完全に想像を絶しているよね、君たちには。私でも流石《さすが》にこれは意表をつかれる。スワップはビジネスの最先端でもするけど。

AとBは親しいはずなのに、互いに信用はしていないということでもある。だからこんなおかしなことをする。裏切る。だから物を取っておく。第一スキームでも同じだ。信頼できずに物を取るけれども、もっとどろどろとした争いになる。悪循環だね。実は大企業でもこういう取引をしています。日本の経済の明治時代以来の問題です。なにか怪しい魂胆を持っていて裏切るのではないか、という不安を払拭《ふっしょく》できないから、いざというときのために物を握っておく。物を握っておくというのは腕力つまり実力の作用だよね。実力要員、つまり暴力の専門集団が大きな顔をする。債務者から物を取るのはわけもない。問題は他の債権者をどうやって出し抜くかだ。向こうだって夜討ち朝駆けで狙っているよ。弁護士でさえ、破産の場合に、破産宣告前に目ぼしい物をかっぱらって持ってくるのが先決ということらしい。何寝ぼけてるんだ、ハイヒールなんか履いて、スニーカーでなきゃだめだ、とインターンの女子学生が怒鳴られたと聞きました。物を取っておけば安心だとはならずに、もっと不安になる。信用できないから実力で押さえる。しかしそうなるともっと不安になる。どんどんエスカレートする。結局、透明性がなくて徒党がのさばっているから、こういう不毛な経済になってしまう。『カシーナ』で女たちが明るみに出したよね。日本の社会の取引は暗闇の中で行われている。

## Xにとっての土地

だいたいこれでどういう事件だったか、ほどけたわけだけれど。ええっと、XサイドとYサイド、実は両方とも女性ですが、ここにはちょっとしたコントラストがあるんだね。これを見てみよう。

まず、Xサイドはこの土地をどう見ているでしょうかね。

——**自分の家を移築してそこに住もうかなと思っている。**

その通りだ。土地を見て、あ、いいなあ、ここに住もうかな、というわけですね。

Yサイドはどうだろう。ここに住みたいなあと思っている？

——**思ってない。**

なんだと思っているの？

――**商売道具。売ったり買ったりするための道具。**

そうだ、お金をやったりとったりするときの、これはちょいと道具になるぜ、というわけだ。この人たちがビジネスのゲームをするとき、つまりお金をやったりとったり、貸したり返したり、相手を裏切ったり、うまく出し抜いたり、それで儲《もう》けたり、そういうことをするときには、どうやら土地が必要らしい。こういう人が現在でも日本の社会を覆《おお》っている。バブルって言葉を聞いたことあると思うんだけど、あのころはピークだった。みんな土地を見ると、猫がマタタビを見たように、むらむらっとするんだね。ちょっと前に流行った学生言葉でいうと、「萌え～」ってするわけだ。

――**（笑）**。

「萌え～」っとして何をするかというと、あやしい駆け引きをしたくなる。特にペンペン草が生えている更地がいい。これを見ると、うん、ちょいと転がすと面白いことできるかなあって思うわけだ。君たちには想像できないよね。ペンペン草の土地を見ると、君たちは何をしたいと思うか。Ｈｒ君だったら何をしたいと思うか。それは当然？

――**サッカーですか**。

サッカーだねえ！

――**（爆笑）**。

無理に言わせているよな（笑）。ともかく、君たちは空き地があれば走っていって、三角ベースかなんかやるわけだ。私なんかも勉強もせずにずーっと遊んでいたよ。遊ぶのは大事だよ。特に山とか川とか起伏《きふく》のある広い空間で遊ぶのはとってもいい。空間的なイマジネーションがすごーく発達するから。

時間の感覚も大事だ。青森の早春だよね。四月十八日に怪しい集まりがあった。七月ぐらいに登記の移転が行われて、十一月にクライマックスが来る。事案を見るときには、こう時系列を、t0から1、2、3、4とプロットするのはとっても大事なんだ。

というわけで、ものの考え方がXサイドとYサイドが違うということがわかった。

## Yは土地にどうかかわるか

次のポイントに行きます。XとYは、考え方の差に関連して、土地に対してとる態度が対照的ですね。

**——十一月になって、Xが家を移築しようとしたところに、Yが乗り込んで行って工事の邪魔をした。**

そのときにYは一人で行きましたか？

**——なんかヤクザみたいなやつを連れてきた。**

その通りだ。暴力団ふうの男を伴ったと控訴審の判決に書かれている。日本の法律家は占有に敏感でないから、法的問題イクォール権原《けんげん》の問題と考えて、こういう事実には反応しない。だからこういう認定がなされるのはとても珍しいことだ。ということは、Yサイドは怪しい集団を作って、この土地の上に絡まっている。そのコロラリーとして、つまりその結果どうなったかというと、Yサイドは実際に実力を使う。暴力を使う。

一方のXサイドはぜんぜん違う。さっき言ってもらったように、Xにとってこの土地は、とにかく自分が平和に住みたいと思っているだけです。あ、移築ってわかった？　昔の日本の家は一種の動産で、木造で簡単に動くんだよね。この時代、私は中学生ぐらいかな。東京ではもう見られない光景だったけど、たぶん青森だからまだあったんだね。で、建物をヨイショヨイショと運んで来たところへ、怖い人がやってきた……ん？　Ht君、どうぞ。

**——そのー、Xが一人でYがグルになっていて、これまでの授業で見てきたのと似ているな、と。**

その通りだ。Ht君は私の魂胆を完璧に見抜いたことになるわけだ。あのパターン、『近松物語』以来のあのパターンが、見えた！って、思ってほしいわけだ。Xサイドは、まあご夫婦なんだけど、いろんな人が絡まっていない。Xはきれい。Yサイドは絡まりあって、ちょっとわけがわからない。

## 一旦ブロックができないと？

さて、ではフィニッシュします。Yが実力を行使してきた。このときに実力行使を一旦ブロック、一旦ストップできなければならない、ということを前々回やりましたよね。
この件において、Yの実力行使の一旦ブロックが、もし、できなかった場合にはどうなるか、これを考えてもらいましょう。Yが、どけどけ、俺のところに登記があるんだ、なに不法に建物を移築しているんだ、とか言って、怖くなったXは逃げ出してしまいました、Yの実力行使は成功してしまいました――仮にこうなったとしたら、どういう問題が発生する？　たぶんYはそこを自分のものにしちゃうよな。で、有刺鉄線なんか張って、「Y所有」とか書いちゃって、キャッチボールはしてはいかん、とか書くわけだよね。

――**（笑）**。

こうなったときにどうだ。

――**［Szさん］Aがお金をXに返さなきゃいけなくなる。**

うん。そうね。

――**そしたらBとの契約もなくなっちゃって、Yも登記を戻さなきゃいけなくなる。**

ん？　どうして？

――**そこの契約がぜんぶ破綻《はたん》しちゃうから。**

なるほど、なるほど、するどいなあ。素直だから契約法の基本（諾成《だくせい》契約における原状回復のロジック）がわかるんだねえ。替わりに賠償《ばいしょう》しておけばいい、とか考えない。実際、賠償なんか求めるのは至難の業《わざ》だ。法律家に聞かせたいな。むつかしく言うと、AX間の売買契約が履行不能になり、AB間の交換契約も牽連《けんれん》している対価をAが支払えないから破綻する。Yの代金不払いが問題となって、Aは返還を要求する。でも実際にはYは払ったと強弁しているくらいだから何もしない。AだってXにお金を返さないだろう。

**——でも、AはXと土地とお金を交換したわけだから、もしXが土地をゲットできなかった場合は、Aはお金を返さなくちゃいけないんじゃないですか。**

その通りだ。しかし、Aさん返してよと言ったときにAはなんて言うだろうかな。その土地は……。

**——その土地は、Yさんが登記を持っているから、Yさんが勝ちだよって。**

そうだ、自分が売ったのは？

**——Yさん。**

Yさんだよ。え、Xさん、あんたに売ったっけ？　契約書？　目の前で契約書もピリピリッと破いて、ないねえ、とか言ったりして。Xはどうしても払ってもらうためには？

**——裁判に訴える。**

その通りだ、裁判に訴える。裁判をするときにXは何になるんだ？

**——原告？**

その通りだ。原告にならなきゃいけない。ABY間の売買は、Xから見るとぜんぶ解除してあったり無効だったりしている。本当に売ったのはXにだよ、と言いたい。でもこれをぜんぶ証明しなければいけない。だってAは、え？　Yに売ったんだからYのものじゃん、あんたに売った覚えはないなあとか言うわけだ。Yに売った証拠に、ほらほらYに登記があるじゃんって。仲間割れしたけれどもグルだから。特にこの場合Aの奥さんが重要な役割を果たす。なんかおばあさんが出てくるんだね。あんまり事情がよくわかってないAの奥さんを適当にたぶらかして、判子なんかを持ち出して、勝手に登記しちゃった、とXは主張している。これが正しいかはわからない。わからないけれども、最低限言えることは、この登記の移転手続きはとっても不透明だということだ。法務局だってそれはバカじゃないから、きちんとした書類や判子がないと登記は受け付けないわけだよ。どうも何回もはねつけているね。ただ、Xは登記の不正を証明しないと勝てないわけだ。

あ、そうだ、それはなんでだ？　確認しておこう。Xがぜんぶ証明しないといけないのは、これはどうしてだ？　もちろんXが原告だからだけれど、なんでXが原告なんだ？

——……。

そうね、ここはきちんと確認しておこうね。

［黒板にむかって］Xがここにいて、こっちが個人で、そしてなんか集団がこう攻めてきたと、こういうわけだ。このときにXに占有があるというわけだ。これは占有の概念だ。で、いまやっているのは、しかしYが圧迫を加えてきて、どけと言ってきている。Yが成功して、Y集団がここにどーんと構えた。有刺鉄線を張って、キャッチボールもさせないという。このときに何が起きているか。とっても難しいけど？

——**Yが独占している**。

そうだ、Yに占有が発生してしまう。なぜかというと、Yは個人じゃなくても、個人のふりを今度はしてくるわけ。今度はYが、私個人です。私占有してまーす。実際には怖いお兄さんがどかしたんだけど。いま、一旦ストップが成功しなかったという想定だから。あとから、Y、これも女性なんだけれど、ふらふらとやってきて、あーら、ここは私の土地だわねえって言って入ってくる。Xはもうどかされているので。そうですねえ、一ヵ月も経てば、立派な占有ですねってなっちゃう。

だからSzさんが言うように、Xがなんらかの形で逆襲する。Szさんは先回りして、せめてお金を返せと、こういう訴訟をXがする、という場面に飛んだわけだね。その前にもちろん、「私の土地だから返してよ」というのがあるわけだ。それがダメでもせめてお金を返してよと、Szさんのようにするのが二番目に来る。ところが、これぜんぶXの負担になる。ぜんぶ証明しないといけない。とりわけABY側がぜんぶインチキだ、Yはお金さえ払ってないぞ、Yが払ったのは自転車じゃないか、とかいうのもぜんぶ言ってやらないといけない。だからこの土地は私に戻るべきである、せめて代金は返してくれないと困るよ、と、Xは言わざるをえなくなった。それはXが占有を失ったからだ。これが正しいことかどうか。

## いかなる理由があっても

一旦ブロックがないと困ることがもう一つあるよね。プラウトゥスの喜劇のところでチラッとやったんだけれど、ほら、リュシダムスがカシーナを襲っているよ、ストップだ、と訴えると、そのあと裁判所がどれどれと調べるよな。すると……？

——……？

『ルデンス』のときも、例の女衒《げせん》ラブラクスが言っていたね。この女は俺のものだよ、実力でとっつかまえて何が悪い、と。今回もそうだよねえ。この土地俺のじゃん。登記なんか見せびらかして。ほらほら、証拠、これが登記証だ、文句あるか。Yは登記がある以上自分の土地だと思っているわけだね。間違ったことをしているとは思ってない。俺に権利があるんだから、実力でXをどかして何が悪いんだ。これでいいんだっけ？

——**いや、よくない。いくら権利があっても、それはダメ**。

そうだ。『自転車泥棒』でもやったね。いかなる理由があったとしても、よくない、してはいけない、ということがあった。

——**ブルーノをぶったところ**。

そうねえ。あれはよくなかったね。あれは、どんな理由があってもやってはいけない、というロジックだった。

この場合もそうなんだよ。Yが登記だのなんだの持ってきても、この暴力団ふうの男を連れてきて実力行使した、それだけでレッドカードなんだ。例えばローマだったらそうなんだ。そこで勝負あり。あといくら正しくても、もう相手にされない。

プラウトゥスの喜劇でもちょっとやりました。一旦ブロックをしたときに、本当にブロックしてもよいケースだったかを調べるんだった。そのときに、あ、リュシダムスはこんな悪いことをやっている、ということが判明すると、レッドカードで予選失格だよ、このあとはもう調べないよ、と裁判官が言うわけだ。やっただけでアウトだから。

一旦ブロックの手続きがないと、そのチャンス、つまり他と切り離して、実力行使だけで判断するというチャンスが失われてしまう。これが二番目のとっても大きな問題だ。

繰り返すと、一旦ブロックの手続きがないと、YがXを追い出して、土地の上に自分の占有を確立してしまって、Xがもうほとんどノーチャンスになっていってしまう。二番目に、一旦ブロックの手続きがないと、議論に入る前段階、前提問題で、あんたひどいことしてますよ、資格がありませんよ、という判断ができなくなっちゃう。この二つの問題があるわけだね。

本当はもう一つあるんだけれど、本件では問題にならない。どういうことかというと、一旦ストップがなくて実力行使が通ると、取り返しがつかなくなる場合がある。奪ったやつがむさぼり食って、返せと言ってももう遅いということがある。だから、緊急ストップはとても大事なんだ。

## 登記と占有

以上は「もし一旦ブロックできなかったら」という架空の状況を設定した質問でした。実際には、この事件、一旦ブロックにXは成功しているんです。君たちはここを読むのは難しかったと思うけど、立入禁止等の仮処分の手続き（保全訴訟）を使って、Xは一旦Yを追い返すことに成功している。で、なおかつ占有訴訟をその後に提起している。つまり仮処分の結果をコンファームしたい、定着させたいために占有訴訟をやっている。だからこれは一旦ブロックがいいかどうかが争われた事案です。占有訴訟自体日本ではものすごい例外であって、逆に言うとこの事件で負けたために、以後、いっさい行われなくなった。そのくらい大きな事件だったのです。

それはともかく、一旦実力ブロックに成功しているXが、にもかかわらず、決勝に進んで、この登記の移転は詐欺的《さぎ》な方法で行われただの、ＡＢＹ間の売買は実際には解除されているだの、一生懸命証明しなきゃいけなかったよね。なんだ、一旦ブロックが成功してないのと同じじゃないか。反訴《はんそ》されたとしても、反訴ではXは被告のはずだから、証明するのは原告（Y）のはずなのにね。挙句の果てに、Xのその主張は受け容れられず、Xは負けるわけだ。これはどうしてだろう。

**――Xが登記を持っていなかったから。**

その通りだ、登記だ。登記を持っていなかった。二重売買の場合、どっちもちゃんとした契約を持っているよね。そのとき登記で決着する。

売買するときには、売りました買いましたの契約だけではダメで、引き渡さなければならない。だってそうでしょう。買いました、オレのものだ、四の五《しご》の言うんじゃねえ、と怒鳴って力尽くで持って行くのはいけません。はいどうぞ、と売主が丁寧に引き渡すのでなければならない。これは占有の作用です。実力の一旦ブロックですね。土地の場合は、登記がその役目を果たします。土地の関係は複雑で不透明になりがちだ。だからこそ透明でオープンな公《おおやけ》の帳簿の上で正々堂々と引き渡すんです。だから登記は少々高級な占有を表している。というわけで、Yは暴力を振るって占有に失敗しているにもかかわらず、登記があるために、占有に成功したのとおんなじことになっている。

## Yは登記にふさわしいか

——**［見学のO先生］でも、登記がそんなに重要ならば、登記も確認せずにお金を払ったXもよくないのではないですか。二重売買の場合には登記を持っているほうが勝つということを、どうしてXは知らなかったのでしょうか。**

いい質問ですね。きちんと事実認定していないから難しいのですが、私は、Xが簡単には登記を得られなかったのではないか、と思います。まず、登記と引き換えに代金を払うべきだった、とは言えません。諾成《だくせい》契約といって、契約は契約で、先に払ったのは称賛されこそすれ、非難されることではありません。まして、払った時点では、まだYに登記が移転してはいない。こういう部分を判定するということは、現在の判例ルールには全くありませんし、法律学もカウントしませんが、それは大きな問題です。そして、大きいのは、登記を得るためには売主の協力が必要であるのに、第一のスキームが破綻した後もＡＢＹの怪しい関係は続いていて、だからこそ、登記は最終的にＹの手に渡ります。その後の訴訟の段階でもＡは、有力者のＹに逆らってＸの信頼に応えようという姿勢は全く見せません。おそらく証言においてもそうだったでしょう。

こうなると、第一にＹは登記にふさわしいことをしているだろうか、ということになる。していない。登記というのは公のものであって、パブリックな性質がなきゃならない。パブリックということは、みんなの前で、広場みたいにオープンな空間で、みんなでなにかを確かめているということです。ところがＡＢＹ間の登記移転はその反対で、非常に不透明な経緯を経ている。なのにＹは登記の持つ信用の力を利用しちゃっている。却《かえ》って悪質だ。

第二に、その場合、Ｘが実質の占有を持っている、正々堂々と本物の引き渡しを受けた、ということのほうが俄然《がぜん》生きてくる。ＡＢも結託していれば、Ｘの占有は輝いてくる。元々、登記はあくまで占有のありかを推定させるだけです。登記が占有を表し損《そこ》なっている場合も想定されている。しかし、これは日本の登記制度の大問題なんだけれども、ぜんぜん違うふうに使われています。つまり、こういう怪しい経過の中で登記がゲットされると、あとは俺が登記を持っているんだ、黙れ黙れ、と錦《にしき》の御旗みたいに使われてしまっています。記号なのに占有本体と勘違いしている、いや、占有どころか、所有権と同じだと思っている。つまり本番でも必ず勝つと思っている。そして物そのものを摑みあうようにして登記を扱ってしまっている。まあ、流石に例外についてのルールは少し発達していて、背信《はいしん》的悪意者の理論っていうんですけれども、Ｙがあまりにも汚いやり方で登記をゲットしたときには例外ですよ、登記を持っていても負けるよ、というほそぼそとしたルールがあるけれど、それだけなんです。

また同じ光景だ！

少し難しくなってしまったけれども、ただ、ポイントはわかるよね。もうさっきＨｔ君に先回りされちゃった。孤立したＸとＡＢＹの集団というおんなじ光景が出てきたぞ、Ｘと土地の明快で固い関係、これが占有だよ、この関係を守らないと社会の質はどうかな？　これを守るのが、というかこれを原理としているのが法なんじゃなかったっけ？　でも日本の社会の場合には、この事件が物語っているように、まったく、このＸはやられ損みたいになっているよ……。

今日は本当に申し訳ない。というのも、これまでは君たちに、非常にいいものを見てもらったわけだよ。もちろん『近松物語』も『自転車泥棒』も描かれているのはとっても悲惨な状況だ。とはいえ、それを芸術作品にして見たときには、心に残るものがあるわけだよ。だけど今日の話は、申し訳ないけれどその正反対だ。

判例を読んだときには何が何だかさっぱりわからない。で、私の授業を聴いたあとには、ひたすら、砂を噛《か》むような気持ちしか残らない。これが日本の現実で、この判決についても、疑問を呈《てい》する人はほとんどいないわけです。だからとっても……なんというか、今日は暗い気分になって……。

——（笑）。

**——登記を持っているほうが勝つのは裁判としては仕方ないのかなと思う一方で、でも自分は明らかにＡＢＹの結託が悪いと思ったので、裁判やる意味あるの？とか思っちゃいました。**

うん、「どうせ登記を持っているYが勝つんだから、手間を省いてYの勝ちでいいじゃない」という判決を最高裁は出しちゃったわけですね。反訴を許すというのはそういうことを意味します。テクニカルには少し難しくて、同一審理で争いうる性質の原告被告が入れ替わる訴えを本訴と反訴といいますが、占有と本権についてこれをすると占有のほうは死んでしまう。これは占有の性質から来ます。折角ダエモネスがラブラクスをブロックしているその最中に、ラブラクスが所有権の証明書かなんか持ってきて、どうせ私のもの、だからおまえは引っ込め、とやって高飛びに成功したら白けますよね。たとえ最終的にYが勝つにしても、一旦はXに勝たせることはむだなことではありません。一旦ストップして正しかったという認定ですね。保全の後の占有訴訟です。少なくとも、社会の中にこうした問題をしっかり吟味しようという意識があるかどうかは大事なことで、これが社会の質を決める分水嶺《ぶんすいれい》になりますから、そうやって少しずつ、砂漠にも水をまかなければなりません。

それでは後半に入ります。

＊＊＊

三

# 自衛隊らによる合祀手続の取消等請求事件

## 最高裁判決昭和六十三年六月一日民集四十二巻五号二七七頁

○最高裁判所判決　主文及び理由より抜粋

1　（一）被上告人［X］は昭和三十三年四月四日日本キリスト教団山口信愛教会において洗礼を受け、以来キリスト教を信仰してきた。（二）被上告人は昭和三十四年一月一日自衛隊員であるｘ［中略］と宗教的行為を伴わない結婚式を挙げ、主として盛岡市において結婚生活を営んでいたが、昭和四十三年一月十二日ｘは岩手県釜石市内において公務従事中交通事故により死亡した。（三）被上告人は、ｘが死亡した直後、自衛隊岩手地方連絡部の準備により行われたｘの仏式による葬儀に喪主として参列し、その後ｘの父Ｚが山口県防府《ほうふ》市で行った仏式の葬儀にも参列し、Zはxに戒名を付してもらい、遺骨を仏壇に安置した。（四）xの死後被上告人は一時Z宅に身を寄せたが、約二か月後xの遺骨の一部をもってZ宅を出て別居し、同人の気持を考慮して仏壇と位牌を置き僧侶を呼んで読経してもらったが、二、三か月後には仏壇を取り払い、昭和四十四年前記教会の納骨堂に遺骨を納め、毎年十一月同教会の行う永眠者記念礼拝にも子Tとともに毎回出席し、以来、被上告人はキリスト教の信仰の下に日曜日には教会で礼拝し、xの死の意味を求め、追悼し、キリスト教の信仰を心のよりどころとして生活している。（五）なお、xは生前宗教を信仰することはなかった。

［中略――一方、社団法人隊友会の山口県支部連合会は、昭和三十九年以降、県護国神社への殉職自衛官の合祀《ごうし》に向けて動くこととなった。昭和四十六年三月自衛隊山口地方連絡部（以下「地連」）において「遺族援護業務の一環として県隊友会による合祀申請を積極的に推進する態勢がとられる」に至った。］

同年［昭和四十七年］三月三十一日ころ県隊友会は、同会長名義をもって、同年三月当時の山口県出身殉職自衛隊員として、xを含む二十七名の合祀を県護国神社に申請し［中略］、同年四月十九日同神社は右殉職自衛隊員を新たに祭神として合祀する鎮座祭を斎行し、直会《なおらい》の儀を挙行し、翌二十日慰霊大祭を斎行した。

○第一審判決の主文、事実及び理由より抜粋

〔本案前の主張　第一、原告〕

一、社団法人隊友会〔中略〕は、「国民と自衛隊とのかけ橋として相互の理解を深めることに貢献し、もってわが国の平和と発展に寄与するとともに自衛隊退職者の親睦と相互扶助を図り、その福祉を増進すること」を目的として、昭和三十五年十二月二十七日設立され、「防衛意識の普及高揚」や「自衛隊諸業務に対する各種協力」等をその事業として行うものである。

〔請求の原因　第二、被告らの行為〕

三、〔中略〕〔地連広報係の〕aは同年〔昭和四十七年〕三月二十三日午後五時頃原告方を訪れ、原告に亡xの除籍謄本《じょせきとうほん》の交付を受けておくことを依頼した。原告がその使用目的を質《ただ》したが、同人はその理由を明らかにしなかった。〔中略〕

同人は四月三日の午後四時か五時頃に再度原告方を訪れ、右除籍謄本の件については言及せず、使用目的を説明しないまま、殉職証明書の取寄《とりよせ》を求めた。更に同人は四月五日の同時刻頃原告方を訪れ、前記二通の書類のことには触れず、亡xの階級と勲章の呈示を求め、原告が不審に思いながらもこれに応じたところ、同人は勲章と位記をメモした。そこで原告がその使用目的を尋ねたのに対し、同人は亡xを殉職自衛官として県護国神社に合祀することになった旨を答え、三回に亘《わた》る訪問の目的を明らかにした。

［中略――原告は地連に電話し、合祀を断る旨伝えたが、隊友会及び地連は合祀手続を進め、同年四月十九日鎮座祭が、翌二十日慰霊大祭が斎行された。］

2　原告は不在中に届けられた右通知書［奉斎《ほうさい》通知書］をみて、翌日地連に電話して抗議したところ、［地連事務官］Yは、亡xは国のために死んだのだから護国神社に祀《まつ》るのは当然である、現職自衛隊員に誇りをもたせるために「私共」が、好意で祀った旨答弁し、合祀を正当化しようとした。

［中略――原告、および原告に相談を受けた牧師は抗議を続ける。七月二十七日になり新聞が報じたため地連は一旦合祀取り下げを約束する。］

6　ところが［地連の］B部長は翌二十八日にYをして原告に急用のため原告には会えない旨を電話で伝えさせる一方、同日T副部長とYに防府在住の亡xの父Z宅を訪問させ、同人を通じて原告を説得させようと企図した。これはZが右新聞記事により初めて合祀の事実を知り地連に電話で合祀に賛成する旨を伝えたのを奇貨として、B部長らが同人の権威を利用して原告の合祀取下げ要請を断念させようとの目的に出たものである。

［中略――原告が釈明を求めると、地連B部長および隊友会F会長は、「親子喧嘩の問題であるから親子で話合ってほしい旨を繰返した」。］

9　亡xの父Zは「家」の論理を一方的にふりかざして嫁の立場を何ら認めようとはしない家父長的態度をとり、かつて山口県自衛隊父兄会副会長をして自衛隊に協力的な経歴をもつ者であるが、地連において同人を利用するため被告県隊友会と一体になってこれに働きかけた結果、同人は八月六日親族会議なるものを開き、被告県隊友会F会長宛に原告を除く亡xの親族は全員合祀に賛同しているので合祀を取下げないでほしい旨の嘆願書を作成送付した。F会長は地連の指示により、八月十七日右嘆願書をそのまま引用した手紙を原告宛差出し、合祀取下げ要請を断念させようとした。〔中略〕

第四、原告の蒙《こうむ》った精神的苦痛〔中略〕

二、亡xが業務死したことを知らされた原告は遺体の置かれていた病院の霊安室で亡xと対面したが、同夜を亡夫とともに過したい希望をもっていたにもかかわらず、岩手地連部長から対面後三十分で退席を促された。翌日同地連庁舎内で地連としての告別式が行われ、続いて岩手駐とん地部隊で原告を形式上の喪主とする葬儀が仏式で行われたが、方式や進行について原告が相談を受けることはなかった。〔中略〕自衛隊の右のような考え方、処理の仕方は、殉職した自衛官はすでに遺族が私的に扱うべきではないとの基本的な発想に由来しており、かかる発想が本件合祀強行の大きな要因をなしている。

＊＊＊

訴訟の経過は以下の通りである。

一審は、その時点で（隊友会から護国神社への）合祀申請は取り下げられていたので、この部分につき訴えを却下《きやっか》、しかし一連の被告の被告適格《ひこくてきかく》を認めると同時に原告の損害賠償請求を認容《にんよう》した。二審は、隊友会の被告適格を否定した他は一審の判断を支持、国が上告したのに対し最高裁は、これを容《い》れて原判決を破棄し、原告の請求を棄却《ききゃく》した。

その理由の第一は、合祀申請行為には大きな宗教的意味がないから政教分離違反に当たらないというものであった。「その宗教とのかかわり合いは間接的であり、その意図、目的も、合祀実現により自衛隊員の社会的地位の向上と士気の高揚を図ることにあったと推認されることは前記のとおりであるから、どちらかといえばその宗教的意識も希薄であったといわなければならないのみならず、その行為の態様《たいよう》からして、国又はその機関として特定の宗教への関心を呼び起こし、あるいはこれを援助、助長、促進し、又は他の宗教に圧迫、干渉を加えるような効果をもつものと一般人から評価される行為とは認め難い」。

第二に、私人たる護国神社には故人を祀る宗教的自由があり、これに対して原告も寛容《かんよう》でなければならない、というものであった。「かえって相手方の信教の自由を妨げる結果となるに至ることは、見易いところである。信教の自由の保障は、何人も自己の信仰と相容れない信仰をもつ者の信仰に基づく行為に対して、それが強制や不利益の付与を伴うことにより自己の信教の自由を妨害するものでない限り寛容であることを要請しているものというべきである。〔中略〕何人かをその信仰の対象とし、あるいは自己の信仰する宗教により何人かを追慕《ついぼ》し、その魂の安らぎを求めるなどの宗教的行為をする自由は、誰にでも保障されているからである」。

---

## 「市が尾56」のお葬式

えーと、誰だったらバカな質問をしてもいいかな?

**──［S君］あ、自分ぜんぜんいけますよ。**

**──（生徒一同・爆笑）。**

よし、じゃあ、君で行こう。S君、君はとっても人気があるよなあ。で、人気アイドルグループの「市《いち》が尾《お》56」のメンバーだよな。

**──あ、そうっすね!**

もう全国的にブレイクしているよ。女の子の人気の的だしさあ。でも、残念ながらS君は、惜《お》しまれながら若くして亡くなっちゃったんだよ。

——あっという間に死んだ（笑）。

かわいそうにねえ。S君のご家族はお葬式してくれるよね。われわれもみんなお葬式に行って泣きながらお焼香《しょうこう》しちゃうよな。かなしいなあ。当然みんながほっとかないよ。女の子たち大泣きだもん。これを利用しない手はないなあ……と、目をつけた市が尾駅前のパチンコ屋さんが、自分のところでもお葬式をやろうと考えた。君だってそう悪い気はしないよな。お葬式二つ出てもね。

——死んだ身としては。

ねえ（笑）。そこでパチンコ屋さんは、ネットから君の顔写真をうまく取って、写真を飾って花を飾って、今日はS君の葬儀です、特別出玉《でだま》サービスです、とかやった。

それを見た街の怪しい金融業者が、うん、悪くないかも、うちも若い人の間に顧客を開拓したいよと、ここもS君のお葬式を出す。お、と目をつけた怪しいカルト集団が、カルトとお葬式は関係が深いよね、だからS君は実は信者だったんだと嘘をついて、盛大なお葬式を出す。さらに怪しい政治集団が、これも、うーん、今度の選挙で打って出たい、S君のご家族は支持者だった、とデタラメを言って、またまたS君のお葬式を出す。で、この連中、口をそろえて、お葬式を出すのは自由です、誰でもお葬式は出せます、最高裁もそう言っていますよー、とか言っているの。

君たち気づいたかな。今回読んでいただいた最高裁判所の判決は、お葬式を出すのは自由だ、お葬式の場合には寛容《かんよう》な心が必要だと述べています。つまりS君のご家族だけがS君のお葬式をするとか、そういう狭い考えを持ってはいけません。ほかのAさんでもBさんでもCさんでも、やりたい人はやればいいだけの話である。寛容な心を持ちなさい、と裁判所はお説教しているんです。

どうだろうS君、あっちでもこっちでもお葬式してもらったほうがいいかな？

**――まあ、まあまあ。**

まあいいか（笑）。でも、サラ金とかにされて、ちょっと感じ悪くない？

**――感じは悪いっすね。**

だよねえ。N君はどう？　君が「市が尾56」のメンバーだったとして。

**――自分の死でお金儲けされるのは微妙。**

そこだよね。善意でやってくれるのはいいけど、それでお金儲けされちゃあ、許しがたいよな。

## 何が嫌なんだろう？

Y君はどう？

**――やです！**

ズバリだね。なんでだ？　いいじゃない、あっちでもこっちでも、君の顔写真がネットに飛び交うんだぜ。かっこいいじゃない。

**――死後のイメージダウンにつながる。**

**――（笑）。**

たしかにそうだ（笑）。みんなだいたいノーだというのははっきりしてきているけれど、何が嫌なんだろう。仮に傷つくとしたらどこが傷つくんだろう。

**――やっぱり、人の死というのはデリケートなところの問題じゃないですか。そこで、他人の私利私欲のために人の死を利用するというのは、やっぱり感情の話ですけど、やだなあ、っていうのがあるかなあ。**

そうねえ。Ｋｒ君は？　ここは最高裁の顔を立てて、我慢するか？

**――そういうわけにはいかない。自分の生きていたときに共感していた考えとかがあるから、共感していない考えに利用されるのはちょっと。例えば自分はコーヒーが好きだったとして、紅茶会社の人の宣伝に使われたら……。**

**――ふはは。**

そうだよなあ。君はオペラが好きだったよな。しかもプッチーニだったよね。それに相反するような怪しい音楽には使われたくないな。Ｔ君は？

**――葬式を派手にショーアップする時点で嫌だ。**

うん、それは私も共感するなあ。そもそも、たとえ家族であろうとも、葬式をショーアップされた段階で、なんか気分悪くなるよねえ。徐々に絞《しぼ》っていこうか、何が嫌か。

**――何が嫌かはわかんないですが、自分の死よりお金儲けを優先して、そのために葬式をや**

るというのは、もともとの葬式っていうものの意味と食い違ってくるから、心外だな。

——同じなんですけど、本当にこいつら、俺の死をいたんでくれているのか、ということですよね。まさか、僕の奥さんにこういう仕打ちをする組織に、僕の死を……僕の死を、いたわってくれているとは思えない！

なるほど（笑）。うん、そうだ。いたむというのはどういうことか、ということだよなあ。I君はどうだ？

——僕は、お金儲けは嫌ですけど、例えばそれが、僕の身近な人、妻とかに、儲けたお金が何割とか入るんだったら、別に僕はかまいません。

——（笑）。

わかった、それも一つの考えだな。Aさんはどうですか。

——みんなと似ているんですけど、うーん、お金にしても、例えばユニセフが主催していて、集まったお金はワクチンに利用しますとか、貧しい子たちが何人も救われますとか、そういうのだったら……まあ、死人に口なしではあるんですけど。

S君も我慢するか（笑）。

——……かもしれないし、あと個人的には、命って、差異はないと思っていて、この場合この人は全国的なアイドルだから、みんなで追悼しようとなっているけど、例えばこれが、そのへんの道を歩いている、誰も知らない人だったら、そんなの関係ないし勝手にどうぞ、なわけで。たまたま有名な人が亡くなったから祭り上げる、というのは、命に格差をつけるよ

**うな気がして、嫌だな、って気持ちもあります。**

うーん、今のは大事なことだねえ。すごい大事なことだねえ。

**——ちょっと弟目線でいいですか。**

どうぞS君。

**——僕のお兄ちゃんがスターだとして、巷《ちまた》でなんかやっていると。お前、俺のお兄ちゃんだぞと。お前、俺に許可とれと。**

**——(笑)。**

そうだよ、そうだよ!(笑)。「俺のお兄ちゃん」、大事だなあ! うん、みんな、なかなかいいところに来るなあ。Szさんは?

**——もし自分が死んじゃったとしたら、いや、別にどっちでも、ぜんぜんいいです。**

そう(笑)。

**——……私は、誰のお金儲けになろうが、別にいいんじゃないかなあと思って。もしそれによって自分の家族が損をしたり嫌な気持ちになったりするんだったら嫌ですけど。もし自分の家族の損にならないで、他の人がお金儲けできるだけだったら、ぜんぜん自分の死を利用していただいてもかまわない。自分の家族が死んじゃったとしても、もし家族が同じ気持ちなんだったら、いいかな。**

これも重要な指摘だね。すこし離れるかもしれないけど、たぶん言いたいのは、こういうことだ。つまり、その答えは相対的だろう、それは本人や家族がどう思っているかに依存するだろう。こういう答えね。

——……自分の感情は、まわりの人とは関係ないかなと思っていて。例えば親が死んだとして、まわりが何をやろうと、自分が悲しいのは変わりがないから。まわりのことを見ないで、自分の考えを大切にしたいです。

うん、うん、なるほど……「相対的」という言葉が悪かったね。大事なのは本人そして次いで家族の気持ち、または精神で、ここは絶対。何をしてもこれが傷つかないならばそれでいい、ということだ。でもそうすると、自分はたまたま傷ついてしまう、という場合には、してはいけないよね。Ky君は？

——どこが嫌か、ということについて僕が思うのは、お葬式というのは、故人と共有した記憶みたいなものに対して思いを馳《は》せる場だと思っているので、サラ金なりパチンコ屋なりは、共有した記憶がないだろうな、と思うんです。そこが嫌だな。

なるほど、いや、よくわかる考え方だね。最後にW君はどうだろう？

——W君、トリじゃん！（周囲から声援）

——じゃあ、国民的なアイドルという設定を尊重するならば、死してなお、いろんなパチンコ屋さんとかがいっぱい僕のことを使って、いっぱい金儲けできるんだったら、僕の価値すごいあるんだな！って天国から思える。だから、いいかな！

——ふふふ。

心広く出たわけね。けっこう自分って大物だったんだ、みたいな感じ。それも悪くないかもしれないなあ。うん、なるほど。

## どんな事案だったかな

事案のほうに入っていきます。自衛隊の人が交通事故で亡くなったんだね。で、まず、自衛隊主導で仏式のお葬式をしました。そのあと翌年になって、亡くなった方の奥さんはキリスト教徒だったので、キリスト教の葬送儀礼、つまりお弔《とむら》いやお墓のことをしましたで、亡くなってから四年経ったある日、ある人たちが、県の護国《ごこく》神社でお祀《まつ》りをしたいと言ってきた。これは神社神道ということになる、つまり宗教の一つだね。それは嫌だ、と奥さんが訴えたわけだ。実際には裁判の途中でお祀り自体はとりやめになった。けれども、その間、もうほとんどお祀りされかかってしまったので、とっても苦痛だった、不法行為というのだけれど、不法なことを受けた、だからその部分を賠償しろ、といっても、お金の問題というよりは、それがよくなかったということをはっきりさせたいと思って、この人は訴えた。こういう事件なんだけど。

## 奥さんの考えが優先なのか

ポイントの一つは、当然のことながら、仮にお葬式は一つであるとして、この奥さんが自分の考え方でお葬式や埋葬をするということが他の人よりも優先されるかどうか。

――奥さんの考えを尊重します。やっぱり、亡くなった自衛官には家族がいるけど、家族とは離れて暮らしているし、死ぬまで一緒にいたのは奥さんだから、いちばん考えを知っているのは奥さんなのかな、と。

うん、Ｓｋさんはどうでしょう。

――私も奥さん側につきます。少し護国神社について調べてみたんですが、「自衛隊の士気向上のため」と書いてあって。そもそも、日本の自衛隊って、表面上は戦ったりしないことになっているから、そういう軍隊的な発想を持たなくていいんじゃないかと思うんです。死んだら、人間の死を、外から縛りつける必要はなくて、死後は顕彰《けんしょう》されるというくくりをもたずに……家族、家族といっても結婚しているわけだから、奥さんと新しい生活を始めているわけで、それだったら、直近で、近くにいた者の考えを尊重するべきじゃないかなと思いました。

直近という言葉が出た。きわめて明解だね。Ｋｙ君は？

――奥さんの考えを優先するべき、という考えなんですけど、すべてがすべて奥さん、というわけではなくて……。

うん。いかなる場合にも奥さんだというわけではないということだね。

――……そこまで詳しくないですけど、この旦那さん、そこまで自衛隊ではえらくなかったのかなあって感じがするので。

うん（笑）。

――……言ってしまえばなんだけど、自衛隊にとっては替えがきく存在であったのに対して、奥さんにとっては、替えがきかない。それこそ、二十年三十年生きても、なにかあったときに、思い出したりする。そういう意味では、奥さんのほうが、失ったものとしては大きいから、やっぱりそこは奥さん優先じゃないかな。

おおー、すごいねえ。なるほど、なるほど、すばらしいねえ。Szさんは？

――なんとも言えない。死んじゃった自衛隊員の人は、もしかしたら奥さんより自衛隊のほうが好きかもしれない。だから、死んだ人を始点に考えたら、なんとも言えないです。でも、いま生きている人のことを考えたならば、奥さんのほうが、亡くなった人のことを好きなのかなと。

うん、遺言《ゆいごん》、法律の世界では遺言《いごん》と言ったりするんだけど、それがあったりすれば話が違うんだけれど、突然亡くなってしまって、残っていないんだよね。だから本人の意思はこのケースだとわからない。ただ本人はキリスト教徒ではなかった。

ということは、Ky君の考えと少し近くて、相対的なんですね。あらゆる場合に奥さん！というわけではなくて、このケースでは微妙だけど奥さんだろうということだね。

――あの、論点がズレるかもしれないですけど……。日本のだいたいの人は、知り合いとか死んだら、とりあえずお寺でやってもらおう、みたいな感じで、あまり、こだわってないじゃないですか。でも奥さんは、ぜったいキリスト教で、とこだわっているんだから、それ

**を優先したほうがいいのかなあ、と思います。**

とってもいいねえ。たしかに違う論点だ。論点をずらす、なんていうのはとってもいい答えなんだよ。この問題には後で触れます。

## 親族会議

もう一つ、いままでの話で出ていない要素があるんだけど……自衛隊と奥さんだけか？

**――父親？**

あ、そうだ。父親だけでしょうか？

**――親族。**

うん、親族が出てくる。この人たちは、事件の中でどういう動きをした？

**――亡くなってすぐ自衛隊と父親が中心になって仏式のお葬式をやっている。奥さんにはなんの相談もなく、自衛隊の敷地内で告別式とかやってしまって、その時、奥さんはぞんざいに扱われた。奥さんからすると、事が勝手に進んでいってしまった。ここに自衛隊の問題があるんじゃないかとこの奥さんは主張している。**

そうだねえ。この奥さんは、もちろんこの仏式で進んでいる段階では表だって異議を唱えていません。でも既に不満を感じていたかもしれない。少しずつ不信感が増していって、むしろそのために家を飛び出して、キリスト教の葬儀をやり直したのかもしれない。ところが、仏式で済んだはずなのに、今度は神社に祀ると言ってきた。
でもこの段階で、自衛隊は奥さんのことを完全には無視できなかった、Ｋｍ君、どうしてだ？

**——なんか、親族の同意書が必要だったんじゃないですか？　でも、だまし討ちみたいな形で……。**

そうだ！

**——フィロクテーテース？　フィロクテーテースの弓を取っちゃった感じのことをしているから、まずおかしい。**

うーん、さすが！

**——あともう一つよろしいですか。**

いいよ、いいよ、どんどん言っていいよ。

**——えーと、それは、たぶん、家父長的な考え方を持つ父親が、親族会議を開いて、親族をぜんぶまとめあげて、われわれは奥さんとは違う考え方だ、ほかの親族はみんなこの合祀に賛成しているということを言ったんだけど、もとをただせば、そのお父さんというのは、自衛隊父兄の会の会長みたいな人で、がちがちに自衛隊とつながっている人だから、これは、疑ってみるべき。**

それに、あの、僕は、相対的に見るべきという意見には、若干反対で、どこが反対かというと、もし夫婦としてちゃんと機能しているのならば、つまり関係がちゃんと信頼があるのであれば、ぜったい奥さんのほうを認めるべきだと思います。なんでかというと、臓器提供に置き換えてみれば、すんなりいくんじゃないか。パブリックのために、夫の臓器を差し出せと言われたときに、それに遺族はノーを言う権利があると思っていて、それと全く同じことなんじゃないかな、と。ちょっと無理があるかもしれませんけど……。

いえいえ。いくつかものすごく大事なことが出てきた。第一は経緯の問題。合祀のためには遺族の申請書類が必要だ。だから、仏式の葬儀の過程でも尊重しているように見えない奥さんを急に尊重する。でも初めは本当のことを言わない。ここでフィロクテーテースのことを連想するなんて、本当にすごい。自衛隊サイドは最初、護国神社合祀のことをぜんぜん出さずに、隠して書類を取ろうとした。なんでこんなことをきかれるのかなあ、みたいに奥さんは思っていた。少なくとも原告はそう主張している。これは一種の騙《だま》し討ちじゃないか。ここは、私はかなり大きいと思う。つまり私は占有の発想に立つから、決勝でどっちが正しいか、ということよりも、途中でレッドカードみたいなことをしないかどうかを見ます。結論としてどっちが正しいかの前に、もうここで被告側は惨敗《ざんぱい》。

第二に、言ってくれたように、自衛隊サイドは奥さんが合祀に反対したものだから、裏から手を回して、父親や親族会議のほうのオーケーを取って進めようとしたんだね。これは汚い。弓さえ取れれば、他にも弓を引くことができる者がいくらもいるから、おまえなんかもう一度置き去りだというオデュッセウスのことを思い出させます。ここも非常に大きいと思う。決定的です。

この二つの点は、問題が相対的ではないということを強く言ってきます。相対的なのは、奥さんという地位とかで絶対的に決まるのではないということです。しかし特定の具体的な場面では絶対的に決まる。必ずどちらかが親密で、どちらかは集団をなしてその親密な関係を潰《つぶ》そうとしている。

そして、排他的であるとして、一体誰が、という問題と、そもそも排他的でなく、別途するのも自由だ、という考え方が二つあるんだけれど、それがどちらだろうと、奥さんのほうは傷つけられたことが明白だ。他にするのも自由だとしても、こういう仕方までは許されない。

**――うーん、たしかにみんなの言う通り、奥さんも大事ですが、仮に親の身になってみて、というのを考えてみたりすると、自分の息子が死んじゃったのに、自分たちのやり方でできないのは、どうなんでしょうか。奥さんばかりを尊重しまくるのはあれかなあ……。**

そうだ、親子関係、これも替えがきかないよな。すると、別に奥さんがするのを邪魔するわけじゃないので、お父さんが「自分もやらせてくれ」と言うのもありかな、とも思えてくる。けれども、その考えを認めたとしても、この事件の場合は、全然ダメだ。親子関係はかけがえのない関係としては登場していない。集団としての親族関係の一部にすぎないじゃないか。親族会議とかやっちゃっているところではっきりする。つまりこれによって、このお父さんが、自分個人と最愛の息子との、本当に親密な二人だけの関係を主張しているわけではない、ということが明白になる。親族会議なんてのは一種オウンゴール的であって、こんなのがあると、他を見るまでもなく、どうしたって奥さんのほうに優先権がある、ということにならざるをえない。さらにKm君も言ってくれたように、この親族会議では、前回の授業で出た言葉で言えば「自由な言葉」でこのお父さんや親族の考えの表明が行われているわけではなかった。そこには明らかに自衛隊側の働きかけがあったわけだ。

## 訴えられたのは誰ですか

次の問題として、被告の側を見てみよう。訴えられたのはなんですか？　自衛隊ですか？　変な質問だよな。でもだいぶ慣れてきたよね。

**――えっと、訴えられたのは、隊友会と、山口の地連（自衛隊地方連絡部）。**

そうだ。まず隊友会ってなんですか。知るわけないよな（笑）。

**――自衛隊と国民の架け橋のために設立された団体で、自衛隊が、憲法上の制約で動けないところをカヴァーする役割。**

って、書いてあるよなあ。

――（笑）。

**――退職した自衛官たち。**

そうです、退職した自衛官たち。なんでこんな隊友会みたいなものが出てくるの？

**――たぶん、部活で言ったら先輩みたいな、OB会みたいなもの？　日本の傾向からして、**

**先輩の意見は絶対だ、みたいなところがある。裏から言えば、自衛隊を裏から動かせる。**

うん、なるほど？　それもあるかもしれない。ただ、この事件では、隊友会に力があるから、隊友会が合祀に向けて動いたのではないよね。ではなんで隊友会なんでしょう？最終的には神社は被告になっていないんだよねえ。

**――隊友会のほうから神社にお願いしたから？**

うーん、そうだ。隊友会がどうやら動いている。その他に怪しいのは？

**――あー、国。というか自衛隊。**

そうそう。つまり隊友会は、国とは違うものなの？

**――隊友会はプライヴェートだから、動きやすい。**

プライヴェート、その通り。ということは、さすがに神社への働きかけを公《おおやけ》がやるとちょっとやばいかなと思っているわけね。だから隊友会にやらせている。隊友会と神社とが、つまり私的なものと私的なものとがやっていることですよ、だから、サラ金とカルト団体がするようなもので、自由じゃないか、という形にしている。でももちろん、実質動いているのは地連の人でしょ、ということで、原告は国も訴えている。

ということは、Mさん、原告がけしからん、訴えたいと思ったとき、国か自衛隊か隊友会か神社か、いろいろあるよねえ。本当を言うと、隊友会の支部が独立の当事者になりうるのかという問題まである。ということは、どんな感じ？　私の授業はだいたい感覚ばかりだから、考える必要はないんだ。感じればいいことだから。訴えようとしたときになんか嫌な感じがしない？

**――逃げられそうな感じがする。**

すばらしい。Nさん、どういうふうに逃げられそうなんだろう。

**――見えにくい。どっちが敵かわからない……相手が動くというか。**

動く、そうだね。変幻自在。ギリシャの神話にプロテウスというやたらと変身する怪しい神様がいるね。やっつけようとするんだけど、やたら変身するので、どれが本体かわからない。蛙《かえる》になったり龍になったり、いったい何になったときにやっつければそいつを捕まえられるのか。

つまりこの事件では、こういうのを「被告適格《ひこくてきかく》」というんだけど、裁判で訴えるときに、誰を訴えたらそれが正しいのか、ということが争われていて、被告はこれを使って逃げるわけです。つまり誰が当事者なのかわざとわからないようにしていて、そしてY君を狙ったら、アッカンベーこっちだよーってMさんが言って、そうかと照準を合わせると、今度はNさんが、私よーアッカンベー、ベロベローってやるので頭にきて、そっちに向けると今度はY君が、へっへー本当は私だよ、とこうやる感じ、わかるかな？

**――（笑）。**

これで逃げるわけだ。これは古典的な防御の手段だ。つまり誰を訴えていいのかわからなくしてしまう。被告適格の問題。これがあって原告側の弁護士がかなり苦労している。要するにこれは私となんの関係もない隊友会の話でございますよ、と、自衛隊が言っているわけだ。

## 被告適格で逃げている、つまり？

ただ、Aさん、この問題が被告側にあるということは、何を意味しているだろう。これはちょっと難しい、ジャンプしないといけない質問だけれど。

**――いままでの話を意識しちゃうからかもしれないですけど……。**

いや、意識したほうがいいなあ。

**――……えっと、被告側がグループ。**

ずばり、その通りだ！　被告適格がとっても不明確である、こういうときには、この三人はたぶんグルだよ。あるいは、その後ろにとっても不明確な組織がある、一種の迷宮のようなものがある、ということを意味している。

そうすると、被告側は徒党《ととう》だ。それに対して原告側は相対的にだけれど、あるいはKm君のように絶対的という説もあるわけだけれど、とにかく互いに替えがきかない関係だ。旦那さんと奥さんと。特に奥さんから見ると、誰かも言っていたけれど、自衛隊にとっては所詮大きな組織の中の一人が死んだにすぎないのではないか、と思えてくる。だから決まったやり方でどんどん葬儀が進められていってしまう。それに対して奥さんにとっては、旦那さんがこうやって死んでしまった、これはすべてを失ったことであるという差があるわけだ。こういう原告と被告が出てきたときには、法の世界ではなんという概念がヒットする？　そろそろこの言葉を言ってみようか。

**――……占有？**

その通りだねえ。とっても迷いながら言ってくれたみたいだ。依然としてわかりにくいよね。わかりにくいけれども、こういうシチュエーションがあった場合には、この奥さんサイドに占有があると言う。この場合にはもはや、今の法律学では占有という言葉は使わないんだけれど（ではどう呼ばれるかはあとでやります）、理論的には、占有と同じ原理が働いている。

そうすると、また見えた。片一方にグルがある、徒党がある。怪しいジャングルのように絡まっている人たちがいる。で、片一方はそうではない。この関係は相対的だけれど、当該状況の中では一義的に決まる。その意味で絶対的だ。さっきは、奥さんという地位で絶対的に決まるわけではないと言いました。占有は一義的だけれど、権原《けんげん》によって絶対的に決まるわけではない、ということに相当します。

最初にみんなでS君のお葬式問題をやりましたが、そのときに私はパチンコ屋さんだのカルト集団だのと、わざと集団ばかりを例として出しました。とにかくS君のことが忘れられないので、個人的に私もS君を追悼する会をやりたいとかいうのと話が違う。みんな、グル側は集団の利益で動いていると、キーワードを言ってくれましたね。さらに、Aさんがこういうことを言った。団体の場合には一般的には疑問符がつくでしょう。しかし、団体だったとしても、それがユニセフのように、パブリックで透明な性質を持った、きちっと運営されている、公正な団体であった場合には、少し別じゃないですか、と。これはまたすごい答えで、それは認めざるをえない。

## 国ってなーんだ？

話をもとに戻して、君たちに相談なんだけど、被告側はこう言ってるんだ。隊友会のやり方はたしかにまずかった、だから反省して合祀を取りやめたじゃないの。でも、どちらにせよ、国は関与していないよ、これは純粋に隊友会と奥さんのあいだの私的な問題だよ。いや、万が一国が関与していたとしても、別に合祀するくらいしたっていいじゃん、普通のことでしょ、政教分離にかかわらないよ、と言っているわけだ。Ｓｋさん、クリスマスパーティーするよね？

**——しないです。**

あ、しないですか（笑）。じゃあ仮にしたとして、みんなよく言うんだけど、クリスマスやったからといって別に、宗教に関係しているわけではないよ。あるいはお正月にしめ飾りをやったって、神道を信仰しているわけじゃないよ。それが証拠に日本人は結婚式はチャペルでやってお葬式はお寺でやるじゃないですか、とか言っている。でも、ああ、普通の人はね、でも国が関わると、クリスマスツリーくらい大目に見てとは言えないという考えもある。国の責任は免《まぬが》れない、とね。

国に責任があるかどうかということは、どうしないと判断できないだろうか。

**——国って、なんなのか。**

そうだ。国ってなんなのかを知らずに国の責任を論ずることはできない。さらに、国と言っても自衛隊の行為が問題になっているから、自衛隊とは何か、国と自衛隊の関係はどうなっているか。さらに宗教は国家とどういう関係に立つか。

国って何か。国って見たことありますか？

**——え？ 国？**

どこにあるの？

**——ここにあります……あれ？**

うん、つまり、政教分離のことを考えるには、この問題が解けなければならない。国とは何か、かつ、国と自衛隊との関係がはっきりしないと。国は宗教に加担してはいけないとか言うけれど、そもそも国ってなんですか？ そんなもの見たことある？

**——抽象的すぎます。**

抽象的すぎるよね。どうぞ、Aさん。

**——立法制度だったり、行政組織みたいなもの？**

なるほどね。ここで国って言っているのは、英語で言えば state ということになるけれど、国家だね、とても抽象的なものだよ。で、Aさんが言うように、統治機構のようなものを思い浮かべるのは悪くない。ただ、もっと大事なことがあって、国家は一体なんのためにあるかだ。なんのためにあるか知ってる？　見たこともないんだから知るわけもないかな。これは前回、あるいは前々回の授業をちょっと思い出していただきたいんだけれども、私はどう言ったっけ？

――**政治システム**。

そうだ、政治システムだ。政治システムから派生してくる、政治システムの骨格とか外壁みたいなもののことを「国家」という。この政治システムはなんのためにこの世にあるんだっけ？

――**自由**。

そうだ。自由ってなんだっけ？　何が嫌なんだっけ？

――**グループ。徒党**。

そうだねえ。徒党とかグル、これをどうやって解体し個人の自由を実現するか、その一番手がこの政治システムというやつだ。この中身はあまりやれなかったけれど、イメージは摑めているよね。自由な人たちが連帯しているわけだ。第二の矢としてデモクラシーがあり、三番目の矢として占有を大事にするということがあった。これでもって解体するんだけれど、ギリシャ人のまねはちょっときついよ、できないよ、あれ。だって私たちなかなかアンティゴネーのようにはなれないもん。まあ、イスメーネーをがんがん批判していたSｚさんなんかはなれそうな感じだよ（笑）。けど、私はSｚさんほど強くないので、これはちょっとまねできないよ。

ということで、十七世紀になって、政治システムのエッセンスを取り出して国家というのを作ることにしました。ホッブズ［一五八八－一六七九］なんかはギリシャの政治システムを知り抜いているんだ。知り抜いていて、でもその再現は無理だとわかっているから、猛烈な遠心分離機にかけて、エキスは何か、エキスは何かって、試験管で分析して、うん、これがエキスだね、これを合成するにはどうしたらいいだろうかね、といって、近代国家を作った。

ということは、近代国家も、痩《や》せても枯《か》れても、グルを解体するためにあるわけだ。そうすると、いちばんいけないのは、この政治システムと徒党とが融合しちゃうことだ。国と徒党が連続的になって、なんか相互に浸透しちゃって、出入り自由みたいになってしまう、あるいは、どこまでが国でどこまでが徒党かが曖昧になる、これがいちばんの大バツです。隊友会なんていう、よくわからないものを作って、民間の雰囲気や気分を盛り上げて、あたかも自発的にやっているように粉飾《ふんしょく》する、その末端は親族会議にまで行っているわけだから……どこに線があるかわからないじゃん。どこまでが国家でどこまでが国家ではないかわからなくて、しかも、私、国家ではないです、ないです、ないですと言っているわけだから。そうすると、闇です、闇です、闇ですと言っているのとおんなじことだから。

ましてその私的な組織は宗教団体とつながっています。国家と宗教とのあいだの関係は大変深刻で厳密に考えなければならない。そのためには宗教とは何か、国家とは何か、と厳密に考えなければならない。後で少し触れますが、分厚い議論の伝統があります。すると、まあ、そう堅《かた》いことは言わないで、宗教と言ったって本物でない、クリスマスのシャンメリのようなもので、という議論は、国家と宗教ののっぺらぼうのつながりという最も悪質なものを自分から申告するようなものです。

## 自衛隊ってなんですか？

で、もっといけないことがある。国家機構には様々なものがある中で、この場合はなんでしたか。

**――自衛隊。**

自衛隊ってなんですか？

**――国を守る組織。**

どうやって守る？

**――軍事。**

その通りだ、軍事組織だよ。なんのために軍事組織がある？

**――国の外交的な自衛のため。**

そうだけど？

**――えっと、日本という政治組織が、ほかの政治組織から自分を守るため。**

その通りだねえ。もうちょっと言うと、国というのは徒党を解体するための精密マシンだった。おかげで内側の徒党は解体された。ところが外にもっと強い、スーパー徒党みたいなのがあって、せっかくのマシンを暴力的にぶっ潰そうとしてくる。これはさせてはいけないから、本当はいけないことであり、それをしないために政治システムを作ったんだけれど、泣く泣く実力組織を作って、対抗するわけだ。泣く泣く、というところがポイントだよ。だってこれ、危ないもん。この実力組織が、言うことを聞かずに、政治システムのほうに向かってきたらどうなるの？

**——第二次世界大戦が起こる。**

うん、軍事化という言葉があるけれど、全体がミリタリーになれば、もう収拾がつかないよ。すると、軍事組織は作らざるをえないけれども、すごく神経を使わなきゃいけない。いつもいつもチェックしていなければならない。さらに、いちばん困るのは？

**——軍事組織がグルになったとき。**

その通りだ。軍事組織と徒党が相互浸透しちゃったらえらいことだ。だからこれはものすごく厳密に切り離されていなければならない。相互浸透してはいけない。隊友会みたいなのを作って、境目をぼかして、それで戦意の高揚とかするなよな、っていうことだよ。

軍事組織というのはただでさえ、自分に嚙《か》み付いてくるかもしれない猛犬を飼うということですよ。これをどうコントロールするかは、政治が始まって以来の大問題で、ギリシャ・ローマではその工夫はものすごく発達している。ローマを例に取ると、軍事化は暦《こよみ》のメカニズムで一年で解散になるし、軍指揮権は選挙の結果だし、指揮官は元老院の権威に服したし、最高司令官が二人いて互いに拒否権を持っているという有様。だからコントロールにそれぞれ五百年ぐらい成功した。近代国家はもっと早くに失敗している。

だからこの件がとっても重大なのは、自衛隊が公の組織の中の軍事組織であるということで、これは普通の組織よりももっと境目をはっきりさせていないといけないのに、相互浸透している。ま、とっても怪しいグルと一緒くたになっている。合祀というのは、そういうことを意味している。

## 憲法九条とホッブズ

ついでに番外編のサービスで、憲法九条の問題が、今とっても話題になっているので、それについてちょっとだけ解説します。

まず、武力衝突の問題は占有をモデルにして規律しなければならないというのはわかるよね。実力行使を解体するための原理だから。国際間でも同じだ。初期近代に国際法が出来上がるとき、全くもうローマ法に依拠《いきょ》していた。大体一六〇〇年前後に国際法が出来上がるのだけれど、ジェンティーリとかグローティウスとかが、占有を含むローマ法の概念から国際法を組み立てた。ま、国際法に限らず法は全部そうだけれど。とはいえ、彼らの占有理解は不十分だったのです。占有原則だと、実力衝突を見るとき、必ず一方が徒党で他方の個人を攻撃していると考える。個人の側がこの攻撃をブロックするのは違法ではありません。それどころか、裁判所が命令でブロックする。このとき大事なのは、どちらが正しいか、権利を持っているか、を問わないということです。

国際法はこのことを比較的よく理解しました。どちらの主張が正しいかと無関係に実力の問題を見る。ところが、少しそれて、攻撃したほうが悪い、攻撃されたら悪いほうをやっつけていい、反撃していい、制裁していい、攻撃しそうなやつは予《あらかじ》め潰していい、こういう風になっていく。さらに拡張されて、あっちのほうのあのことも自分たちの利益を害するよな、今のうちに武力行使しておけ、もアリとかになって、なにか理由があれば一切の武力行使はオーケー、になってしまった。やっと第一次世界大戦でその悲惨さにわれわれは気づいた。通称「不戦条約」、本当は「ケロッグ＝ブリアン協定」というものが締結されて、一切の武力行使は禁止だという原則が宣言されます。

ところが、自衛のための武力行使は例外だよな、自衛権は否定されないよな、あっちの遠くのほうだとしてもああいうことされたら俺たちにとって危険なんだよな、だから俺たちを守るために軍事行動したっていいんだよな、ということになった。これで第二次世界大戦が起こったから、反省して、国連を作り、もしも実力行使があったら国連軍が出て行ってストップをかけるから、一切反撃してはいけないよ、ということにした。

と思ったら抜け道が拵《こしら》えられて、国連のストップがかかるまでは仲間と結託して自衛していい、いや、そもそも自衛権は否定されない、などという方向になってしまった。今でも違法だとされながらも、やったらやり返せ、やられそうなら先にやれ、という気風が世界を蔽《おお》っています。国連憲章は十分に動いていないし、動いたとしても混乱しています。集団的自衛権を組織化したとさえ誤解されています。国連は、政治システムではなくして、皆でリヴェンジする会になってしまった。

そういう中で、日本国憲法は本気で反省しましたから、武力行使禁止ということは、自衛もダメなんだよ、自衛権は無いんだよ、ということをはっきりさせました。九条一項ですね（「国権の発動たる戦争と、武力による威嚇又は武力の行使は、国際紛争を解決する手段としては、永久にこれを放棄する」）。不戦条約とあまり変わりないけれども、それを勝手に解釈したことを反省してもう一度書いたことは明らかです。もちろん、しかし攻撃されたら抵抗していい。反撃してはいけませんが。やっと、正しい占有理解に辿《たど》り着いたのですから、当然そうなります。ブロックすることは許される。これは占有であり、権利ではありません。なぜならば、一度取られたら取り返すための実力行使は違法となるからです。まして復仇《ふっきゅう》や先制攻撃や予防は、如何《いか》に守るためでも許されません。どんなに正しくとも実力行使は他を問わずにそれだけで違法になるのでしたね。

日本国憲法の優れた点は、占有に基づくこの防御さえ口実に使われるのを察知した点ですね。第二次世界大戦の反省が徹底していたわけです。どういうことかというと、外側に生命線とか引いて、ブロックしているだけなんだと言ったり、決して侵略なんかしないぞ、線の中にとどまっているぞ、でも攻めてきたら怖いぞという恐怖を与えて守っているんだ、中を高度に軍事化してギンギンにしておくんだ、徴兵制だ、核武装だ、とこうなる。これこそが一番違法だ、と九条二項（「前項の目的を達するため、陸海空軍その他の戦力は、これを保持しない。国の交戦権は、これを認めない」）で書いたのです。これが戦争の大きな原因になると考えて、禁止しました。

九条二項は、「陸海空軍その他の戦力は、これを保持しない」と書いていますが、この「戦力」とは何か、と言えば、英語原文だと war potential で、ここに potential（潜在力）というのがついている。つまり、たとえ決して侵略せず一つの国の内部だろうとも、大きな武力攻撃の潜在力をたくわえること、これが違法だというのが二項の「戦力を保持せず」の意味です。絶対に線は越えないのだけれど、中を火の玉にして、外から見ると危険きわまりない、という状態を作ることです。これは、外からも危険だけれど、中の人間にとってみれば、軍事態勢を敷《し》かれて自由がなく、政治システムが破壊されている状態です。だから、何も侵略しなくともそれだけで違法です。特にいけないのは、実力組織と社会の境目を曖昧にして相互浸透させる。社会全体を軍事的にする。このことです。暗い世界に籠《こも》っている人たちがぞろぞろと蠢《うごめ》き出しそうですよね。迷彩服なんか着ちゃって。だから、今日読んだ、この判決の事案は意義深いです。国のしたことは九条二項違反なのではないかと思います。

ただ、九条二項の考え方も新しいものではなく、実はローマで占有概念の或《あ》る発展段階で出てきた考え方です。一見占有侵害がなくとも自分の占有の内部を溶解させていれば占有侵害と見なすというものです。近代初期の国際法の父たちもキケロー［前一〇六―前四三］のテクストからこれに気づきました。新しい占有概念に基づいた法廷弁論です。今日でも「明白にして現在の危険」という法律用語に反映されています。でも、占有概念の分厚い土台までは理解していなかったので、十分に発展させることができなかった。実は占有概念を機能させる根底には政治システムがあるから、ギリシャの土台から全部見通していなければ占有理解も不正確になる。

ギリシャ語を画期的な精度で読むことを始めたのがホッブズでした。猛烈に軍事力の脅威を見せつけて初めて相手の侵略を阻止しうるという思想、こういうのを抑止力《よくしりょく》理論と言ったりしますが、これが恐怖を煽《あお》る心理的メカニズムによって双方を破滅に導く、しかもこれはデモクラシーの病理だ、ということを紀元前五世紀の歴史家トゥーキュディデースが凄《すご》みのある分析で見事に解明しています。抑止力理論で先制攻撃に走る初期近代の人々を尻目に、ギリシャ語が抜群に読めたホッブズだけが、トゥーキュディデースを精密に読み込んで軍事化へ走る動向を一人だけ冷静に批判的に見ていました。そういう物の考え方で動く社会をどう克服するかということを近代で最初に考えた人です。九条二項はそうした批判を受け継ぐものです。

しかしホッブズのこの思想はしばらく忘れられます。国際法はホッブズを知らないまま占有の表面的理解で今日に至ります。それどころか、皮肉なことに、現代に至るまで、トゥーキュディデースとホッブズは抑止力理論の元祖とされます。ギリシャ語をホッブズのようには読めないので、悲惨さを描いた部分をそのままお手本にしてしまうのですね。これらの読み違いを指摘して抑止論者を批判することはようやくここ二十年でなされてきたことです。国際社会は自然状態で、「狼には狼を」の世界だから、もうこれは軍備を固めるしかない、ホッブズの言った通りだ、などと一級の学者が説いたのですから恥ずかしいですねえ。そんなこと言ったって国際社会には公権力が存在しないから、各自がマシンガンを持って登校し、自分で自分を守るしかないではないか、ですって？　ホッブズは、そういう社会に未来はなく、その状態は必然的に克服《こくふく》されると言いました。その大事なステップが国際社会の各アクターが国家を形成していることで、その場合各国家は九条二項のような準則を持っている。そもそも国家というのは、強いやつが出てきて乱暴なやつを懲《こ》らしめるから安心だというのとは全然違う。抑止力理論で双方とも破滅しそうになるか、一方が他方を征服するとき、われわれは必ずそんな状態を精緻《せいち》なシステムによって克服するだろうという理論です。なんだか、第二次世界大戦後のようですね。日本の場合は後者でしょうか。

いずれにせよ、ホッブズは往々にしてテクニカルになりがちな占有理論の広大な地下部分を知り抜いていて、土台となる哲学を構築したと言えます。戦後われわれは一瞬ホッブズの洞察《どうさつ》に到達しました。そうして生まれたのが憲法九条でした。しかしホッブズの視野をもっと深め、そして占有理論のほうも本格的に再建する、などということは行われませんでした。九条のことは理解できなくなり、他方国際政治も国際機構も国際法もお粗末なままにとどまるから、九条が孤立して見えるようになりました。

## 目に見えない占有侵害

それではフィニッシュです。一方に徒党があって、片一方に個人がいる、で、個人が徒党に圧迫されているという、一種占有みたいなモデルが働いているのがこの事件です。このX(原告)と夫のあいだには小さなかけがえのない関係が築かれていて、ここを侵害してきている。ということは、この侵害は、アプリオリに、つまり理由を問わず、一旦ブロックされなければいけないという事態だった。ここまでは、さっきやった。そして実際にはこの授業とは違う考え方を裁判所は採《と》っていて、そのくらいのことは我慢しなさいということになった。一旦ブロックなんかしてくれなかった。もっとも、被告は合祀を取り下げてしまった。でも、一旦ブロックさえしてくれないのだから、まして本番に行ったら被告が勝つだろうという予測が立つ。問題は、もし一旦ブロックに成功していたならばどうかです。

——？

被告にも被告の言い分があるかどうか、原告の言い分と比べますか？

——**検討しない？**

そう、検討しないんだ。予選で終わるんだ。どうしてだろう？　土地を巡る争いならば、暴力とかあれば別だけれど、普通に一旦ストップがかかっても、本番でしっかり証明すれば、原告が取り戻す場合があるよね。でもこの場合はどうだろう？　何が違う？

――さっきの事件は物質的なものが懸かっていたけれども、今度のは精神的なものが懸《か》かっている。それを、被告側は、自分たちの自衛隊の士気を高めるという、言っちゃえば商売に近いもので侮辱《ぶじょく》している。

いや、いいねえ。精神的なものだね。占有の問題なんだけれど、ちょっとグレードアップした。前も高次元の占有、その段階ではもう占有とは言わなくなるような占有の場合に、滅多なことでは本番に進めないし、進んでも勝てない、というのがあったよね？

――物じゃなくて人。

すばらしいその通りだ。例えば？

――家族……。

家族でもとりわけ？

――子供？

子供だね！　子供を侵害したならば、滅多なことではその人は決勝戦に進めないんだったね、そこでレッドカードだった。さらにプラウトゥスの喜劇のところでやったのは、ローマの場合だけれど、人の自由身分が関わっていると優先されましたね。本当は奴隷かもしれないとしても、自由だと言いたてたほうが勝つのでした。ただあの芝居の場合には、本当に自由身分だったから勝ったという要素が残りましたけれども。

この場合は原告の何が傷ついたから問題になっているの？　その精神的なものって何？

――信教の自由？

うん、信教の自由って、なんの一つ？

**――自由権？**

最高裁も、あなたがカトリック教徒として毎週日曜日礼拝に行ったりすることは、私たち、ぜんぜん妨害してませーん、どうぞご自由に、信教の自由は妨害してませーんと言っているわけだよ。キリスト教でもなんでも、お好きにどうぞ。そのかわり、私たちも好きに護国神社でお祀りさせてもらいますよ。あなたも好きにやって、私も好きにやる、どっちも自由権じゃん、と言っているわけだ。どこが悪い？　それとも悪くないかい？　でも君たちほとんど全員、奥さんのほうを支持し、その前提としてS君のああゆう不埒《ふらち》な葬儀は気分が悪いと言っていたよ。どこが気分が悪い？

**――奥さんはキリスト教徒だから、護国神社に夫が祀られることによって、自分の夫が、なんというか、神格化とまでは言わないけれども、神格化みたいなことをされるのは、自分の信じているキリスト教としては、神はイエスであるはずなのに、それと違う、それに反してしまうから、嫌なのかな……違いますかね？**

いやいや、非常にいいよ。それは、総じてなんだろうね。例えばいま言ってくれたようなこと、そういうのって、人間は一人ひとり持っているよね。その人が、あるいは我々一人ひとりが、なにか大事なものを持っている、ということは確かだよね。それはなんだ？

**――精神の自由。**

そうだね、一人ひとりの精神。精神の自由、あるいは良心の自由。信仰の自由はその一つだ。精神的ななにか、ではなくして、精神の自由そのものだ。よく見ると、実は気分を害したとかではないんだ。心理的なものではない。

例えば土地の上に成り立つ占有、これはそれ自身としてそんなに大事というわけでもないけれど、ただそれがあることによって、自分が攻められにくくなる。私はよくヘルメットにたとえるんだけれど。だって、土地とか、家とか机とか椅子とか、持っているものをどんどん取られていって、いやあ、君の精神は侵害していないよ、とか言われても、でも裸にされちゃったら、どうよ。だからその周辺を守ることは大事だ。だけどやっぱり、なんと言ったって、この身体、さらに身体のもっといちばん奥にある精神がやられたら、これはやはり、いちばん問題外さ。人間にとってとりわけ大事な占有は、この精神と身体だよね。

精神と身体については占有の原理の中でも必ず「いきなりレッドカード」の原理を働かせることになる。そうすると決勝戦はアプリオリにナシになる。どんなに理由があっても精神と身体の侵害はやってはいけない。こういう場合は侵害してもいいですよ、というようなことがない。つまり理由を問われることなく追及しうる。よくよく話を聞けば暴力ももっともだった、おまえのほうが悪い、などということが絶対にないのです。

## 人権

ここに至ると、もう、占有とは呼ばれないと言いましたね。こういうことって、ふつうなんと言うでしょう?

――人権?

そうですね、人権です。これが基本的人権です。これを保障しないと、ほら、あの徒党の解体が徹底しないじゃない? だって「自由な言葉」と君たち言ってくれた。精神が自由でなければ「自由な言葉」など出てくるはずもない。自分で判断し自分で考え、そして権威に服さない。本当言うと、これは権利ではありません。占有なんです。どこが違うかというと、権利というのは、いま持っていないものを獲得しうるということです。幸福の追求などとも言いますが、人を殺すことで無上の幸せに浸《ひた》りうる人がいるとしましょう。幸福追求の人権にも制約があるなどと論争することになっているのですが、人権は、人権とは言いますが、決して攻撃的には使えません。実は権利ではなく占有だからです(だから「幸福追求の自由」、「自由権」は曖昧です)。われわれは全員アプリオリに精神の自由を持っている。だから今更持っていないものを獲得するなんてことはない。それを侵害されるので、占有のモデルで防御する。かつ、土地とは違って本案には進ませない。

念のため言っておきますが、ギリシャやローマにも、われわれが見たように、実質的に人権の思想はあります。それどころかそこから来たとさえ言えます。ただ、「凡《おおよ》そ人たる限り権利として持っているんだよ」というような言い方はしなかった。占有のようなものだという感覚がある。少なくとももっと具体的に考えて保障しようとした。近代はその普遍性を大宣言したところは立派ですが、宣言しただけのところがあり、しかも権利なんかにしてしまったから、いちいち原告になって訴えなければならなくなった。所有権とか債権とかと根本的に違うというのに。

もちろん、人権の範囲がどこまでかというのは大問題だよ。例えば経済的な自由というのは、どこまでがアプリオリでどこまでが決勝戦ありなのか、みたいなことは、争うんです。経済の自由の場合は、公共の福祉との兼ね合いを考える。ただその公共の福祉は個人の自由を実現するために政治の働きを考えるということでなければならない。

それに対して精神の自由は、公共の福祉との兼ね合いを考えてはいけない。比喩的に言うと、たとえ国民全員に不利益が及《およ》んでも、その人権は守らなければいけない、ということになります。これが狭い意味の人権です。そういう人権は、ちょっとでも傷つけられてはいけない。ナンバーワンで絶対に動かないのは精神の自由。次に身体の自由。身体も神聖不可侵で、絶対にこれも傷つけてはいけない。だから学校でも体罰はアプリオリにバツなんだよ。

もう一つ絶対的なものとして、言論の自由がある。自由な言葉が政治の根幹で、政治がすべての土台だから。その一つに、政治的な意味の表現の自由があります。これと区別されて、精神の自由と不可分の表現の自由があります。精神は記号行為を必要とします。具体的な媒体とこれを受け取る人々を一人ひとりに与えなければなりません。フィロクテーテースには、ギリシャ語の音を出すための自然的リソースと、これを受け取る他の人格が不可欠です。せめて音をこだまで返す自然がなければなりません。表現手段と受け取り手が具体的に与えられていなければ、精神それ自体が死んでしまうのです。

## 政教分離と信教の自由

宗教について議論する時間がなかったので、一言補足しておきます。

本件は、個人の精神の自由を徒党が圧迫したというものです。そしてその徒党のところに国家、それも軍事組織が加担しているため、違法性の明白度が高い。他方、もし誰か具体的な個人の精神の自由を侵害していなくとも、徒党が国家に浸透したというだけで違法です。この場合その徒党は宗教と結び付いていますから、違法性が増します。これが政教分離の問題です。

宗教とは何か、神々とは何か、ということをお話しできませんが、政治システムというのは自由な議論だけで物事を決定するということです。特権的で権威のある論拠というものを認めない。宗教は定義上批判を許さない論拠というものを設定します。しかもその論拠の下に結集する集団を作る。だから、宗教は政治システムに大きな問題を突き付けます。ただし、これを禁圧しても無駄です。政治システムはすべての事象を厳密な反省の下に置くということを意味しますから、禁圧が反省を怠《おこた》ることである以上、これは有害です。反省のためには常に議論されていなければなりません。

ギリシャ・ローマでは、宗教の徹底した文芸化によってこのことを完遂《かんすい》しました。また、その文芸化された宗教を儀礼化して使いました。儀礼化というのは、必ず一旦その話を神話化する、つまり現実でない異次元のものだとする、その上で、それを演じてみる、すると異次元だが現実であることが本来の現実と画《かく》されて現実の中に登場する、このことです。この現実の中の異次元の画された空間というものを、政治をする公共空間を画することとその他に使いました。悲劇自体そうです。そのコンクールは市民全員の投票によって決しました。『アンティゴネー』は前四四二年、『フィロクテーテース』は前四〇九年のグランプリ作品です。劇場は公共空間に接して、しかしこれと画されて存在しました。だから宗教は文芸化して利用するのであり、否定しない。大根の葉っぱも味噌汁に入れて利用するようなものです。ただ、特にローマでそうなのですが、宗教が団体を作る、そしてとりわけテリトリーを占拠する、場合には犯罪とされました。

近代の政治システムが宗教をどう扱うかは難しい問題で、一般論をなかなか許さないのですが、宗教に固有の絶対的最終的論拠を政治システムが接収してしまう（教会＝宗教団体に神の意思の解釈権限を委《ゆだ》ねず、公権力のみがこれをしうるとする）という構想が一つありま す。ホッブズのものです。教義をめぐって人々が争う、その争いから徒党が跋扈《ばっこ》して政治システムが成り立たないことをこそ最も警戒するという考え方です。

しかしそういうホッブズの構想を批判して決定的な省察をしたのがスピノザ［一六三二―一六七七］でした。政治システムが接収すると言っても、ホッブズのやり方は十分な根拠を持たないと彼は考えました。徹底的に個人が自らの省察を完遂する、この自由こそが初めて宗教の問題を解決する、というのです。国家ではダメで、政治システムは自由な議論なんだ、しかも一人ひとりを尊重するデモクラシー段階の議論なんだ、というわけです。ホッブズとスピノザについては、私は今ここで、福岡安都子《あつこ》さんの研究に依拠しています。丁度大幅にヴァージョンアップした英語版が出たところです。こういうのが先端の研究ですからチャレンジしてください。極めて明晰で、こういうのが本当の知性かあ、と思いますよ。個人の精神的自由と政教分離がどのような論理構造の中に置かれているのか、スピノザに則《そく》して初めて解明されたとも言うことができます。

現在の世界では、しかしその後のもう少しラフなヴァージョンが流布しています。基本は、公共空間からは宗教は排除するが、その外側は自由だ、というものです。その中でも、これを厳格に貫くフランスのような場合と、どの宗教も別に宗教しないのならば公共空間を自由に通っていいよというアメリカのような場合があります。相対的にですが、フランスでは信教の自由は個人にしか認められていないのに対し、アメリカでは団体にも自由が認められていて、複数の団体が公共空間で自由に共存することで国家の独裁を防ぐという考え方があります。この考え方はどうしても個人を擁護するところが弱いので、フランスのようにカルト集団を徹底的に叩くというところまでは行きません。

日本の場合深刻なのは、その宗教というのがしばしば元から宗教外と相互浸透している悪質な徒党であるということです。だから、怪しい集団が信教の自由のふりをしてのさばり、そして次は宗教でないふりをして公共空間に忍び込んでくる。この事件、それから他の事件でも、さかんに最高裁判所が言うのは、こんなのは宗教の問題というよりは、日常的な儀礼とか社会的な慣習とかそういう問題なんだよ、あんまり宗教とか、固いこと言わないでね、ということとです。さっきの葬儀について、まあ固いこと言わずに、あっちでもこっちでもやってもいいじゃないという、なにか、いい加減さみたいなもの、あれととっても似た波長というのを、日本の裁判所は、とりわけ宗教について出してくる。それで、アメリカモデルに近いんだと思っている。逆に言えば、アメリカ型、いや近代的な政教分離と信教の自由のセット自体、本件のように個人を犠牲にする問題に対して弱いですし、理論的に曖昧さを含んでいますね。スピノザが如何《いか》に偉大かということとです。

## 壁はどうやって突破するか

さきほど、休憩時間に、先生から重要な質問が出ていたので、どうぞ。

――［見学のO先生］先生のお話を伺って、一対一のかけがえのない関係だとか、子供に手をあげてはいけないとか、そこが非常になんというか、いちばん大事なポイントだと思ったんですけど。私はなるほどと思ったんですけど、日本社会全体にそういう考えは非常に少数派ではないか、ということを少し感じました。

はい。

――というのはなぜかというと、徒党っていうのと、一対一の関係、と言われれば、一対一の関係が大事かなというふうには思うんですけど、ふつうはですね、その二つをどういうふうにみんな理解するかというと、プライヴェートな個人的な事情と、社会を構成している公の秩序と、どっちが大事なのか、という聞き方で、選択を迫られる。

うう～、鋭いですねえ。

——あるいは、立憲主義とは、とかですね、本来国家は個人というものに基盤をおいて作られるとか、そういう話をしても、聞いているほうは全然そう思っていないんですね。アンティゴネーみたいな抗議をしてもですね、あ、何を勝手なことを言っているんだ、ということで一蹴《いっしゅう》されてしまう、という無力感を感じるんですけど……。どういうふうに戦っていったらいいのか、ということを。

ええ、さしあたりはどういうふうに攻めていけばいいのかということですね。まあ、ご質問の趣旨はとってもよくわかる。ただ、教えるというところになると少し違ってくる。若い世代はまず違うので。私は今みたいな問題は、社会が今みたいに形成されていって、大人たちの頭はできあがって、あるいは大人たち以前のロースクールの学生あたりまでは、相当できあがっていて、あるいは法学部の三、四年生だってかなりできあがっていて、だけど、どうかな、それがもう全く、自然にもうそうなっちゃっている、それでなんの伝統もないとか、あるいは、それはすべて伝統に依存するのでそれで決定されているんだ、みたいな考えは取らないんです。

だからこそギリシャのことを一生懸命調べている。ギリシャのことを見てみると、やはり彼らも何もなかったんですよ。彼らが最初やるときにアンティゴネーの伝統なんかあるわけがない。じゃあ一体どこから立ち上げたんだろうか、これが私の生涯の研究の関心です。

特に若い世代は余計なものを与えられていない。だからいいものをその人たちに与えると、確実に反応する。逆に言うとそれをするしかない。それでうまく行くでしょう、とかは言いませんよ。しかしいいものを知らなければ、問題を感じません。ひどい目に遭わせれば目覚めるだろう、という考え方には反対です。

もちろん、これだけ孤立してやっていて、勝算があるわけでもないし、私は生涯をつうじてむしろ見事に失敗したと言っていいわけなんですけれども、それでも、文学が非常に強い。まあアンティゴネーなんていうのは、あの強烈な個性は誰だってガーンときますよね。そうだよね。フィロクテーテースだってそうだよね。不思議とやっぱり、ガーンと伝わるわけですよ。これだけはたしかだ。

喜劇の効果はまた格別です。例えばシェイクスピアだって『テンペスト』なんかを読めば、まあ、本当に気持ちがよくなるわけです。スカーッとする。それでハッピーになるわけです。『ルデンス』も読んだ人をハッピーにさせる。特にアンペリスカというもう一人も救う。ラブラクスは、懲《こ》らしめられない。ああいう悪いヤツだけれども、最後は手をつないで踊ろう、仲間だよねって。で、観客も一緒に、舞台の中と外とが一緒になる。こうやって劇が終わる。これが演劇の醍醐味《だいごみ》だよな、Mさん、そうだよね。

社会の授業でも、ちょっと芸術、お芝居や文学をもっと取り上げていいと思う。国語の時間とやはり連動する必要がある。森鷗外の『山椒大夫《さんしょうだゆう》』なんてきっと読むと思うんだけど、あれをきっちり教えるといい。あれもとにかく、ハッピーエンドです。山椒大夫は幸せに暮らしました、といって終わるんだよ。これは原作、つまり説経節《せっきょうぶし》という伝統があるんだけれど、これはもちろん因果応報で、悪い山椒大夫は地獄に堕《お》ちていくという話。森鷗外のすごいところはあれを許し、山椒大夫やその一味もめざめて、奴隷を解放し、奴隷を解放したほうがかえって経済効果があって、それでその国全体が豊かになり、おかげで山椒大夫や息子たちがたいへん豊かになってハッピーになりました、って終わるんだ。『山椒大夫』って知ってた？　小学校でやった？　中学校でやった？　やらない。え？　いま『山椒大夫』読ませないの？

**——読んだことない。**

読んだことない。問題だなあ〜。

**——（笑）、名前も初めて聞いた。**

**——名前しか知らない。**

じゃあ『山椒大夫』読まないといけないよ。『山椒大夫』は中学校でじゅうぶん読めるんだから。小学校五、六年でも読めるもん。

**——安寿《あんじゅ》と厨子《ずし》王といえばわかるかもしれない。**

ん？　安寿と厨子王ね。そうか。安寿と厨子王だったら話としてはわかる？

**——中学受験のテキスト。**

わかった。森鷗外のじゃないとだめだ。ふつうは悪いヤツはこうやって地獄に堕ちていったみたいなつまらない話になっちゃって。そうじゃないもの。日本語の文章として、小説の文体として、あるいはおよそ物事を表現するというときの一つの頂点だから、あれは。だからとっても気分がいいよ、森鷗外の『山椒大夫』を読むと。なんていうか、とりわけ本当に危機の場面における安寿の精神がどれだけ透明であったか、ということを文章で伝えてきますから。そんなことできるかい、ふつう。これを日本語で伝えている。こういう本物の文学、もちろん近松門左衛門を原文で読むのもいい、こういうのもとってもきれい。だから日本語もいいわけだよ。

要するに、いいものにたくさん触れること。これで想像力ができあがる。教える側は、いいものにたくさん触れさせること。文学ではないけれど、さっき話した憲法九条なんかもそうです。如何に輝かしい伝統に基づいているのか、「こっちの水はあーまいぞ」理論と私は呼んでいるのですが、こっちのほうが明るいぞ、楽しいぞ、と見せつけなければ、説得できません。それしかない。

## 人の死はどこに属するか

**――あの、人の死がどこに属するのか、ということがわからなかったのですが。**

生と死は、人と人を分裂させる。生の世界と死の世界に分けてしまう。ソフォクレスの『アンティゴネー』は、そこに橋を架《か》ける、ということを狙っていて、これはやはり大事な考え方だと思う。

どうしてかというと、人間の社会というものは歴史を持っていて、われわれはやはり、自分が死んだあとのことはもうどうでもいいとか、そういうふうに考えるべきではない。死んで生まれて死んで生まれて、世代を積み上げていく。永遠に継承していく。忘れない。一からやりなおしていると、ちっとも進歩がない。

ということはどういうことか。世代を超えて、生死を超えて、連帯していくということです。これがさらに意味することは、死者に対して、そのそれぞれが、かけがえがない存在だったということを意識してやるということだ。忘れずにね。死者に対して、尊重するということだね。そして積み上げていく。

だから学問の世界でも、今までの蓄積の上に立って、自分がやっていることなんかちっぽけなことだけれども、それでもなんとか積み上げていく。すごくいいものが過去から積み上がってきているわけだから、これをなんとか次につないで、バトンタッチして、バトンタッチして……こうやって生死の境を乗り越えていく。これがないと、社会になんて、なんの価値もない。こういう中でやっと、政治とかデモクラシーみたいな考え方を獲得しているわけね。それが文化ということです。われわれは百パーセントの可能性を持っているけれども、ふんふん、可能性を持っているよ、とサボっていていいわけではないので、生死を乗り越えて積み上げるということはとっても大事なことだ。

**――死というものは公のものであって、歴史の一部、誰のものでもないということですか。**

すばらしい、その通りだと思う。

**――もし木庭先生が、世界の問題を、なにか一つ潰《つぶ》せるとしたら、いちばん、何をなくせたら、この世界はプラス方向に進むと思いますか？**

んー、難しいね。今すぐにどうしたらいいかは思いつかないけれど、時間がかかっても何を大事すればいいか、ということは思いつく。今日の言葉でいうと、政治システムの基盤を作るということだ。これがどうも、すべての問題の鍵になっている。そのためには、今回したようにすべてを問い直して想像力を研《と》ぎ澄ましていく。

**――最初は教養になるかなぐらいの気持ちで参加したんですけど、教養どころじゃなくて、自分の価値観とか、ぜんぜん、すごい変わる授業だったので、本当にありがとうございます。感謝します。**

いやいや、君たちすごかったよ。みんなそれぞれがキラッキラッと光ることを言ってくれた。うん、すごいねえ。ちょっと驚くよ。

**――映画や戯曲を通して教えていただいた法の原理が、今の現実の社会に当てはまるのだろうかと思ったりもしたのですが、今日ぜんぶつながって驚きました。参加できてよかったです。人生の大事な一部分になりました。**

**――あの、僕が言いたいのは、すごく面白かったな、と……。**

そう、僕もとっても面白かった！　ということで、どうもありがとう。じゃあ、今回はこれで一日終わりということにします。解散。

――ありがとうございました！

（拍手）

# あとがき

本書は、二〇一七年九月十七、十八日、十月十四、二十二日、十一月十九日の五回、横浜市の桐蔭学園で中高生のために行われた授業を記録したものである。中学三年生から高校三年生までの約三十人が応募し、毎回数名がクラブ活動等の理由で欠席を余儀なくされたが、ほぼ全員最後まで参加した。最初の二回は午前中に映画を観てもらい、昼休みを挟んで午後に再開し、他の回は予めテクストを読んできてもらい午後から始めた。机をコの字に並べて中のスペースを私が使うソクラティック・メソッドである。たった五回とはいえ、生徒の顔と名前や特徴を記憶し対話していく方式である。生徒の目の前で言葉を使う必要がある。幸い、五時間を越す授業の内には何周もするので、間違って大笑いとなったりもしたが、早い回に全員を頭の中に入れることができた。志望動機を書いてもらった紙に書かれた所属クラブは大きな手がかりになった。国連部、演劇部、そしてサッカー部。

生徒たちは非常に活発で、長時間にもかかわらず、オープンな質問にはたちまち複数の手が上がり、授業後の質疑応答も延々と続いた。中学三年生も主力の一角を担い、学年の差違を全く感じさせなかった。テープを起こしてみれば、案の定、私の対応は穴があったら入りたい拙劣《せつれつ》なものであった。自分の非力を痛感するしかないが、それにひきかえ、第一に、古典がもたらすイムパクトの偉大さには脱帽であり、第二に、十代の諸君の感覚の素晴らしさは明白であった。新鮮な知性に最高級のものを与えるべきであるというのが私の年来の考えであるが、これだけは実証された。つまり、古典の偉大さと若い諸君の資質に関する限りは、私の凡庸にかかわらず、記録に値するであろう、と考えた次第である。

かくして、生徒諸君の発言は、多少文章として完結していなくとも、極力そのまま採用した。私の応答には相当手を加えた。それでもなかなか満足できるものにはなっていない。授業後の質疑応答は分量の問題で大幅にカットせざるをえなかった。読者諸賢にお願いしたいのは、映画自体に、戯曲のテクスト自体に、ＤＶＤや本を買って是非触れて頂きたいということである。最高裁判所判例集（第五回）まで読めとは到底申しませんが。生徒たちも難儀するようでした。それでもこなしてきた、否、批判さえできた、のは第四回までの諸作品の力である。生徒たち自身がそのように感じた。

そのようなわけで、まずは生徒諸君に深い敬意を表したい。次にこの企画に全面的な協力を惜《お》しまなかった桐蔭学園に感謝したい。特に先生方には裏方を務めて頂いたばかりか、授業にも参加して頂いた。かつての同僚、松原健太郎教授は全面的な協力を惜しまなかった。「ぜんべえドンとオハナぼう」（『法学再入門　秘密の扉』）の中心的な参加者であった赤井有里さんは毎回参加し有益なコメントを私にもたらした。
そして、装丁の鈴木成一さん、岩田和美さん、力作を寄せてくださった挿絵のササキエイコさんは、言語以外の要素にアレルギーを持つ私の前を通過してみせた。最後に、何を思ったか、このようなありえない企画を発案し、発案しただけでは懲りずに実現してしまった大槻美和さん、彼女を強力に支えた鈴木久仁子さん、の基底的な貢献についてここに記しておかなければならない。

木庭　顕

二〇一八年五月

本書を刊行するにあたって、以下の皆様にお力添えをいただきました。
篤く御礼申し上げます。――編集部

桐蔭学園中学校女子部
〈3年生〉蛯谷仁美さん、鈴木華子さん

桐蔭学園高等学校女子部
〈1年生〉玉井杏美さん、永田駒季さん、三宅向日葵さん
〈2年生〉酒井啓恵さん、南なつみさん
〈3年生〉浅川優菜さん、石田奈津実さん

桐蔭学園高等学校男子部
〈1年生〉稲田唯人さん、黒川智史さん、菊池眞之介さん、
小林大也さん、小柳風我さん、田村幸大さん、吉田快達さん
〈2年生〉藤原英明さん、中尾丈流さん

桐蔭学園中等教育学校
〈3年生〉青木雅樹さん、高華聡さん、野澤拓馬さん、廣野大地さん
〈4年生〉大久保虎之介さん、川西幸太朗さん、畑悠貴さん、渡邊龍行さん
〈5年生〉桐生裕哉さん、木村太河さん、塩飽正典さん

以上29名と、桐蔭学園教諭・畔上悠里先生、岡本昇先生、
玉田裕之先生、長谷川正利先生。
学年・肩書は当時のものです。

木庭 顕　こば・あきら

一九五一年、東京に生まれる。一九七四年、東京大学法学部卒業。東京大学名誉教授。専門はローマ法。著書に、三部作『政治の成立』(一九九七年)『デモクラシーの古典的基礎』(二〇〇三年)『法存立の歴史的基盤』(二〇〇九年、日本学士院賞受賞、以上東京大学出版会)、『ローマ法案内——現代の法律家のために』(羽鳥書店、二〇一〇年/新版、勁草書房、二〇一七年)、『現代日本法へのカタバシス』(羽鳥書店、二〇一一年/新版、みすず書房、近刊)、『[笑うケースメソッド]現代日本民法の基礎を問う』(二〇一五年)『[笑うケースメソッドII]現代日本公法の基礎を問う』(二〇一七年、以上勁草書房)、『法学再入門　秘密の扉　民事法篇』(有斐閣、二〇一六年)、『憲法9条へのカタバシス』(みすず書房、二〇一八年)ほか。

誰のために法は生まれた

二〇一八年七月二十五日　初版第一刷発行

著者　木庭顕
ブックデザイン　鈴木成一デザイン室
装画　ササキエイコ
DTP　宮崎修二
編集　大槻美和+鈴木久仁子
発行者　原雅久
発行所　株式会社 朝日出版社
〒一〇一-〇〇六五 東京都千代田区西神田三-三-五
電話 〇三-三二六三-三三二一　FAX 〇三-五二二六-九五九九
http://www.asahipress.com/
印刷・製本　大日本印刷株式会社

 ISBN978-4-255-01077-9 C0095